200 Jahre Kanton Thurgau
1803 bis 2003

THURGAU
SWITZERLAND

Herausgegeben von der Gesellschaft
für Schweizerische Kunstgeschichte GSK
und dem Amt für Denkmalpflege des Kantons Thurgau

Kulturschätze im Thurgau entdecken und erleben

Bearbeitet von Cornelia Stäheli
Fotos von Rolf A. Stähli

Verlag Huber
Frauenfeld Stuttgart Wien

Herausgegeben im Auftrag des Kantons Thurgau
vom Amt für Denkmalpflege des Kantons Thurgau
und der Gesellschaft für Schweizerische Kunstgeschichte GSK
zum Jubiläum 200 Jahre Kanton Thurgau;
Projektleitung: Christoph Tobler.

Wir danken den Hauptsponsoren
für die Unterstützung des Kantonsjubiläums

Der vorliegende Text ist die von Cornelia Stäheli überarbeitete
und ergänzte Fassung des Kapitels «Kanton Thurgau»
von Albert Knoepfli, erschienen im «Kunstführer durch die Schweiz»,
Bd. 1, hrsg. von der Gesellschaft für Schweizerische Kunstgeschichte,
Bern, 1975 (6. Auflage). Die Neuausgabe des «Kunstführers
durch die Schweiz» der GSK erscheint in vier Bänden ab 2004.

Bibliografische Information der Deutschen Bibliothek:
Die Deutsche Bibliothek verzeichnet diese Publikation
in der Deutschen Nationalbibliographie.
Detaillierte bibliografische Daten sind im Internet
über http://dnb.ddb.de abrufbar.
ISBN 3-7193-1319-0

Gestaltung und Satz: Atelier Mühlberg, Basel
Gesamtherstellung: Huber & Co. AG,
Grafische Unternehmung und Verlag, Frauenfeld
Einband: Buchbinderei Burkhardt AG, Mönchaltorf
Printed in Switzerland

Inhalt

Schloss Freudenfels

Einleitung

CH = Confoederatio Helvetica: auf lateinisch zeigt jedes schweizerische Auto, dass keine der vier Landessprachen einen Vorrang beansprucht und dass sich alle zur humanistischen Tradition bekennen. Die Schweizerische Eidgenossenschaft ist eine essentiell historisch-politische Einheit, keine ethnische und keine kulturelle. Sie ist im Verlauf der Jahrhunderte aus sich kompliziert überschneidenden Bündnissen und Abhängigkeiten grösserer und kleinerer Stadtstaaten und Talschaften gleicher, teils verschiedener Sprache zusammengewachsen. Die staatsrechtlichen, sozialen und wirtschaftlichen Strukturen waren sehr unterschiedlich. Einig allein im Willen zu grösstmöglicher Unabhängigkeit von der Territorialherrschaften, von denen sie ursprünglich abhingen. Obwohl seit dem 19. Jahrhundert ein straff organisierter Bundesstaat an die Stelle des locker gefügten Staatenbundes der Alten Eidgenossenschaft getreten ist, ist die föderalistische Struktur im Kulturellen weitgehend erhalten geblieben.

Die nachbarlichen Beziehungen haben natürlich ihre Spuren hinterlassen und sind nicht wegzudenken. So gehörte der Thurgau früher zum Bistum Konstanz und dieses zum «Erzbistum» Mainz. Die kirchlichen Zuständigkeiten waren lange stabil, während die politischen von allen dynastischen Zufällen abhingen. So hat nun auch das Land an Rhein, Thur, Bodensee und Hörnli seine eigenen Kulturschätze.

Rund 1300 Objekte auf 248 Seiten: der benutzerfreundliche Kunst- und Kulturführer durch den Kanton Thurgau stellt nicht nur etablierte Baudenkmäler, sondern auch jede Menge Verborgenes, kaum Bekanntes, gelegentlich sogar Umstrittenes sowie Bauwerke des 21. Jahrhunderts vor. Der neue Kunstführer macht das Reisen, Aufspüren und Entdecken von weit über 1000 interessanten Bauten, Plätzen, Strassen, Museen und Burgen, Schlössern, Kirchen und Klöstern im Thurgau zum Kulturvergnügen. Das Buch ist praktisch gegliedert nach Orts-Alphabet, stellt 50 Highlights besonders heraus und gibt viele praktische Tipps für Kulturreisende mit Auto, Bahn und Velo. Der Band ist reichhaltig und farbig illustriert. Ein ausgiebiges Register erlaubt den schnellen Zugriff auf Schauplätze, Architekten, Künstler und Kunsthandwerker. – Der Kunst- und Kulturführer zeigt die grosse Vielfalt des Kantons. Von Bauten romanischen Stils über Adelskultur und Mystik im 14. Jahrhundert führt der Weg über die Gotik, den Barock und den Jugendstil schliesslich zur Baukunst des 20. Jahrhunderts.

Herzlichen Dank Herrn Dr. Christoph Tobler, Arbon, für die Projektorganisation, dem ganzen Projektteam unter Mitwirkung der Kantonalen Denkmalpflege, der Gesellschaft für Schweizerische Kunstgeschichte, Frau Cornelia Stäheli, Schaffhausen, für die immense Arbeit als Autorin, Herrn Rolf A. Stähli, Winterthur, für das ausgezeichnete Bildmaterial, Herrn Hansrudolf Frey vom Verlag Huber in Frauenfeld für die Herstellung sowie den Jubiläums-Hauptsponsoren Thurgauer Kantonalbank, Swisscom und Axpo.

Schatzsuche? – Thurgau!

Hans Peter Ruprecht
Präsident des Regierungsrates

Vorwort und Dank

Das vorliegende Buch ist ein Gemeinschaftswerk der Gesellschaft für Schweizerische Kunstgeschichte GSK, des Amtes für Denkmalpflege des Kantons Thurgau und des Verlags Huber in Frauenfeld. Inhaltlich gründet es auf einem gesamtschweizerischen Werk mit langer Tradition und Geschichte: dem «Kunstführer durch die Schweiz», dessen erste Ausgabe von Hans Jenny verfasst und 1934 herausgegeben wurde. In den 1960er bis 1980er Jahren wurde der «Jenny» im Auftrag der GSK gründlich überarbeitet und als dreibändiges Werk neu ediert. Der erweiterte Text über den Kanton Thurgau stammte aus der Feder des Kunsthistorikers und Denkmalpflegers des Kantons Thurgau Prof. Dr. h. c. Albert Knoepfli.

Nach rund dreissig Jahren ist die Zeit für eine Neubearbeitung wiederum reif geworden. Die bestehenden Texte des vergriffenen *Kunstführers durch die Schweiz* werden zur Zeit auf der Grundlage reicher Archivmaterialien und regionaler Inventarwerke sorgfältig überprüft und wo nötig korrigiert und ergänzt. Im neuen Kunstführer finden erstmals auch alle wichtigen Bauten des 20. Jahrhunderts Erwähnung. Der vierbändige *Kunstführer durch die Schweiz* der GSK erscheint ab 2004. Für dieses Werk bearbeitete die Kunsthistorikerin Cornelia Stäheli den Kanton Thurgau. Dabei konnte sie auf dem soliden Fundament der Texte von Albert Knoepfli aufbauen.

Im Hinblick auf das Thurgauer Jubiläumsjahr 2003 entstand die Idee eines eigenen Führers zu den Kulturschätzen im Thurgau. Die GSK stellte dem Kanton zu diesem Zweck die entsprechenden überarbeiteten Texte zur Verfügung. Cornelia Stäheli erweiterte ihren Beitrag um zahlreiche informative Kurztexte zu regionaltypischen Besonderheiten, der Fotograf Rolf A. Stähli steuerte die Farbabbildungen bei. Entstanden ist daraus ein reich bebildertes und leserfreundliches Buch, das sich gleichermassen zur Information vor Ort wie auch zur vertieften Lektüre anbietet.

Isabelle Rucki
Direktorin der Gesellschaft
für Schweizerische Kunstgeschichte

Beatrice Sendner-Rieger
Kantonale Denkmalpflegerin
Thurgau

Dank der Autorin

Ich möchte allen sehr herzlich danken, die dem vorliegenden Text inhaltlich, sprachlich, konzeptuell oder in gestalterischen Belangen auf die Beine geholfen haben, namentlich: Xaver Bolli, Hansjörg Brem, Jargo De Luca, Peter Erni, Urs Fankhauser, Barbara Fatzer, Hansrudolf Frey, Margrit Früh, Jürg Ganz, Nicholas Mühlberg, Beatrice Sendner-Rieger, Christoph Tobler. Mein kollektiver Dank richtet sich ferner an zahlreiche Personen, Ämter und Archive, ohne deren präzise Auskünfte und teilweise ausgiebige Nachforschungen das Künstlerregister nicht in seiner jetzigen Form hätte erscheinen können.

Cornelia Stäheli

Kulturlandschaft Thurgau

Erste Siedlungsspuren im heutigen Thurgau stammen aus dem Mesolithikum. Spätere stein- und bronzezeitliche Siedlungen sind durch Befunde in Pfyn, Arbon, Niederwil, im Seebachtal und am Bodensee nachgewiesen. Ab 15 v. Chr. haben sich auch die Römer hier niedergelassen; Namen wie Ad fines (Pfyn), Tasgetium (Eschenz), Arbor felix (Arbon) und Constantia (Konstanz) erinnern daran. Das Gebiet gehörte damals zu den römischen Provinzen Germania Superior und Raetia, wo bereits keltische Helvetier und Räter wohnten. Im 5. Jh. erfolgte die allmähliche Landnahme durch die Alemannen, die im 6. Jh. von den Franken unterworfen wurden. Unter fränkischer Herrschaft taucht erstmals der Name «turgowe» auf als Bezeichnung für einen Verwaltungsbezirk, der das Gebiet vom Bodensee bis zur Aaremündung, südwärts bis zur Schöllenen, im Osten bis zu den Appenzeller Alpen erfasste. Die Christianisierung ging im 9. Jh. von den Benediktinerklöstern in St. Gallen und auf der Reichenau aus. Im Herzogtum Schwaben des ostfränk. dt. Reiches bildete der Thurgau eine Grafschaft. Eine erste Kulturblüte erlebte der Thurgau zur Zeit der Ottonen, woran einzig noch die Fresken der Kapelle in Degenau bei Sitterdorf erinnern. Im Hochmittelalter erfolgte ein weiterer kultureller Entwicklungsschub durch den Adel. An der Spitze der Grafschaft standen im 12. und 13. Jh. die Kyburger, die ab 1264 von den Habsburgern abgelöst wurden. Es entstand eine Reihe von Burgen (Mammern, Helfenberg, Tannegg), und zahlreiche Klöster und Städte wie Arbon, Bischofszell, Diessenhofen, Frauenfeld und Steckborn wurden gegründet. Aus unserer Region stammende Minnesänger – Ulrich von Zazikofen (Zezikon), Konrad von Ammenhausen und Walter von Klingen – besangen die ritterliche Kultur, die sich in den Fresken von Buch bei Uesslingen und von Landschlacht spiegelt. Mit dem Niedergang des Rittertums im 15. Jh. kam die österreichische Herrschaft ins Wanken, und 1460 eroberten die Eidgenossen den Thurgau und machten ihn zu einer Gemeinen Herrschaft von sieben, später von acht Orten. Der Schwabenkrieg von 1499 brachte die Ablösung der noch verbliebenen konstanzischen Rechte im Thurgau zuhanden der Eidgenossen. Die Reformation durch Zwingli vermochte sich auch in Gebieten des Thurgaus rasch durchzusetzen, bis sie nach der Schlacht von Kappel 1531 vorerst zum Stillstand kam. Gestützt von den katholischen Orten der Innerschweiz und den meist katholisch gebliebenen adeligen Gerichtsherren, behauptete sich eine katholische Minderheit; die zum Teil bereits verlassenen Klöster wurden allmählich wiederhergestellt. An vielen Orten teilte man das Kirchengut zwischen den Alt- und Neugläubigen, und es entstand eine grosse Zahl von Simultankirchen (heute noch: Basadingen, Ermatingen, Frauenfeld-Oberkirch, Güttingen, Leutmerken, Niedersommeri, Oberhofen bei Kreuzlingen, Pfyn, Alte Kirche Romanshorn, Uesslingen). Die volle Parität, die Gleichberechtigung der Bekenntnisse, wurde allerdings erst nach dem Zweiten Villmergerkrieg 1712 hergestellt. Die katholische Reform des 16.–17. Jh. öffnete einzelne Gebiete des Thurgaus der Kulturwelle des süddt. Barock (Kloster- und

Kirchenneubauten in Ittingen, Fischingen, Kreuzlingen, Münsterlingen und St. Katharinental). 1798 wurde der Thurgau kurz vor dem Einmarsch der franz. Revolutionsheere von den regierenden eidg. Orten für frei erklärt; durch Napoleon Bonaparte erhielt der Thurgau am 19. Februar 1803 seine erste Kantonsverfassung. Diese neue politische Struktur verlangte nach einer Neuorganisation der Schulen, Spitäler und Verwaltungen. Aber erst die liberale Kantonsverfassung von 1831 und der Ausbau der Verkehrsachsen ermöglichten eine wirtschaftliche Entfaltung, die die Handels- und Gewerbefreiheit garantierte. Besonders rasch entwickelten sich im Thurgau die Textil- und die Metallbranche, was u. a. im Bau zahlreicher Fabriken seinen sichtbaren Ausdruck fand. Um Mitte des 20. Jh. war rund die Hälfte der Thurgauer Bevölkerung im Industriesektor tätig, doch hatte sich bis dahin die einstige bäuerliche Siedlungsstruktur nur geringfügig verändert. Der Ausbau des Autobahnnetzes in den 1960er-Jahren erschloss auch die ländlichen Gegenden des Kantons und bewog neue Bevölkerungskreise zum Wohnen auf dem Land. Seit den 1970er-Jahren wurden etliche Klosteranlagen, Schlösser und stillgelegte Fabrikkomplexe für neue Bedürfnisse genutzt, und einige grosse Bauprojekte für Schule (Kantonsschule Kreuzlingen) und Staat (Spitäler in Frauenfeld und Münsterlingen, Polizeikommando Frauenfeld) gelangten zur Ausführung.

Die Thurbrücke bei Bischofszell

◀ Landschaft mit Kühen im Oberthurgau.

▲ Kernobstbäume in Hoch- und Niederstammkulturen prägen heute noch weite Teile «Mostindiens».

▼ Dingetswil im Hinterthurgau.

▲▲ Der Untersee oberhalb von Eschenz.

▲ Blick vom Nordhang des Seerückens auf Berlingen und den Untersee.

▶ Fruthwilen. Im Hintergrund der Untersee und die Insel Reichenau.

▲▲ Am Nollen: die kath. Kirche St. Laurentius in Welfensberg.

▲ Bestimmt haben ihn auch die Mönche nicht verschmäht: den spritzigen Thurgauer Wein!

▼ Winterliche Stimmung am Nussbaumersee.

▲ Das Rheinufer bei Diessenhofen mit Hänkiturm, Hinterem Amtshaus, Rathaus und Turm der ref. Kirche.

▶ Hafen und paritätische Alte Kirche in Romanshorn.

▼ Der Fluss, der unserem Kanton den Namen gab: die Thur bei Bischofszell.

Aadorf

Aadorf. *Kirchplatz.* **Kath. Kirche St. Alexander.** Unter Verwendung des Turmschaftes von 1478 nach Plänen von Johann Joachim Brenner und Johann Christoph Kunkler 1863–65 neu errichtet. Gesamterneuerung 1962–63, Glasgemälde von Ferdinand Gehr. ▪ *Hauptstr.* **Ref. Kirche,** erbaut 1958–59 von Paul Trüdinger. Am Turmschaft Evangelistenreliefs 1974 nach Entwurf von Emanuel Bosshart.

Profanbauten. *Bohlstr.* Villenreihe, erbaut durch Heinrich Bachmann: Nr. 1, **Beau-Séjour** (1900); Nr. 6, **Glycina** (1904); Nr. 8, **Rosenrain** (1904); Nr. 10, **Mon Repos** (1905). ▪ *Châtelstr.* Nr. 2. **Alte Post,** 1924 von Kaufmann & Freyenmuth. ▪ *Hauptstr.* Nr. 19. **Sternen.** Fachwerkbau 18.–19. Jh. – Nr. 47. **Ehem. Baumwollspinnerei Ziegler & Goldschmid.** Früher Fabrikzeuge, erbaut 1825–27. Viergeschossiger Krüppelwalmdachbau mit übergiebeltem Scheinrisalit an der symmetrischen Trauffront. – Nr. 50. **Ehem. Gasthaus Löwen.** Stattliches Fachwerkhaus 1831; im Wirtshausschild ein Kesselring als «sprechender» Verweis auf den Bauherrn (→ Abb. S. 135). ▪ *Kirchplatz.* Nr. 4. **Kath. Pfarrhaus.** Erbaut 1629–30, mehrfach renov., zuletzt 1970–75, dabei Freilegung der nördlichen Riegelfassade. ▪ *Rietstr.* **Schulanlage Löhracker.** Metallplastik 1960 von Emil Josef Mehr. ▪ *Schulstr.* Nr. 7. **Altes Primarschulhaus,** erbaut 1910 von Brenner & Stutz. Winkelförmige Anlage mit Heimatstilrelief an der arkadengeöffneten Eingangspartie (→ Abb. S. 30). – Nr. 9. **Altes Sekundarschulhaus.** Walmdachbau 1861 von Johann Joachim Brenner; davor Brunnen 1957 von Otto Teucher in Gedenken an den Historiker Johannes Nater (1854–1928). ▪ *Stationsstr.* **Bahnhof mit Nebengebäuden,** erbaut 1912 von Heinrich Ditscher im Hinblick auf den Besuch des dt. Kaisers Wilhelm II. Jüngste Fassadenrenov. 1981. ▪ *Wiesentalstr.* Nrn. 25–27. **Schifflistickerei Lussi & Leutenegger.** Das 1883 errichtete und 1907 erweiterte Gebäude eingreifend modernisiert. – Nr. 33. **Fortuna.** Fabrikantenvilla Albert Lussi, erbaut 1908 von Heinrich Bachmann.

Aawangen. **Ref. Kirche,** ehem. St. Michael. Schon 1247 in Besitz des Augustinerstiftes Kreuzlingen. Das Schiff Anfang 16. Jh. verändert, der gleich breite Polygonalchor 1659 dazugebaut, Vorhalle mit Dachreiter 1851. In-

Relikt aus dem Vorcomputer-Zeitalter: das alte Stellwerk im Aadorfer Bahnhof von 1912. Die verschiedenen Hebel dienten zum Stellen von Signalen.

Aadorf, ehem. Baumwollspinnerei Ziegler & Goldschmid aus den Jahren 1825–27.

nenumgestaltung 1959–60; Aussenrenov. 1975–76. Stirnfenster mit Glasgemälde von Alfred Kobel, 1960.

Profanbauten. *Dorfstr.* Nr. 14. **Spruchhaus.** Riegelbau von 1755.

Ettenhausen. *Kehlhofstr.* Nr. 1. **Vielzweckbauernhaus,** erbaut 1775, rest. 1993–94. Eindrückliche Bohlenständer-Konstruktion, am Fensterwagen Zugläden mit Zierbrettern.

Guntershausen bei Aadorf. *Schulbergstr.* Nr. 2. **Schulhaus,** erbaut 1908 von Brenner & Stutz. ■ *Tuttwilerstr.* Bei Nr. 1. **Sämann-Brunnen** 1968 von Werner Ignaz Jans.

Tänikon. Ehem. Zisterzienserinnenkloster. Gründung der Herren v. Bichelsee, erstmals erwähnt 1247, um diese Zeit Verlegung vom 400 m nordöstlich gelegenen Altkloster an den heutigen Ort. 1848 aufgehoben, dann Mustergut der Familie v. Planta, seit 1969 landwirtschaftliche Forschungsanstalt des Bundes. Nachdem schon 1853 das vornehmlich dem 15. und 16. Jh. angehörige Gebäudekonglomerat durch eine mitten durch den Kreuzgang führende Strasse gesprengt und der noch verbleibende Südflügel in den 1960er-Jahren zerstört worden war, bemühte man sich nach 1970 um eine Zusammenfassung der isolierten Bauglieder, u. a. durch Verlegung der Strasse; wesentliche Teile der Ausstattung gelangten ins Historische Museum in Frauenfeld. – **Kirche.** Lang gestrecktes Schiff, im aufgehenden Mauerwerk vielleicht ins 13. Jh. zurückreichend, Teile des Dachstuhles von 1361–62 (rest. 1996–2002). Umbau des Schiffes 1504 und ab 1663, Erweiterung um den eingezogenen Polygonalchor 1626. Dachreiter mit Zwiebelkuppel. Dem Schiff südlich vorgelagert Sakristei und Eingangshalle als Reste des ehem. Kreuzganges von 1504–21; vier Masswerkfenster 1985 rekonstruiert. In der Sakristei jener Stein, auf dem 1152 der hl. Bernhard v. Clairvaux gepredigt haben soll, ferner Kreuzigungs-Wandgemälde von 1684.

◀ Tänikon, ehem. Klosterkirche. Klassizistischer Hochaltar in Stuckmarmor von Johann Josef Moosbrugger, um 1830.

▲ Tänikon, ehem. Zisterzienserinnenkloster, Äbtissinnenhaus. Kraftvoll gegliederte Kassettendecke von 1678 mit oktogonalem Mittelstück.

Das 1829–31 durch Johann Keusch im klassizistischen Sinne umgestaltete Innere renov. 1930 und 1963. In Schiff und Chor Flachtonnen- und halbes Klostergewölbe mit klassizistischem Stuck der Gebr. Michael und Jakob (Jodok?) Huttle; Kanzel und Altäre in Stuckmarmor von Johann Josef Moosbrugger, charaktervolle Stücke in Schwarz, Gold und Alabastertönen. Zwei entsprechende Kredenzen mit älteren Gemälden. An den Flanken des Hochaltars die Grossplastiken der beiden Johannes, 18. Jh., Gemälde von Johann Kaspar Moos um 1831. Am Aurelienaltar der einsiedlische Reliquienschrein, vor 1667, und das um 1660 entstandene Altarblatt mit Klos-

Glasmalereien im Kreuzgang zu Tänikon

Bis 1832 schmückten mindestens 42 Glasgemälde die 22 Masswerkfenster des Tänikoner Kreuzganges. Sie stammen aus der Zeit zwischen 1550 und 1610 und stehen in der grossen Tradition schweizerischer Wappenschenkungen. Rund die Hälfte sind Werke des Zürcher Glasmalers Niklaus Bluntschli, der im Auftrag der Äbtissin Sophia v. Grüt arbeitete. Bluntschli schuf die meisten Scheiben in den Jahren 1558 und 1559, wobei ihm namentlich Albrecht Dürers «Marienleben» und die «Kleine Holzschnitt-Passion» als Vorlage dienten. Weitere Glasgemälde fertigten Jos und Christoph Murer, Hans Füchslin und Tobias Erhart an.

1832 erwarb Johann Nikolaus Vincent in Konstanz für 800 Florin 37 Glasgemälde aus dem Besitz des damals unter staatlicher Verwaltung stehenden Klosters. Mit der Versteigerung der Vincentschen Sammlung 1891 in Köln wurden die Werke in alle Welt zerstreut. Heute befinden sich 18 Scheiben im Schweiz. Landesmuseum in Zürich, vier im Historischen Museum in Frauenfeld und sechs im Musée de l'Ariana, Genf.

Tänikon, ehem. Zisterzienserinnenkloster. Künstlerische Auseinandersetzung mit dem Gleichgewicht geometrischer Körper: die monumentale Eisenplastik «Balance» von Toni Calzaferri, 1994.

tervedute. An der Südwand, stuckgerahmt, wohl drei ehem. Altarbilder im Stil des Bologneser Manierismus um Mitte 17. Jh. Auf der Empore zweiteilige Orgel nach Disposition Pater Alberich Zwyssigs von Franz Anton Kiene 1837–40 (Rekonstruktion 1975). Weihwasserbecken und Taufstein mit Wappen der Salome Schmid 1668. An der Nordwand Spätrenaissance-Epitaphe der Anna v. Beroldingen (gest. 1611) und des Hans Giel v. Gielsberg (gest. 1624). Im Chor sechs Bronzegrabtafeln des 18. und 19. Jh. Stifterscheibe der Sophia v. Grütt 1549; Stationen von August Wanner 1963, Buntfenster 1965 von Heinrich Stäubli. – In der Sakristei Augsburger Monstranz 1787 von Franz Anton Gutwein; Altarleuchter 1677–87 von Johann Caspar Dietrich; Vortragekreuz 1558 von Thomas Gennius. – **St. Annakapelle** auf dem Friedhof. Erbaut 1626, rest. 1974. Einfaches Altärchen mit Rokokozierrat, Blatt mit den Vierzehn Nothelfern von 1601. – **Konventbauten**. Südwestlich der Kirche übereck angebaut das Äbtissinnenhaus, ein Staffelgiebelbau von 1678. Fassadenrekonstruktion 1979. Nordwest-Eckzimmer des 1. OG mit Kassettendecke aus der Bauzeit. Im Mittelgang eingebaut gedrehte steinerne Fenstersäulen und geschnitzte Deckenbalken von 1508, ehedem Konventsaal im Südflügel. – Refektorium, dem einstigen Ostflügel vorgelagert, erbaut 1508; Inneres gänzlich modernisiert. – Ehem. Prälatenhaus, erbaut 1617, rest. 1972. Nordsüd orientierter, zum Teil in Fachwerk erstellter Bau mit arkadengeöffneter EG-Halle. Im OG einfache Stuckdecken mit Wappenmilieu 1715. – **Neubauten** der Eidg. Forschungsanstalt für Betriebswirtschaft und Landtechnik (FAT) 1971–75 von Antoniol & Huber; im Hof Eisenplastik von Toni Calzaferri, 1994.

Museum. Agrotechnorama in den Ökonomiegebäuden der Eidg. Forschungsanstalt.

Wittenwil. *Wängistr.* Nr. 5. **Gasthaus Rössli**. Stattlicher Fachwerkbau, 18. Jh. – Nrn. 14–16. **Schloss**. Nach Brand neu errichtet 1656–57 für den Gerichtsherrn Johann Benedikt Harder. Viergeschossiges Gebäude mit einst gestaffelten Giebelwänden und eingespannten, im Oberbau geriegelten Flanken. – Nr. 18. Profanierte **Schlosskapelle**.

Affeltrangen

Affeltrangen. *Kirchweg.* Nr. 11. **Ref. Kirche.** Schiff und Turm zum Teil ins 13.–14. Jh. zurückreichend; Chor 15. Jh. Umbauten 1882 und 1934, renov. 1986. Der schmale spätgotische Polygonalchor schliesst in selber Flucht dem Schiff an: nordwärts der ungemein stämmige Turm, der Spitzhelm gekrönt mit einem Hahn nach Entwurf von Emanuel Bosshart 1962. Im Chor zwei 1508 von der Komturei Tobel gestiftete Scheiben, wahrscheinlich Werke des Ludwig Stillhart in Konstanz; Taufstein 1696. Glasgemälde «Arche Noah» 1987 von Heinrich Stäubli. – Nr. 16. **Kath. Kapelle,** erbaut 1934 von Albert Rimli. Hochaltar 1696 mit Wappen des Komturs Carl Philipp Freytag (1684–96) aus der ehem. paritätischen Kirche.

Profanbauten. *Bollsteg.* Nr. 11. **Baronenhaus.** Imposanter Riegelbau von 1823–25, rest. 1976–78 und 2001. ■ *Fabrikstr.* Nrn. 3–7. **Ehem. Schifflistickerei Stehrenberger,** ab 1929 Strumpffabrik. Das doppelgeschossige Mansardgebäude von 1899 nordwestwärts erweitert 1912. ■ *Kreuzegg.* Nr. 1. Ehem. Taverne am Einsiedler Pilgerweg.

Kaltenbunnen. St. Jakobuskapelle, erbaut 1779–80, renov. 1951. Aus der Vorgängerkapelle Barockaltar Ende 17. Jh. mit 1951 erneuertem Gnadenbild.

Märwil. Ref. Kirche. Erbaut und dekorativ ausgemalt 1885 in wohl ausgewogen byzantinisch-basilikalem Stil von August Keller; rest. 1972–73 durch Peter Hartung.

Kaltenbrunnen, St. Jakobuskapelle, gelegen am einstigen Pilgerweg Konstanz–Fischingen–Einsiedeln.

Altnau

Altnau. *Kirchstr.* **Ref. Kirche,** erbaut 1810–12 von Johann Jakob Moosbrugger; renov. 1957. Querachteckiger Einheitsraum mit Spitzhelmturm an der nordöstlichen Schmalseite. Charaktervolle klassizistische Gliederung und Ausstattung. Orgelprospekt in Louis-XVI-Formen aus der Wallfahrtskirche Birnau, rest. 1972. Glasfenster 1921ff. von Heinrich Röttinger. ▪ *Herrenhoferstr.* **Kath. Kirche,** erbaut 1811–12 von Johann Uhler; erweitert und renov. 1959–60. Dreikönigsbild 1762 von Franz Ludwig Herrmann, aus St. Katharina in Konstanz. Schnitzfiguren des 18. Jh.

Profanbauten. *Gerbestr.* Nr. 4. Riegelbau von 1691, rest. 1978. Beschnitzte Eckständer; in der Stube Felderdecke mit Initialen. ▪ *Güttingerstr.* Nr. 47. **Fabrikantenvilla,** erbaut 1891 für Hermann und Robert Sallmann. Äusseres durch Renov. 1974 stark geschlichtet. – Nr. 48. **Ehem. Strickwarenfabrik Sallmann.** Giebelbau von 1884 mit neunachsiger Strassenfront. – Nr. 50. **Fabrikantenvilla.** Unter den Sallmann erbaut 1884 und 1893 um Veranda, Türmchen und Entrée erweitert. ▪ *Herrenhoferstr.* Nr. 3. **Kirchgemeindehaus.** Gotische Balkendecke des 16. Jh., ferner rotockrige Zierbemalung, datiert 1524. Rest. 1996–97. – Nrn. 4–6. Schmalbrüstiger Riegelbau in Kehrgiebelformation, 17.–18. Jh. Fensterwagen mit Zugläden. – Nr. 8. **Gasthaus Schwanen,** 17.–19. Jh. Wirtsstube mit historisierender Decke und Täfer von 1929. ▪ *Kaffeegasse.* Nr. 2. **Kath. Pfarrhaus** von 1719. ▪ *Kirchweg.* Nr. 2. Stattlicher Riegelbau mit Kernteilen des 16.–17. Jh. Liegender, ursprünglich von Krüppelwalm bedeckter Dachstuhl. ▪ *Lothalde.* Nr. 20. **Ref. Pfarrhaus** von 1813. ▪ *Scherzingerstr.* Nr. 2. **Gemeindehaus,** ehem. Sekundarschulhaus. Erbaut 1877 nach Plänen von Johann Joachim Brenner. – Nr. 4. **Rosenhof.** Eleganter Mansardbau von 1825; rest. 1975 f. Bemerkenswerte Ausstattung (Treppengeländer, reicher Versatzstuck). ▪ *Seezelgstr.* Nr. 24. Der Kernbau des 17. Jh. wurde im 18. Jh. umgestaltet und im frühen 19. Jh. um den dreiseitig beschlossenen Nordwestflügel mit Mansarddach erweitert. ▪ *Unterdorfstr.* Nr. 7. Vielleicht der ehem. Unterhof, erbaut 1690; rest. 1959–60.

Altnau, Kirchgemeindehaus. Frühe Dekorationsmalerei im Innern.

Amlikon-Bissegg

Amlikon. Einst malerischer Dorfplatz mit charaktervollen Riegelbauten. *Flugplatzstr.* Nr. 1. **Adler.** Ehem. Herberge am Pilgerweg Konstanz–Einsiedeln. ■ *Hauptstr.* Nr. 35. **Schulhaus.** Giebelhaus mit Uhrtürmchen, erbaut 1839–40 wahrscheinlich nach Entwurf und unter Bauführung von Regierungsrat J. U. Reifer v. Bissegg; Osterweiterung 1962. ■ *Klösterli.* Nr. 1. Gut proportionierter Fachwerkbau, an Keller- und Hausportal datiert 1779.

Bissegg. An der *Haupt-* und *Carl-Haselbachstr.* Häuser der politisch bedeutsamen Familien Reiter und Häberlin, 19. und 20. Jh. Doppeltrogbrunnen aus Sandstein, datiert 1800.

Griesenberg. Herrschaftshaus Griesenberg. Über älteren Kellerfundamenten errichtet Ende 18. Jh. im ehem. Burggraben der nach Zerstörungen 1444 durch die Eidgenossen wieder erstandenen und Ende 18. Jh. abgetragenen Burg Neu-Griesenberg; rest. 1980–81. In einem Nordzimmer Archivschrank 1759 mit Wappen luzernischer Obervögte. Sandsteinbrunnen 1613; rekonstruierte Trülle des 18. Jh. als einmaliges Justizdokument.

Leutmerken. Paritätische Kirche St. Peter und Paul, erwähnt 1275. Langhausmauerwerk bis Fensterbankhöhe romanisch. Gotische Erneuerungen u. a. 1462. Nördlich die ursprünglich arkadengeöffnete Grabkapelle der Herrschaftsinhaber von Griesenberg. Turmbau an jetziger Stelle 1556, darin u. a. zwei Glocken von Niclaus Oberacker, 1507 und 1509. Schiffmauerwerk oberhalb der Fensterbankhöhe samt dem neu gebauten Polygonalchor 1634. Gewölbe mit Régencestuck. Spätklassizistische Kanzel. Taufstein 1614 mit

Leutmerken, paritätische Kirche St. Peter und Paul, daneben das kath. Pfarrhaus.

Die Eschikofer Brücke (1835–37) gehört ihrem Namen nach zu Eschikofen bzw. zur Gemeinde Hüttlingen (vgl. Abb. S. 148). Geografisch steht das schöne Holzwerk jedoch auf Boden von Amlikon.

Wappen v. Ulm und Reichlin v. Meldegg. Barockaltärchen aus Weiningen, spätestens 1707, Blatt aus Einsiedeln. Epitaphe u. a. des Marx v. Ulm 1655 und der Maria v. Ulm 1656, ferner von 1686, 1687 und 1691. Buntfenster 1879 von Friedrich Berbig. Rest. 1971 durch Hermann Schmidt; Gedenkstein für Ambrosius Blarer. – **Kath. Marienkapelle** «am Hohen Weg» (Pilgerweg). Ehem. Bildstock, um Mitte 18. Jh. zur begehbaren Kapelle mit offenem Glockenträger erweitert; zusammen mit dem sandsteinernen Wegkreuz von 1886 renov. 1996–97.

Profanbauten. **Kath. Pfarrhaus.** Schlichter Baukubus unter Mansardwalmdach, 1. Viertel 19. Jh. – **Ref. Pfarrhaus,** erbaut um 1712/16.

Amriswil

Amriswil. Grosses Dorf, das nachhaltig durch die Textilindustrialisierung des 19.–20. Jh. geprägt wurde.

Romanshornerstr. **Alte Kirche,** heute Kirchgemeindehaus. Anstelle einer Kapelle des 14. Jh. um 1687 fast ganz neu erstellt; Erweiterung und Turm 1826 durch Josef Germann und Johann Jakob Zingg, 1934 zum Kirchgemeindehaus umgestaltet durch Edwin Friedrich und Karl Fülscher. Weihnachtsbild in Fresko 1939 von Carl Roesch. ■ *Weinfelderstr.* **Ref. Kirche,** erbaut 1892 von August Hardegger im neugotischen Stil. Höchster Kirchturm im Kanton, 70 m hoch. Modernisierende Umbauten des Innern 1922 (Gustav Büeler) und 1943–44 (Martin Risch), rest. 1992 durch Edwin Kunz und Paul Graf. In der Turmhalle Fresken von Paul Bodmer 1945–47; im heutigen Einheitsraum Glasgemälde 1922 von Carl Roesch, Christuszyklus und Gleichnisse. ■ *Alleestr.* **Kath. Kirche St. Stefan.** Eines der ersten modernen Gotteshäuser des Kantons. Betonkonstruktion 1939 von Paul Büchi. Aus der Bauzeit Glasgemälde von Otto Staiger, Freskostationen von Carl Roesch, Plastiken von Alfons Magg und Willi Stadler; Monumentalfenster «Hl. Geist» 1995 von Yoki. In der Bruder-Klausen-Kapelle Wandbild von Augustin Meinrad Bächtiger 1945, ferner ein Rundfenster 1947 von August Wanner.

Profanbauten. *Alleestr.* Nr. 17. **Kath. Pfarrhaus,** 1912–13 von Curjel & Moser. ■ *Arbonerstr.* Nr. 2. **Gemeindehaus** mit spitzbogigen Arkaden erbaut 1929–30 von Friedrich Hess; Bronzeplastik, Stier, 1935 von Otto Heinrich Schilt. – Nr. 42. Stattlicher Riegelbau, 18. Jh. ■ *Bahnhofstr.* Nr. 3. **Ref. Pfarrhaus.** Kernbau vermutlich von 1672, mehrfach überholt, so 1731 und 1833. Freilegung des Riegelwerks 1907, Rest. 1984–86. – Nr. 20. Villa 1908 in repräsentativem Jugendstil; schmuckverglastes Treppenhaus. – Nr. 42. **Ehem. Kantonalbank.** Wuchtiger Mansardbau mit Heimatstilelementen, erbaut 1907 durch Brenner & Stutz. ■ *Bilchenstr.* Nrn. 1–3. Eng geriegelter Kehrgiebelbau, 18. Jh. ■ *Egelmoosstr.* Nr. 20. **Oberstufenzentrum Egelmoos.** Ausgedehnter Sichtbacksteinkomplex, erstellt 1960 bis 1962 von der Architektengruppe Guhl,

Die Bundesräte an der Romanshornerstrasse

Das Haus an der Romanshornerstrasse 17 sticht durch seinen üppigen Fassadenschmuck aus der Häuserzeile heraus. Seit dem Umbau 1916–20 blicken von der Strassenfront mit ihren elegant geschweiften Balkonen die steinernen Konterfeis der sieben damaligen Bundesräte, umrahmt von Wappen und einer Helvetia. Am 1. OG begegnen dem Vorübergehenden Eduard Müller (1895–1919), Gustave Ador (1917–19), Robert Haab (1918–29), Giuseppe Motta (1912–40), Camille Decoppet (1912–19), Felix Calonder (1913–20) und Edmund Schulthess (1912–35). Im 2. OG ist die illustre Gesellschaft um einige Porträts von Generalstabsmitgliedern des Ersten Weltkrieges erweitert. Als künstlerischer Gestalter wirkte vermutlich der Winterthurer Modelleur Walter Heinrich Müller.

Amriswil, Bohlenständerhaus. Fachgerecht restauriertes und zum Wohnmuseum umgestaltetes Kleinbauernhaus des 16.–17. Jh.

Lechner & Philipp unter Mitarbeit von Max Peter Kollbrunner; Plastik von Emilio Stanzani, grosser Wandteppich 1968 von Mario Prassinos. ■ *Freiestr.* Nrn. 66–72. **Reihen-Einfamilienhäuser,** 1995 von Kaderli & Wehrli. Flachdachbauten mit integriertem Wohn-, Sitzplatz-, Wirtschafts- und Garagebereich als zeitgemässe Möglichkeit des verdichteten Wohnens am Ortsrand. ■ *Kirchstr.* Nr. 19. **Schulhaus,** erbaut 1909. Massiger Baublock mit spärlichen, von neuromanischer Wucht geprägten Schmuckelementen; Brunnenhalle. ■ *Kreuzlingerstr.* Nr. 66. **Bohlenständerhaus.** *Hervorragend erhaltenes, typisches Beispiel eines Kleinbauernhauses des 16.–17. Jh.* Ständerbau von 1538, Wandschliessung zur Hauptsache mittels Bohlen und etwas Lehmflechtwerk, Sekundärfüllungen aus Bruch- und Backsteinen; Erneuerung der Dachkonstruktion 1659, Webkeller derselben Zeit. Rest. und Wiederbelebung 1985–89. ■ *Marktplatz.* Nr. 5. **Gasthaus Bären,** 18. Jh. – Nr. 22. **Ehem. Stickfachschule,** errichtet 1911. ■ *Neumühlestr.* Nr. 28. **Hubhof,** 1813. ■ *Poststr.* **Bahnhof.** Brunnenfigur 1950 von Henri König. Neue Platzgestaltung 2002 durch Ute Klein. ■ *Quellenstr.* Nr. 13a. **Hellmühle,** erwähnt 1446, heutige Bausubstanz 18.–19. Jh. ■ *Säntisstr.* Nr. 5. Neuromanisch instrumentierte Villa 1910 mit arkadengeschützter Eingangsfront. ■ *Schocherswilerstr.* Nr. 4. **Schulhaus,** erbaut 1911. ■ *Weinfelderstr.* Nr. 127. **Ehem. Schulhaus Mühlebach** (→ Abb. S. 28). Landschulhaus-Prototyp, in Pisé errichtet 1845–47; rest. und zum Museum umgenutzt 2000–02.

Museen. Ortsmuseum, Bahnhofstr. 3. – Wohnmuseum, Kreuzlingerstr. 66. – Kutschensammlung, St. Gallerstr. 12. – Schulmuseum, Weinfelderstr. 127.

Biessenhofen. Kath. Kapelle St. Jakobus. Reizvolle, aber von Industrie und Landwirtschaft bedrängte Anlage. Der rechteckige Kernbau von 1454–55 barockisiert 1758; Arkadenvorhalle und achtseitiger Dachreiter mit Zwie-

Hagenwil, kath. Kirche St. Johann Baptist. Spätgotisches Chorgewölbe mit filigraner Dekorationsmalerei von 1906.

belhaube; renov. 1950. In der östlichen Stirnwand ein Lanzettfenster der Bauzeit, Reste von Malereien um 1500 (St. Gebhard), Schnitzfiguren 2. Hälfte 17. Jh.: St. Jakobus und St. Oswald. Glasfenster 1950 von Rosemarie Hertel.

Hagenwil. **Kath. Kirche St. Johann Baptist.** Erbaut 1493, nach Westen verlängert 1756, Umbauten 1818–20, Turmerhöhung 1825–29. Renov. 1906, rest. 1975–77 unter Hermann Schmidt, dabei Freilegung der Chorbogenausmalung (Jüngstes Gericht) aus der Zeit um 1500 und Rekonstruktion der Dekorationsmalerei von 1906. Im spätgotischen Chorgewölbe zwei Schlusssteine mit Wappen Jakob Paygrer und Beatrix v. Baldegg. Hochaltar 1818–20 von Jakob Anton Müller, Waldkirch, unter Einbezug älterer Teile und Figuren des 17.–18. Jh. Zur heutigen Gestalt verändert 1842–44, gleichzeitig Gemälde von Franz Josef Geser. Kanzel von Jakob Anton Müller 1820; Pietà 2. Hälfte 17. Jh. In der Turmsakristei Fragmente spätgotischer Fresken (Christus in der Kelter). Bedeutender Kirchenschatz.

Profanbauten. Nr. 1. **Schloss Hagenwil.** *Eine der besterhaltenen Wasserburgen.* Vielleicht anstelle einer älteren Burg vor Mitte 13. Jh. erbaut. 1227 in Besitz des Kreuzfahrers und st.-gallischen Dienstmannes Rudolf dem Jüngeren v. Hagenwil, der das Lehen 1264 dem Abt von St. Gallen aufgab. Die Burg ging noch vor 1300 an die Herren v. Güttingen über, 1341–1450 gehörte sie den Breitenlandenbergern. Nach Beschädigung im Appenzellerkrieg 1405 kam sie 1470 an die Paygrer, 1504 an die Bernhausen, die die Feste um die Jahrhundertmitte ausbauten. 1633 Plünderung durch die Schweden. 1684–1803 sanktgallisch-äbtischer Verwaltungs- und Erholungssitz; seit 1806 Eigentum der Familie Angehrn. Rest. 1937 sowie in Etappen seit 1950. – Der gegen 1250 entstandene, ursprünglich freistehende Bergfried erhebt sich über rechteckigem Grundriss auf einer Schotter- und Moränenplatte inmitten einstigen Riedgebietes. Mit dem Ausbau des aus mächtigen Findlingen gefügten Turmes erhielt dieser 1551 nordwärts den Palas und im Osten erst 1786 ein lang gestrecktes OG vorgebaut, beides Fachwerke, die sich auf die Umfassungsmauer abstützen. An der Südostecke

Hagenwil, Schloss. Links das Torhaus, rechts die Gesamtanlage mit kath. Kirche.

Tor mit Einrichtung für Zugbrücke, datiert 1741; Tor von Nischenmadonna derselben Zeit gekrönt, darüber im OG die Burgkapelle des 16. Jh. sowie ein zeitgleicher Fachwerkaufsatz mit Walmdach und jüngerem Glockenträger. Die Mauerkronen der Süd- und Westflanke tragen eine wehrgangähnliche Galerie, in der 1830 die Gastwirtschaft eingerichtet wurde. – Inneres. Burgkapelle St. Michael, wohl 1786 umgebaut und neu ausgestattet; kleiner Altar mit Schutzengelfigur. Über der Kapelle das «Stübli» mit spätgotischer Balkendecke; Täfer von Josef Anton Bullacher nach 1786 klassizistisch ausgemalt, Turmofen derselben Zeit. Gaststube mit biedermeierlichen Blumendekors, Malerei 1958 von Heinrich Kaufmann. Im OG des Ostflügels Gastzimmer, zum Teil ebenfalls von Bullacher in Grisaille figürlich und dekorativ geschmückt, zum Teil mit Pariser Tapeten um 1790. Im Palas grosser Saal mit gewölbter Balkendecke um 1551 und blaugelbem Ofen des späten 18. Jh. – Nr. 3. **Wohn- und Verwaltungshaus** des Schlosses, errichtet im späten 18. Jh. unter Abt Beda Angehrn. Geschindelter Holz- und Riegelbau mit Mansarddach. – Nr. 27. **Schulhaus,** erbaut 1912–13 von Albert Rimli. – Nr. 45. Geburtshaus von Abt Beda Angehrn. – Nr. 59. **Käserei,** erbaut 1904–05. Gelungene Übersetzung klassischer Schmuckelemente in die Formensprache des Backsteinbaus.

Oberaach. Ref. Kirche. Erbaut 1962–63 durch Edwin Bosshardt; Glasgemälde von Köbi Lämmler.

Profanbauten. *Kreuzlingerstr.* Nr. 109. **Harmonie.** Vermutlich das kurz nach 1600 errichtete ehem. Schloss, das 1809–10 und im 20. Jh. völlig umgestaltet wurde. – Nr. 136. **Schlössli.** Erbaut 1754 von Hans Jakob Häberli. Wappenstein. – Nr. 143. Stattlicher, das Netz der Konstruktionshölzer ornamental ausnützender Fachwerkbau des 18.–19. Jh.

Räuchlisberg. Bergermühle, ein gegen 1800 entstandener Riegelbau.

Schulbauten im Thurgau

Die Geschichte des Schulhauses beginnt nicht, wie man etwa denken möchte, bei den Griechen. Noch bis ins 18. Jh. standen die Schulen unter privater oder kirchlicher Obhut, waren sehr unterschiedlich organisiert, meist nur dürftig untergebracht und mehr schlecht als recht eingerichtet. Als Unterrichtslokale mussten Gebäude unterschiedlichster Art herhalten, und nicht selten unterrichtete der Pfarrer oder Lehrer im eigenen Haus – die Bezeichnung «Schulstube» kommt also nicht von ungefähr.

Das uns geläufige moderne Schulwesen ist eine der bedeutendsten Errungenschaften des 19. Jh., das mit der Einführung der allgemeinen Schulpflicht zum Gegenstand einer eigenen Wissenschaft erhoben wurde. Neben rein pädagogischen Belangen stand auch die so genannte Schulhygiene zur Diskussion, wobei verschiedene Fragen aufgeworfen wurden – die Frage nach den idealen Raumbedingungen einer Bildungsstätte etwa, nach ihrer optimalen Belichtung und ihrer geeigneten Einrichtung.

Als 1833 das thurgauische Schulgesetz erlassen wurde, standen vor allem kleinere Landgemeinden vor einer grossen Bauaufgabe: Sie hatten erstmals ein «richtiges» Schulhaus zu erstellen. Mit dem «Reglement für Schulhausbauten» vom 11. November 1840 wurden die Anforderungen an ein Landschulhaus auf dem Papier geregelt. Verlangt wurde da etwa ein trockener und gemeindezentral gelegener Bauplatz (z. B. → *Schulhaus Thundorf*), oder falls mehrere Gemeinden zu einer Schulgemeinde zusammengeschlossen waren, ein Bauplatz in deren geografischer Mitte. Weil alle Baurisse dem Erziehungsrat zur Begutachtung vorgelegt werden mussten, sahen sich die Schulbauten jener ersten Generation recht ähnlich: Zwei Geschosse erhoben sich über langrechteckigem Grundriss von etwa 60 × 36 Fuss (18 × 10,8 m),

Landschulhaus-Prototyp der 1840er-Jahre: Schulhaus Mühlebach in Amriswil, heute Schulmuseum.

Monumentale Schulpaläste aus der 2. Hälfte des 19. Jh.: oben das 1868 erstellte Schulhaus in Tägerwilen, unten das Bischofszeller Obertorschulhaus von 1889.

darüber ein Walm- oder Giebeldach, hie und da bekrönt von einem Uhr- und Glockentürmchen. Die Hauptfront zu fünf oder sieben Fensterachsen streng symmetrisch gegliedert, die zentrale Eingangsachse häufig unter einem Zwerchgiebel angeordnet. Entsprechend der auf dem Lande üblichen Teilung in eine Unter- und eine Oberschule nahm das Gebäudeinnere jeweils zwei Schulzimmer und eine oder zwei Lehrerwohnungen auf. Dieser architektonische Prototyp ist im →*Schulhaus Mühlebach in Amriswil* beispielhaft dokumentiert, zeigt sich aber auch in den Schulbauten von Gottshaus, →*Horn*, →*Mauren*, →*Mettlen* und →*Thundorf*.

Die stetige Bevölkerungszunahme machte in der 2. Hälfte des 19. Jh. bald mehr und grössere Bildungsstätten notwendig. Von 1870 bis gegen 1930 entstand eine stattliche Zahl monumentaler Schulpaläste, die vor der Wende zum 20. Jh. oft die Stilmerkmale der Neurenaissance tragen (z. B. → *Oberntorschulhaus Bischofszell;* → *Schulhaus Kurzdorf, Frauenfeld;* → *Schulhaus Tägerwilen*), während die späteren Vertreter vom Geist der Heimatstilbewegung durchdrungen sind (z. B. → *Primarschule Aadorf;* → *Schulhaus Roggwil;* → *Schulhaus Weiningen*). Unter den führenden Architekten jener Zeit gilt es namentlich an den in Frauenfeld ansässigen Johann Joachim Brenner und an dessen Sohn Albert zu erinnern: Zwischen 1857 und 1926 führten sie im Thurgau nicht weniger als zwanzig Schulbauten aus, wobei Albert Brenner ab 1907 in Gemeinschaft mit Walter Stutz arbeitete.
Einen ähnlichen Bildungsstätten-Bauboom, wie er zwischen 1870 und 1930 stattgefunden hat, erlebte der Thurgau bis heute nicht mehr. Während in den Jahren vor und nach dem Zweiten Weltkrieg ohnehin nur wenig gebaut wurde, brachten die 1950er-Jahre zwar viel Neues, aber kaum Bedeu-

Bildungsstätten des frühen 20. Jh. im Heimatstilkleid: links Fassadenrelief am Primarschulhaus Aadorf von 1910, unten Aufriss des 1909 durch Ulrich Akeret errichteten Schulhauses Roggwil.

Schulhausarchitektur heute: oben das in den 1960er-Jahren erstellte und 1991 erweiterte Oberstufenzentrum Auen in Frauenfeld, unten der winkelförmige Erweiterungstrakt der Kantonsschule Kreuzlingen, fertiggestellt im Jahr 2000.

tendes auf dem Gebiet der Schulhausarchitektur. Erst nach 1960 verzeichnet der Thurgau einige grosszügige Neuanlagen von überzeugender Qualität (→ *Oberstufenzentrum Egelmoos, Amriswil;* → *Oberstufenzentrum Auen, Frauenfeld;* → *Berufsbildungszentrum Weinfelden*), sowie in neuester Zeit verschiedene Erweiterungsbauten zu bereits bestehenden Schulkomplexen (→ *Kantonsschule Kreuzlingen;* → *Schulhaus Weitenzelg, Romanshorn*).

Arbon

Arbon. Neolithische Siedlung, erbaut 3384–3370 v. Chr. im damals noch ufernah gelegenen Bleicheareal; archäol. Referenzstation zwischen Pfyner und Horgener Kultur. «Pfahlbauten» der frühen und mittleren Bronzezeit, um 1600–1500 v. Chr.; umfangreiches Fundmaterial. Um 300 n. Chr. bauten die Römer ihr Kastell Arbor felix im heutigen Kirche-Schloss-Bezirk aus; noch sichtbar sind einige Abschnitte der Umfassungsmauer sowie die Fundamente des Südost-Rundturmes (→ Abb. S. 89). Funde römischer Zivilbauten auch im Bergliquartier. Innerhalb der Mauern des eingegangenen Militärplatzes siedelten sich spätestens im 7. Jh. die Galluskapelle, die Martinskirche und der Vorgänger des heutigen Schlosses an; dieser Bezirk unterstand zur fränkischen Zeit einem Tribun. Im 10. Jh. Angliederung eines Marktes. Die Stadt selbst im Rahmen eines Systems fester Plätze um Mitte 13. Jh. durch den städtebaufreudigen Konstanzer Bischof Eberhard v. Waldburg gegründet. Stadtrecht 1255. Gericht und Bann 1266 durch den Hohenstaufen Konradin verliehen, dem der Konstanzer Bischof und der Abt von St. Gallen in der Burg Arbon vergeblich eine Basis neuer Regentschaft schaffen wollten. Arbon fiel nach einer Kette von Verpfändungen 1441 ans Bistum Konstanz zurück. Im 18. Jh. Blüte des Leinwandhandels, im 19. Jh. der Baumwolldruckerei. Seit 1862 beherrschend die aus der mechanischen Werkstatt Stoffel hervorgegangene Weltfirma Saurer, die zunächst Handstickmaschinen, später Fahrzeuge produzierte; ihre Nähe zum Ortskern sprengte die Altstadt und bewirkte ihre beträchtliche Modernisierung.

Bahnhofstr. **Kath. Kirche St. Martin.** Ein erster fassbarer, um 800 über den Fundamenten des römischen Kastellbades errichteter Bau wurde um 950 ersetzt. In dritter Generation entstand um Mitte 12. Jh. eine dreischiffige romanische Basilika, die 1490 den heutigen Chor erhielt. Vom 1457 in Stein und Holz errichteten, gegen das Schloss aus strategischen Gründen offen verlangten, freistehenden Turm wurde der Rumpf 1895 für einen im Tudorstil gehaltenen Aufbau verwendet; aus der Johanneskapelle übertragene Glocke von 1495. Eine Säulenhalle (Kellenberger & Wildermuth 1911) verbindet den Turm mit dem 1786–89 nach Plänen von Johann Ferdinand Bickel durch David Zureich neu gebauten Schiff. Der damals um 1 m verkürzte spätgotische Chor ist wahrscheinlich das Werk der unter Erasmus Grasser stehenden Bauhütte von Mariaberg-Rorschach. Fenster mit Fischblasen-Masswerk, Gewölbe mit gut skulptierten Schlusssteinen. Epitaph des Jakob Christoph Bechtlin (gest. 1735). Hochaltar 1953 von Josef Eduard Büsser, gleichzeitig Glasgemälde und Hintergrundtextilien der Seitenaltäre nach Entwürfen von August Wanner. Auf dem nördlichen Seitenaltar spätgotische Marienfigur, süddt., am südlichen der weich-kindlich aufgefasste Gnadenkruzifixus des späten 14. Jh., der um 1770 auf ein Goldschmiedekreuz montiert wurde. Taufstein 1689. Bedeutender Kirchenschatz. Gesamtrenov. 1951–54, Innenrest. 1986. ▪ *Gallusgasse.* **Galluskapelle.** Die Südflanke des Schiffes folgt der römischen Kastellmauer, der Chor erhebt sich über dem Unterbau des vierkantigen Südostturmes. Die Galluskapelle selbst

Arbon, kath. Kirche St. Martin mit Galluskapelle.

besass ursprünglich eine vielleicht karoling. Apsis; ihr romanischer Nachfolger wurde erst 1768–70 durch einen neuen, polygonalen Abschluss ersetzt. Die westliche Vorhalle des romanischen Schiffes im 2. Drittel 14. Jh. einbezogen. Rest. mit neuer Decke und neuem Dachreiter unter Spitzhelm 1949–50, Innenumgestaltung 1972 nach Plänen von Alfons Weisser. Links des Einganges ein eingelassener Feldstein mit der «Fussspur des hl. Gallus», der 612 mit Columban das arbonische Ufer erreichte. Schiff mit romanischem Mauerwerk und Rundbogenfensterchen; an der Nordflanke Verputzreste mit Fugenstrich. Im Innern Freskoreste eines Passionszyklus und von Heiligen aus dem 2. Drittel 14. Jh. im schwebenden Stil der Bodenseeschule. Glasfenster 1950 von August Wanner. Altar 1. Hälfte 18. Jh. aus St. Katharinental mit Statuen von Franz Anton Dirr und einem Zopfstiltabernakel (1783) aus der Martinskirche; Evangelistenbilder aus der ehem. Schlosskapelle Luxburg, um 1650. Kreuzwegstationen von 1765 (Kreis Franz Ludwig Herrmann?), Passionstafeln 1773 von Andreas Immler. ■ *Kapellgasse.* **St. Johanneskapelle («Chappeli»),** erwähnt 1424, profaniert 1777. Baukerne von 1389–90 im Westteil des Gebäudes, Chor mit Masswerkfenster und spitzhelmiger Dachreiter neu errichtet 1494–95; beide Bauphasen stehen wohl in Zusammenhang mit den Stadtbränden 1390 und 1494. Im Innern mittelalterliche Wandmalereien, teilweise überputzt. Der rechteckige Baukörper ist seit dem Umbau von 1938 durch Spitzbogenarkaden geöffnet. ■ *Rebenstr.* **Friedhofkapelle,** erbaut 1907 nach Plänen von Ferdinand Wachter. Von Annexen flankierter sechsseitiger Zentralbau; Eingangshalle mit romanisierenden Säulen. Das Innere dekorativ ausgemalt von Max Burkhardt. Neugestaltung der liturgischen Zone 1978 durch Walter Burger. ■ *Römerstr.* **Ref. Kirche.** Erbaut 1920–24 durch Klauser & Streit in neuklassizistischem Stil; Innenrenov. 1987. Der Bau umfängt mit zwei vorgestellten Säulen den flach gedeckten Frontturm. Fassadenreliefs von Wilhelm Meier und Paul Osswald, Glasgemälde von Fred Stauffer und Albin Schweri. Vor der Kirche das **Denkmal** für den Staatsmann und Dichter Thomas Bornhauser (1799–1856), Werk des Otto Heinrich Schilt 1926.

Profanbauten. *Adolph Saurer-Quai.* Am alten Hafen markante Betonbrücke, um 1920; ferner Nymphengruppe 1907 von August Bösch sowie das Denkmal von Otto Heinrich Schilt (1929) für den Industriellen Adolph Saurer (1841–1920). ■ *Alemannenstr.* Nr. 10, erbaut 1907–08. Eckbau mit Schweifgiebeln, Erkern und üppigem Fassadenstuck. – Nr. 22. **Weinberg.** Die 1902 erbaute Villa durch eine Vielfalt kontrastierender Baumaterialien geprägt. ■ *Bahnhofstr.* Nr. 2. **Rotes Haus,** seit 1902 kath. Pfarrhaus. Erbaut 1704 als Sitz der Leinwandherren Mayr, deren Wappen am Balkongitter verewigt ist. Umbau 1783 in Formen des vom Louis-XVI-Stil beeinflussten Spätrokoko. Mansarddach, in den Fensterscheiteln Reliefbildnisse römischer Kaiser. – Nr. 11. **Rebstock.** Ehem. Mayrsches Handelshaus, 17.–18. Jh. – Nr. 37. **Elektrizitätswerk,** errichtet 1916 von Severin Ott. – Nr. 40. Prägnanter Jugendstilbau, am originell überdachten Eckerker datiert 1906. Fassadenreliefs und -malereien. – Nr. 48. **Bahnhof,** erbaut 1868–69 nach Plänen von Friedrich Seitz; im Aussenbau rest. 1988. – Nr. 49. **Hotel Metropol,** erbaut 1964 von Bächtold & Baumgartner; Liftanbau 1999. Monumentaler, betont horizontal gegliederter Betonbau mit auffallenden Bezügen zur Marinearchitektur. ■ *Berglistr.* Nr. 11. **In den Reben.** Eigenwillig instrumentierte Villa 1904–05 von Wendelin Heene; am Eingangsrisalit Barock- und Jugendstilmotive. ■ *Brühlstr.* Nr. 63. **Hochhaus Unter-Neusätz,** erbaut 1960 von Georges-Pierre Dubois; rest. 1991. Über Pilotis sich eindrücklich erhebender Grossbau mit

Schiffsromantik auf Arboner Festland: die marinebezogene Architektur des Hotelkomplexes Metropol von 1964.

Arbon, Hochhaus Unter-Neusätz. Der aus Pilotis gebildete Unterbau lässt die «Wohnmaschine» aus dem Jahr 1960 leicht und schwebend erscheinen.

95 Wohneinheiten. ▪ *Engelwiese.* Brunnenplastik Flötenspieler, 1945 von Ernst Heller. ▪ *Freiheitsgasse.* Nr. 1. **Torwache.** An die Stadtmauer gelehntes, schlankes Fachwerkhaus mit mittelalterlichen Baukernen; renov. 1973. – Nr. 3. **Gasthaus Römerhof,** 1736–1872 evang. Schule. Im Bau stecken ein Eckturm der Stadtbefestigung sowie Teile des 1567 errichteten Hauses zur Freiheit. Teilneubau 1781–84. Renov. 1969, dabei Einbau einer Kassettendecke wohl des 17. Jh. aus dem abgebrochenen Saurer-Herrenhaus («Fingerlihaus») an der Weitegasse. Rest. 1997–98. – Nr. 9. **Rollenturm.** Einziger erhaltener Turm der mittelalterlichen Stadtbefestigung, im 19. Jh. ausgebaut und erweitert. ▪ *Grabenstr.* Nr. 4. **Ehem. Eisen- und Blechpresswerk Friedrich August Schädler,** stillgelegt 1967. Der südliche, durch Korbbogenarkaden ausgezeichnete Eckbau in Anlehnung an die Schwarze Straussfeder (Wal-

Arbon, ehem. Eisen- und Blechpresswerk Friedrich August Schädler. Der Turm von 1927 verkörpert eines der wenigen modernen Wahrzeichen im Kanton Thurgau.

hallastr. 4) als markanter Giebelbau vom Unternehmer geplant, in Sichtbeton und nur zweigeschossig aufgeführt 1922. Ebenfalls nach Schädlers Plänen der 30 m hohe, mit Eckerkern ausgezeichnete **Schädlerturm,** der schon kurz nach seiner Errichtung 1927 zum neuen Wahrzeichen Arbons wurde und in erster Linie als Kamin diente. Rest. 1998–2000, u. a. Einrichtung eines Restaurationsbetriebes in der Turmstube. ▪ *Hauptstr.* Nr. 11. **Taube.** Fachwerkbau des 18. Jh.; prägende Heimatstil-Renov. Anfang 20. Jh. – Nr. 12. **Stadthaus.** Der ehem. Leinwandherrensitz des Michael Eberz 1768–69 für die Leinwandherren de Alberti umgestaltet, zum Stadthaus umgebaut 1941 durch Oskar Linner. Damals das Portal hinter neue Arkaden zurückversetzt; über der Tür Oberlichtgitter in Rokokoformen mit den Wappenlöwen der Alberti (?), gegen den Hof in Régencespiralen der Eber der Eberz. Im Innern Balustertreppen und Régence-Stuckdecken, wahrscheinlich von Wessobrunner Meistern. ▪ *Landquartstr.* Nrn. 5–33. **Heinehof.** Serie einfachster Giebelbauten, erbaut 1898–1900 als Wohnhäuser für Arbeiter der ehem. Stickereifabrik Heine; am Nordende des dreieckigen Grundstückes die Fabrikantenvilla (Nr. 3), erstellt 1901 durch Wendelin Heene. – Nr. 72. **Mayr-Haus.** Der 1730 als Bleiche des Leodegar Mayr aufgeführte Bau 1773 zum Wohnhaus umgenutzt und nach 1791 übernommen durch dessen Sohn Johann Heinrich Mayr (1768–1838), den eigenwilligen Textilunternehmer und Verfasser zahlreicher Tagebücher und Reiseberichte («Libanon-Mayr»). Gebäudeverschiebung und -rest. 1992–95. ▪ *Metzger-/Post-/Turmgasse.* **Posthof,** erbaut 1903–05 von Severin Ott, rest. 1995–97. Geschlossene, betont asymmetrische Überbauung von grossstädtischem Habitus. ▪ *Philosophenweg.* **Strandbad.** Bauhaus-Architektur 1933 von Edwin Bosshardt. Verglaster Restaurantpavillon, renov. 1992. – *Promenadenstr.* Nr. 5. **Alte Apotheke.** Klassizistischer Bau von 1876, rest. 1992–93. – Nr. 17. **Promenadenschulhaus,** erbaut 1872 in schlichten Neurenaissanceformen, aufgestockt 1881; rest. 1988–89. ▪ *Rathausgasse.* Nr. 1. **Altes Rathaus,** heute

▲ Arbon, Mayr-Haus, Wohn- und Wirkungsstätte des Textilfabrikanten Johann Heinrich Mayr (1768–1838).

◀ Arbon, altes Rathaus. Ehem. Freihof mit Kernteilen um 1310.

Arbon, Strandbad. Vorzügliche Bauhaus-Architektur nordwestlich der Stadt, angelegt 1933.

Arbon, Sonnenblume. Eigenhändig entworfenes Wohnhaus des Fotografen Max Burkhardt, 1904.

Bezirksgericht. Ein dem südwestlichen Eckturm des Stadtberings aufgestockter Freihof; Kernbau um 1310. Im 15. Jh. Sitz der Entgasser; deren 1466 (?) datiertes Wappen stark erneuert an der Ostflanke. Umbau 1572 unter den Blarer v. Wartensee; 1640 von der Stadt übernommen und ab 1793 als Rathaus genutzt. Heutiger vorkragender Fachwerkbau 1791 durch Weinrath aus Feldkirch erstellt. Renov. 1929 durch Oskar Linner, Aussenrest. 1976–77. Nach Brand 1994 Rekonstruktion des Mansarddaches mit Kuppeltürmchen. In der Stube spätgotische Balkendecke. – Vor dem Rathaus **Brunnenanlage** mit Bronzefiguren 1944 von Ernst Heller; Eisenplastik «Verglich» 1994 von Toni Calzaferri. ■ *Rebenstr.* Nr. 4. **Rebenschulhaus,** erbaut 1900 von Wendelin Heene nach Projekt von Severin Ott; der 1965 durch Brand zerstörte Dachbereich anlässlich Rest. 1997–99 rekonstruiert. – Nr. 33. **Sonnenblume.** 1904 eigenhändig entworfenes und mit Jugendstilinterieurs ausgestattetes Wohnhaus des Dekorationsmalers und Fotografen Max Burkhardt; rest. 1993–94. ■ *Schiffländestr.* Nr. 1. **Schwanen.** Ehem. Furtenbachhaus, erbaut 1705, erhöht 1749. ■ *Schlossgasse.* **Schloss.** Ursprünglich freistehender (Wohn)turm auf vielleicht älterem Sockel, erbaut um Mitte 13. Jh.; das oberste Geschoss mit Walmdach stammt vom Umbau 1515–20. Schön gefügtes Quaderwerk mit Mauerstärken bis 3,2 m; einige Spolien wahrscheinlich römisch. Ältester Hocheingang auf der Stadtseite, ein zweiter gegen Osten. Von hier führt die Treppe im Innern der Südmauer zum dritten Stock. Reste zweier romanischer Kamine, wovon eines mit spätromanischen Würfelkapitellen. Wohntrakte mit Treppengiebeln u-förmig angelegt 1515–20 unter Bischof Hugo v. Hohenlandenberg; die Aussenmauern des hinteren Schlosses kamen dabei genau auf die Nordwestecke des römischen Kastells zu stehen. 1822–1907 Sitz der Seidenband-Weberei Stoffel, 1911–44 Saurersches, danach städtisches Eigentum. Seit der Rest. 1967ff. im Turm, im neu erbauten Zwischentrakt und im Westteil Ortsmuseum. Im «Landenbergsaal» Flachdecke mit Stabrippen und 28 figürlichen und heraldischen Medaillons einer konstanzischen Werkstätte der Iselin-Nachfolge; Kopie 1918–19 nach dem Original im Schweiz. Landesmuseum, Zürich. Eingangstüre und Holzpfeiler in spätgotischer Profilie-

▲ Arbon, Schloss. Wehrhafter Wohnturm des mittleren 13. Jh. Die Aufstockung von 1515–20 ist durch den Materialwechsel im Mauerwerk gut dokumentiert.

▶ Arbon, Ochsen. Prachtsriegelbau von 1718 mit blau gefassten Gerüsthölzern. Gesamtansicht und Fensterrahmen-Dekoration.

rung und Schnitzerei. Rest. des Vorderschlosses 1991–93. Im Hof mehrfigurige Plastik von Ivo Soldini. – Nr. 2. **Ehem. Bürogebäude der Saurer AG,** erbaut 1942–43 von Dubois & Eschenmoser. ■ *Schmiedgasse.* Nr. 5. Über mittelalterlichem Mauersockel aufgehender, typologisch seltener Bohlenständerbau von 1471; Stubendecke 1495 mit Wirbelrosette. Wiederaufbau des Fachwerktürmchens (Nr. 5a) im Zuge der Rest. 1987–88. – Nr. 6. **Ochsen.** Das ehem. Gasthaus über Fundamenten eines Vorgängerbaues fertiggestellt 1718; umfassende Rest. 1996–98. Prachtvoller Giebelbau mit raffinierter Dachkonstruktion und nach Befund smalteblau gefasstem Riegelwerk; die Täferstuben durch stattliche Fensterwagen erhellt. ■ *Stacherholzstr.* **Schulzentrum Stacherholz,** erbaut 1962 durch Guhl, Lechner & Philipp; Stele von Robert Lienhard. Im Sekundarschulhaus (Nr. 34) Glasfenster 1959 von Walter Burger. ■ *Stickereistr.* Nr. 4. **Ehem. Schifflistickerei Heine.** Markanter Backsteinwürfel von 1907. ■ *Thomas-Bornhauserstr.* Nr. 7. **Schulhaus,** erbaut 1906. Risalitarchitektur über Rustikasockel. ■ *Untertorgasse.* Nrn. 1–7. Geschlossene Zeilenbebauung über mittelalterlichen Stadtmauerkernen. Die Fachwerkaufstockungen im Sinne des Heimatstiles rest. Anfang 20. Jh.

Arbon, Schmiedgasse 5. Fachgerecht restaurierter Bohlenständerbau von 1471. Das flankierende Fachwerktürmchen wurde 1987–88 rekonstruiert.

■ *Walhallastr.* Nr. 4. **Schwarze Straussfeder.** Neubau vermutlich nach 1714 für Jakob Furtenbach. In den Fassaden durch Gurten gegliederter Kreuzgiebelbau. Die Schilde in weichen Kurven hochgeführt, das Volutenwerk seit dem Umbau 1922 durch Adolf Gaudy in den Lukarnen wiederholt. Renov. 1970. – Nr. 5. **Gasthaus Storchen.** Der stattliche Riegelbau im 18. Jh. über teils mittelalterlichen Fundamenten errichtet; rest. 1978–79. Im Innern beschnitzte Balkendecke des 16.–17. Jh. ■ *Weitegasse.* Nr. 6. **Ehem. Informatikgebäude der Saurer AG,** erbaut 1960–61 von Georges-Pierre Dubois.

Museen. Ortsmuseum im Schloss, Schlossgasse. – Saurer-Oldtimer-Museum, Grabenstr. 6. – Energiezentrum, Landquartstr. 101.

Frasnacht. *Buchhorn.* Nr. 44. **Einfamilienhaus** 1989–94 von Beat Consoni. ■ *Hasenwinkel.* **Seewasserwerk** 1997–98 von Urs Niedermann.

Stachen. *Mühlestr.* Nr. 12. **Mühle,** 18. Jh. Rest. 2002. ■ *Speiserslehn.* Nr. 2. **Schulhaus.** Walmdachbau 1903 mit materialbetonter Fassadengliederung und repräsentativem Eingangsrisalit; renov. 1996.

Museum. Saft- und Brennereimuseum, St. Gallerstr. 213.

Frasnacht, Seewasserwerk. Portalfront.

Basadingen-Schlattingen

Basadingen. Paritätische Kirche St. Martin. Erbaut 1838–44 durch Jean Ruch nach Plänen von Johann Nepomuk Keller; renov. innen 1934, aussen 1946, gesamthaft 2001. Klassizistischer Bau mit dreistufigem Frontturm und stichbogig angesetztem Chorrund; beim Eingang Gedenktafel für Wolfgang Gräser (1906–1928), «den Erwecker von Bachs Kunst der Fuge». Umgestalteter Hochaltar 1841–42 von Franz Müller, Wil SG, mit Kreuzigungsgemälde von Karl Georg Kaiser, 1899; Seitenaltäre, Taufstein in Stuckmarmor und die über einen Laufsteg erschlossene Kanzel 1840–41 von Josef Vollmer; Seitenaltarblätter 1920 von Richard Arthur Nüscheler. Stationenbilder 1868; qualitätvolle Kreuzigungsgruppe, um 1600. In der Sakristei ein Ziborium aus St. Katharinental, angefertigt 1743–45 von Franz Thaddäus Lang.

Profanbauten. *Breitlen.* Nr. 1. Dicht geriegeltes Fachwerkhaus, erbaut 1819. ■ *Chalchofen.* **Aussiedlungshof,** begonnen 1976 nach Plänen von Fredi Klaus; Minergie-Wohnhaus 2001 von moos.giuliani.herrmann.architekten. ■ *Gemeindehausstr.* Nr. 1. **Gemeindehaus.** Erwähnt zwischen 1510 und 1523, mehrfach umgebaut; renov. 1954. Dachreiter 1809 mit Glocke, gegossen 1511 vermutlich von Niclaus Oberacker. Vor der Südfront Brunnen 1843 mit Bronzebär von 1963. ■ *Guetenbergli.* Nrn. 10–12. Fachwerkbau mit Kellerhals; die angebaute Trotte am Eckständer datiert 1665. ■ *Hemmental.* Nr. 2. **Ehem. kath. Schulhaus,** erbaut 1816, renov. 1927. ■ *Kirchgasse.* Nr. 8. **Ref. Pfarrhaus.** Klassizistischer Baublock, errichtet 1872 nach Projekt von Christian Friedrich Hahn. – Nr. 11. **Kath. Pfarrhaus.** Fachwerkbau von 1708; renov. 1946 und 1966. ■ *Sunnehof.* **Aussiedlungshof,** 1974 von Heiri Frei, Winterthur. ■ *Willisdorferstr.* Nr. 1. **Schulhaus,** Neubau 1885 nach Plänen von Sebstian Schmid; Turnhallen- und Verbindungstrakt 1970. Klassizistische Gesamtform von betont symmetrischer Anlage.

Schlattingen. Ref. Kirche St. Georg. Schlichter Rechteckbau mit buntziegeligem Dachreiter. Der Vorderteil des Schiffes 12.–13. Jh., Verlängerung nach Westen und Erhöhung spätestens im 15. Jh., der quadratisch ausgeschiedene Chor mit kugelbesetztem Doppellanzettfenster (Kopie von 1960) noch 13. Jh. Reste von Malereien des 14.–15. Jh.: Jüngstes Gericht, Christophorus. Täferdecke 1793 erneuert. Kanzel 1708, Taufstein 1829. Im Chorstirnfenster Glasgemälde 1961 von Albert Saner, in den Südfenstern drei Wappenrundscheiben, datiert 1657 und 1659. Rest. 1959–60, Turmrest. 1988.

Profanbauten. *Alter Schulweg.* Nr. 2. **Ehem. Gemeindehaus** von 1734. ■ *Hauptstr.* Nr. 4, erbaut 1833. – Nr. 7. **Schulhaus.** Biedermeierbau mit Zeittürmchen 1852; Turmrenov. 1928 und 1989. ■ *Im Chloster.* Nr. 4. **Kirchgemeindehaus,** vielleicht das ehem. Traberspfrundgut. Fachwerkbau mit rekonstruiertem Fensterwagen, am Eckständer die Jahreszahl 1629. Rest. 1980–82. – Nr. 11. **Sunneberg.** Ehem. Erblehenshof des Klosters Münsterlingen, 1811 auf Grundmauern von 1538 neu errichtet. ■ *Obere Dorfstr.* Nr. 2. **Frohsinn,** erbaut 1832. – Nr. 10. Neubau angeblich des Jahres 1700; renov. 1950 und 1976.

Berg

Berg. *Kirchstr.* **Ref. Kirche.** Spätromanischer Turmchor, der spätgotische Aufbau von Staffelgiebel abgeschlossen. Schiff 1735–37 verlängert, renov. 1938. Der Turmchor von rippenlosen Kreuzgewölben abgeschlossen, gutes spätgotisches Sakramentshaus. Fresken um 1500. Aussen Kopie des Grabmals der Carolina v. Thurn (gest. 1815) sowie Glocke des 16. Jh. von Niclaus Oberacker. ■ *Obere Kirchstr.* **Kath. Kirche St. Mauritius,** erbaut 1938 von Adolf Gaudy. Glasfenster von Albin Schweri.

Profanbauten. *Hauptstr.* Nr. 4. **Bahnhof Kehlhof,** erbaut 1911. – Nr. 34. **Ref. Pfarrhaus,** erbaut 1852–53. – Nr. 36. **Ehem. Postamt** von 1898. – Nr. 40. **Schulhaus.** Klassizistisches Giebelhaus mit betonter Fassadensymmetrie, errichtet 1880. Am rückwärtigen Erweiterungsbau Eisenplastik 1957 von Eugen Häfelfinger. – Nr. 66. Zur benachbarten Ziegelei gehörige Fabrikantenvilla von 1874–77 mit dekorativem Kniestockfries. – Bei Nr. 66. **Ziegelei,** erbaut 1901. Industriebau mit eindrücklicher Backstein-Blendgiebelfront. – Nr. 71. Backsteinvilla mit Jugendstilelementen, errichtet 1908–09. ■ *Schlossstr.* Nr. 9. **Ehem. Schloss,** heute Altersheim. Das 1677 errichtete Stammhaus mit Südportal der Bauzeit (1980 kopiert) wurde 1953 mit dem Westtrakt von 1894–96 zur baulichen Einheit zusammengeschlossen; rest. 1986–87. Gehaltvolle historistische Innenausstattung. – Freistehende **Schlosskapelle** von 1619, umgestaltet 1667 und Mitte 18. Jh., rest. 1953 und 1996. Decke mit Régencestuck. Altarbild der Verklärung Christi 1667 von Thomas Kraus. Nepomukbild von Mayr, Konstanz, 1751. Madonna nach Lukas Cranach.

Guntershausen bei Berg. *Unterdorf.* Nr. 5. **Ehem. Mühle,** erwähnt 1423. Heutiger Baukörper 18.–19. Jh.

Mauren. *Alpenblickstr.* Nr. 3. **Neues Haus,** erbaut 1835–36 für Friedensrichter Herzog. ■ *Dorfstr.* Nr. 2. **Schulhaus,** errichtet 1850–51 in eleganten Proportionen. ■ *Unterhard.* **Mühle im Hard.** Prachtsriegelbau des 17.–18. Jh.

Berg, Ziegelei am nördlichen Ortseingang. Die imposante Backsteinfront von 1901 schiebt sich kulissenhaft vor den schlichten Giebelbau.

Berlingen

Berlingen. Lang gezogene Siedlung beidseits der Seestrasse, beachtlich durch den Rhythmus der seewärts gerichteten Häuserfirste.

Ref. Kirche. *Inkunabelbau der Neugotik,* errichtet 1840–42 von Johann Nepomuk Keller anstelle des Gotteshauses von 1659, das seinerseits eine spätromanische St. Michaelskapelle abgelöst hatte. Renov. 1904, rest. 1968 bis 1969 und 1991, Turmsanierung 1987. In der Vermischung spätklassizistischer und gotischer Bauelemente mit solchen eines gräzisierenden Louis-Philippe eine der ersten stilmischenden neugotischen Bauten der Schweiz. Der ostseitige Frontturm vom gedrungenen Schiff knapp umklammert, der Fuss des Spitzhelmes von getreppten Uhrengiebelchen umstellt. Spitzbogenfenster mit vorzüglichem Holzmasswerk; Ausstattung des Inneren in ähnlich zarten, empfindsam linearen Formen. – Vor der Kirche Gedenkstein für Minister Johann Conrad Kern (1808–1888).

Berlingen, Dorfansicht mit Kirche, im Hintergrund der Untersee und die Insel Reichenau.

Profanbauten. *Bachstr.* Nrn. 22/24–26. **Schwedenburg, Bachhalde und Heimat.** Nr. 22 mit zwei wahrscheinlich mittelalterlichen Mauergevierten, das mächtige Vorderhaus (Nrn. 24–26) mit vorkragendem Fachwerk-OG des 18.–19. Jh. – Nr. 28. **Untere Mühle.** Wappenstein von 1736. Täferstube mit Felderdecke, datiert 1743. ■ *Schulhausstr.* Nrn. 1/3. **Schulhaus und Turnhalle,** erbaut 1914–15 durch Büeler & Gilg. Wuchtiger Walmdachbau mit Mansarddach und Säulenportikus im dorischen Stil. ■ *Seestr.* Nr. 9. **Seeschau.** Fabrikantenvilla 1909 mit bemerkenswertem spätklassizistischem Fassadenschmuck und Portikus; Gartenanlage. – Nr. 10. Gedrungener Mansardbau, 1840–41. – Nr. 17. Vielleicht ehem. Kehlhof der Abtei Reichenau. Das stattliche Riegelhaus von 1686 renov. nach Brand 1971. In den Korridor-Gefachfeldern barocke Wandsprüche. – Nr. 18. **Ref. Pfarrhaus,** erbaut 1647. – Nr. 22. **Altes Schulhaus,** errichtet 1836–37 durch Johann Nepomuk Keller. – Nr. 26. **Grünes Haus.** Ehem. Familienbesitz des Politikers Minister Johann Conrad Kern. Breit hingelagertes Giebelhaus um 1800 mit Resten der frühklassizistischen Ausstattung; eingreifender Umbau 1995. Im Garten das von Adolf Dietrich oft gemalte Lusthäuschen. – Nr. 31. **Adolf-Dietrich-Haus.** Wohnhaus und Gedenkstätte des Malers, renov. 1976–77; Malstube mit Originalausstattung. – Nr. 77. **Gasthaus Schiff,** ehem. Rathaus. Eleganter Mansardbau, errichtet 1778–80 durch Hans Jakob Schiegg, Steckborn; jüngster Umbau 1984–85. Über dem Mittelportal das Gemeindewappen mit Schildhaltern; filigraner Rokoko-Ausleger mit 1781 datiertem Schild (→ Abb. S. 134). Im Saal des 2. OG Steckborner Turmofen aus der Bauzeit, bemalt vermutlich von Heinrich Düringer. – Nr. 112. **Post,** ehem. Gasthaus Alte Krone, prägend umgebaut 1722, rest. 1987 unter Ernst Oberhänsli. Die 1892 gegründete Tricotfabrik (Südost-Annex) um 1987 abgebrochen. ■ *Stediplatz.* Aus dem See geborgener Dampfkessel des Raddampfers «Rheinfall», der 1869 vor Berlingen explodierte. ■ *Wieslistr.* Nr. 2. **Wiesli.** Eine der

Berlingen, Grünes Haus. Garten mit dem wohl berühmtesten Thurgauer Lusthäuschen, das dem Maler Adolf Dietrich unzählige Male geduldig Modell gestanden hat.

Adolf Dietrich (1877–1957)
Maler und Zeichner aus Berlingen, zum Umkreis der Neuen Sachlichkeit zählend und gleichzeitig Hauptvertreter der Naiven Malerei. Autodidakt und bis 1924 Sonntagsmaler. Bleibt zeitlebens als Junggeselle im Elternhaus an der Seestrasse und verdient seinen Lebensunterhalt bis 1896 als Strickweber in der Tricotfabrik Adolf Naegeli AG, danach als Heim- und ab 1910 als Waldarbeiter. 1896 erstes Skizzenbuch, um 1900 erste Aquarelle, 1905 erste Ölgemälde; erste Ausstellung 1913 im Wessenberghaus Konstanz. Durchschlagenden Erfolg erzielen Dietrichs Werke 1922 und 1925 in Herbert Tannenbaums «Kunsthaus Mannheim». Weitere wichtige Ausstellungen in der Galerie Thommen in Basel (ab 1930), in Weinfelden (1932), Schaffhausen (1933 und 1952), Zürich (1942), Luzern (1950) und Winterthur (1953). Dietrichs Motivkreis – Landschaften, Stillleben, Porträts – bezieht sich weitgehend auf die direkte Erlebniswelt am Untersee.

ältesten ländlichen Wohnbauten des Kantons. Giebelbetonter Ständerbau, in Stockwerkbauweise errichtet um 1475. Das steile Halbwalmdach im 18.–19. Jh. zum Giebeldach verändert. In der Bohlenstube des OG Balkendecke mit Kerbschnittmedaillons.
Museum. Adolf-Dietrich-Haus, Seestr. 31.

Bettwiesen

Bettwiesen. **Kath. Pfarrkirche St. Urban.** Erbaut 1875 von Wilhelm Keller in neuromanischem Stil. 1957–58 im Aussenbau modernisiert durch Hermann Schmidt, St.-Urban-Statue von Gotthilf Hotz, Glasgemälde von August Wanner (1958) und Jost Blöchliger (1975). Altarensemble 1878–84 aus der Wiler Werkstatt Franz und August Müller, Tragkanzel und Taufstein 1643. Glocke von 1457.
Profanbauten. *Hauptstr.* Nr. 49. **Schulhaus.** Neubau 1927 nach Plänen von Albert Rimli. ■ *Schlossstr.* **Schloss.** Als Sommersitz und Statthalterei des Klosters Fischingen aufgeführt 1627, Modernisierungen 1922–23. Der schlichte zweigeschossige Längsbau ist beidseitig zur Hufeisenform abgewinkelt. Den westlichen Querbau bildet die dreiseitig geschlossene, 1757 umgestaltete Schlosskapelle mit 1922 erneuertem Dachreiter; Innenrest. ab 1999. Im EG des Haupttraktes ein 1807 datierter Ofen von Salomon II. Spiller mit Malereien von Heinrich Egli. Südeckzimmer des OG mit zierlicher Régencestuckdecke; im Ostraum stuckierte Felderdecke und ein weisser Steckborner Turmofen der Meyer-Werkstatt, dem als Pendant ein gestaltgleicher Schrank zugeordnet ist, 3. Viertel 18. Jh. Wappensteine der Fischinger Äbte.

Bichelsee-Balterswil

Balterswil. *Stickereistr.* Nrn. 13–17. **Ehem. Schifflistickerei Zürcher,** 1906–07. Flachdachkomplex in Sichtbackstein mit geschmiedetem Portalgitter.
Bichelsee. Durch Spekulation beeinträchtigter Dorfkern.
Hauptstr. **Kath. Kirche St. Blasius.** Beim Neubau der Kirche 1864–65 von Carl Friedrich Braun wurde der Nordturm der alten polygonalen Anlage wiederverwendet und kam südlich des jetzigen Gotteshauses zu stehen. 1962–65 völlige Neugestaltung des Inneren und Erweiterung des Schiffes durch Walter Bosshart. Drei Rundscheiben 1965 und Chorwandbild 1969 von Fritz Weigner. ▪ *Furthstr.* **Ref. Kirche,** erbaut 1960 von Edwin Rausser aufgrund des Moduls von Le Corbusier. Kunstgewerbliche Entwürfe von Emanuel Bosshart, Kanzel und Schnitzwerk der Türe (Arche Noah) von Rolf Lehmann, Glasgemälde von Köbi Lämmler.
Profanbauten. *Brenngrütti.* Ass.-Nr. 295. **Ferienhaus.** Flacher Giebelbau 1962 von Albert Heinrich Steiner, Zürich. ▪ *Hauptstr.* Nr. 17. **Kath. Pfarrhaus.** Wirkungsstätte von Pfarrer Traber, dem Begründer der Raiffeisenbank in der Schweiz. Behäbiger Mansardbau, entstanden um 1770, rest. 1989–90. – Bei Nr. 28. **Schulhaus,** errichtet 1863–64 von Baumeister Wellauer. Der ehedem klassizistische Fassadenschmuck durch Renovationen getilgt. ▪ *Kirchgasse.* Nrn. 1–3. Kehrgiebelbau von 1770 mit lebhaft geriegelter Giebelfront. Allianzwappenkachel 1797 des ehem. Stubenofens von Salomon und Hans Jakob Spiller, Elgg. ▪ *Rüetschberg.* **Wochenendhaus.** Kleinmassstäbliche Bauhausarchitektur an isolierter Lage über dem Bichelsee, erstellt 1932–33 von H. Burger, Winterthur. ▪ *Unterdorf.* Nr. 9. **Alter Sternen,** ehem. Gasthaus. Fachwerkbau des 18. Jh. mit im 19. Jh. erweiterter Giebelfront. Schlichtes Wirtshausschild.

Bichelsee, ref. Kirche. Ausschnitt aus dem Glasgemäldezyklus von Köbi Lämmler, 1960.

Birwinken

Andwil. **Ref. Kirche.** Anstelle eines frühgotischen Baues 1860–61 von Carl Friedrich Braun in schlichten neugotischen Formen und mit Dachturm neu erstellt. Innenumbau 1965 durch Edwin Müller, Aussenrenov. 2000.

Profanbauten. *Dorfstr.* Nr. 6. **Schulhaus,** erbaut 1907 von Ulrich Akeret.

Birwinken. **Ref. Kirche.** Dem romanischen Bau (12. Jh.?) mit Apsis folgte im 14. Jh. ein gerade geschlossener Raum, der 1485 zu einer Anlage mit Polygon und Nordturm erweitert wurde; renov. 1770 und 1909, rest. 1968–69 und 1999. Gotischer Turmstock mit Spitzhelm von 1809. In der Nordwand von Dreipass überhöhte einfache Epitaphnische, Sakramentshäuschen um 1500, aus der Kirche Hugelshofen übertragen. Polychromer Rokokostuck, vermutlich von Georg Graf. Kanzel 1623. Kleinorgel um 1810 von Kaspar Bärtschi aus Sumiswald (rekonstruiert 1969). Glocke von 1497.

Profanbauten. *Rosengartenstr.* Nr. 9. **Ehem. Gasthaus Rosengarten.** Kernbau mit Dachreiter 1846, bald darauf erweitert und später mehrfach umgestaltet.

Happerswil. *Bucherstr.* Nr. 15. **Schulhaus,** erbaut 1829, renov. 1876 und 1923. Walmdachbau mit Uhrtürmchen.

Heimenhofen. Nr. 28. Klassizistisches Walmdachhaus 1853–54 mit repräsentativer Portalfront.

Lenzenhaus. Nr. 11. **Ehem. Gasthaus Lenzenhaus.** Ursprünglich erhaltener Fachwerkbau von 1803.

Mattwil. *Neugasse.* Nr. 1. Geburtshaus des Mundartautors Ernst Nägeli (geb. 1908). Bemerkenswerter Riegelbau des 18.–19. Jh.

Mattwil, Geburtshaus des Thurgauer Mundartautors Ernst Nägeli.

Bischofszell

Bischofszell. *Wakkerpreis des Schweiz. Heimatschutzes 1987. Auf einer Geländeterrasse am Fuss des Bischofsberges und über dem Zusammenfluss von Sitter und Thur gelegenes Landstädtchen. Sein intaktes Gassengefüge wird durch spätgotische, vor allem aber durch spätbarocke Bauten geprägt.* Der älteste Stadtteil Im Hof bildete sich um das Chorherrenstift und die Kollegiatskirche, die von einem der Konstanzer Bischöfe Salomo spätestens 919 angelegt worden sind. Durch eine Burg gesichert, als Stützpunkt gegen St. Gallen ausgebaut und früh mit wirtschaftlichen Vorrechten begabt, erhielt die geschlossene Siedlung von Bischof Eberhard v. Waldburg um die Mitte des 13. Jh. Stadtrechte. Gleichzeitig siedelte der Bischof in bewehrten Freihöfen Leute des umliegenden Adels an und erweiterte die Ummauerung ringförmig um den östlichen Marktbezirk. Die Häuser lehnten sich zunächst an die Umfassungsmauer, gingen später in ihr auf und bildeten mit der Binnenüberbauung des Dreieckmarktes die Markt-, die Kirch- und die Tuchgasse (früher Schmalzgasse). Die sich vor dem östlichen Torturm (Bogenturm) entwickelnde Vorstadt wurde nach den Appenzellerkriegen 1437 wieder aufgebaut und mit Grubplatz, Rossmarkt, Gerbergasse, Neugasse (früher Hafnergasse), Obergasse und Stadelgasse in die Befestigung einbezogen. Die Eroberung des Thurgaus durch die Eidgenossen (1460) und die Reformation bewirkten einen empfindlichen Abbau der bischöflichen Hoheitsrechte, insbesondere seit Bischofszell ab 1587 durch eidg. Obervögte verwaltet wurde, ab 1619 die kath. Orte Anwärter auf die Chorherrenpfründen stellten und das Diessenhofer Traktat 1728 die konfessionell paritätische Ämterverteilung brachte. Dem grossen Stadtbrand 1743 fielen rund 70 Häuser an der Markt-, Kirch- und Tuchgasse zum Opfer. 1798 Anschluss an den Kanton Thurgau, 1848 Aufhebung des Chorherrenstifts.

Die Bischofszeller Bauten der Gebr. Grubenmann aus Teufen

Dank dem seit dem 16.–17. Jh. blühenden Leinwandhandel wurden die beim Stadtbrand 1743 zerstörten Gassenzüge nach Plänen der Gebr. Hans Ulrich, Jakob und Johannes Grubenmann neu gestaltet. Etliche Bauten führten sie selbst aus: an der *Kirchgasse* die →Nrn. 5, 7, 9 und 25, an der *Marktgasse* die →Nrn. 2 (?), 3 (?), 4, 6, 7, 9, 12, 13 (?), 14 (?) und 20 (?). Den Grubenmann-Bauten eigen ist die häufige Verbindung von hochgeführten Staffelgiebeln mit steilen Mansarddächern über kräftigen Kehlen, und die altertümliche Reihung der Fenster. Sie sind jedoch weniger Stileigentümlichkeit, sondern entstanden aus Furcht vor erneuten Feuerkatastrophen und als Folge des Lichthungers der sehr tiefe und gefangene Räume enthaltenden Häuser; daher winden sich ihre Balustertreppen häufig um drei- oder vierseitige Lichtschächte hoch (→ Abb. S. 53). Das oberste Stockwerk birgt oftmals geräumige Musik- und Festsäle, reichen Wessobrunner Stuck und Steckborner Öfen.

◀ Bischofszell, kath. Pfarrkirche St. Pelagius. Ansicht von Nordosten mit Michaelskapelle im Vordergrund.

▼ Bischofszell, kath. Pfarrkirche St. Pelagius. Verkündigungsengel, spätgotische Wandmalerei im Langhaus.

Kirchgasse. Nr. 16. **Kath. Pfarrkirche St. Pelagius.** Ursprünglich Kollegiatskirche des Chorherrenstifts, seit dem 13. Jh. auch Stadtkirche, paritätisch 1535–1968. Die dreischiffige Pfeilerkirche des 9. Jh. schloss mit einer Apsis und erreichte etwas nach Osten verschoben schon die Ausmasse des heutigen Schiffes. Zu unbekannter Zeit Verlängerung nach Westen (Begräbnishalle?). Um 1300 Teilerneuerung des Schiffes und Bau der Muttergottes- und der Allerheiligenkapelle als Flanken eines langen Rechteckchors, dem um Mitte 14. Jh. der (1864 abgetragene) Lettner vorgesetzt und im 14. Jh. auch die drei Lanzettfenster der Stirnseite eingefügt wurden. Umgestaltung durch Michel de Safoy (?) und Turmbau um 1400. Die Renov. von 1590–92, 1640–42, 1714–16 und 1756 änderten architektonisch nicht mehr Wesentliches; hingegen wurde 1708–09 die kuppelüberwölbte Sakristei und Beichtkapelle durch Joseph Kreugel dem Chor östlich angebaut, und 1823–26 zimmerte Johann Christoph Wehrli anstelle des bisherigen Spitzhelms den jetzigen Zwiebelhelm mit Laterne. Die ab 1864 erfolgte neugotische Einkleidung (Pläne von Tobias Hurter, Emil Kessler, Bauleitung Carl Friedrich Braun) sowie die Renovationseingriffe bei der Allerheiligenkapelle 1877–88, beim Chor 1866 und 1905–06 (Albert Rimli) und beim Schiff 1921 (Adolf Gaudy) wurden durch die Rest. 1967–71 weitgehend getilgt. Abgewalmte Verlängerung des Schiffes nach Westen um die Tiefe des ehem. Vorzeichens 1968–69 durch Franz Bucher, Bronzetüren von Werner Ignaz Jans; versetz-

Bischofszell, kath. Pfarrkirche St. Pelagius. Der Hochaltar von 1639–40. Links Gesamtansicht, rechts Detail mit Schnitzfigur des hl. Theodor.

Bischofszell, kath. Pfarrkirche St. Pelagius. Links die Muttergotteskapelle, neugotisch umgestaltet 1864–67, ausgemalt 1921. Rechts Deckengemälde im Chor, 1770.

tes Grabmonument der M. Elisabeth v. Thurn, 1708. – Im dreischiffigen Langhaus Spitzbogenarkaden, getragen von achtseitigen Steinpfeilern mit altertümlichen, attisch profilierten Basen und (zurückgearbeiteten?) Kelchkapitellen; Leistendecke und Westempore neu, Orgel 1975 von Winfried Albiez. An den Schiffwänden spätgotische, zum Teil vom Chor übertragene Wandmalereifragmente, u. a. Passionszyklus, hl. Ambrosius, Verkündigung; lebensgrosser, ehem. Lettnerkruzifixus, 2. Hälfte 16. Jh. Farbfenster von Heinrich Stäubli 1969–70. Rekonstruierter Triumphbogen 1970. In der Chorstirnwand Fragmente dreier Masswerkfenster des 14. Jh., Nordfenster um 1300, alle verblendet, gegen die Muttergotteskapelle Rundbogenportal ungefähr derselben Zeit mit Rosetten in der Kehle. Gipsdecke mit Rokokostuck von Georg Graf; Deckenbild (Marter des hl. Pelagius) und Eckkartuschen von Johann Conrad Wenger 1770, freigelegt 1970. Prachtvoller Hochaltar von Konstanzer Meistern 1639–40, Rahmenteile Holz, ungefasst (Schreiner Felix Storrer), Schnitzfiguren des Hans Christoph Schenck sowie das pralle Frucht- und Groteskwerk farbig gefasst durch Johannes Stöcklin und Meister Jakob; Neufassungen 19. Jh. und 1970. Der krönende St. Michael und das Antependium mit Abendmahlsrelief 1839–40 von Maximin Wirtensohn. Altarbild um 1640 von Sebastian Eberhardt. Chorgestühl aus Nussbaumholz, 20 Sitze in fein geschwungenen Formen, zum Teil mit Rocailleschnitzerei und krönenden Doppelmuscheln 1750–69. Priestersitz in Schliffmarmor 1770 von Georg Graf. Orgelwerk 1971 von Neidhart & Lhôte. An der äussern Nordwand grosser Christophorus. – Südliche Allerheiligenkapelle: Über dem rundbogig geöffneten Kultraum des EG tonnenüberwölbter Archivraum. In den Wänden so genannte Schalltöpfe. Westlicher Vorraum mit spätgotischer Wandmalerei: Fragmente eines Jüngsten Gerichts und der Marter der 10'000 Ritter. – Nördlich die neugotische Muttergotteskapelle mit Kreuzgewölbe, neugotischem Altar aus Sarnen und guten Epitaphen, u. a. Rüepplin von Kefikon 1767 und Kustos Dominikus v. Schorno 1760. – Östlicher Sakristeibau von querrechteckig ausgerundetem Grundriss. Kuppeldach mit halber Laterne. Flach überwölbter Innenraum. Stuckierung von Nikolaus Frey. Altargemälde des hl. Johannes Nepomuk, gemalt vor der Heiligsprechung 1729; üppiger Federwerkrahmen mit Wappen des 1736 verstorbenen Chorherren J. F. Schorno. Gute Einzelplastiken des 17. und 18. Jh. – Reicher Kirchenschatz, vornehmlich des 17.–18. Jh.: Arbeiten von Konstanzer, Bischofszeller, Wiler, Glarner, Zuger und Augsburger Meistern, u. a. Kindlimordkelch von Hans Georg Ohnsorg 1712–13; Altarkreuz 1688 von Joseph Wieland, Wil SG; Leuchter 1678 bis 1688 von Wolffriedrich und Hansjakob Zwinger, Bischofszell; Missale-Prunkeinband 1714 von Joseph Anton Schaller, Überlingen. Rink-v.-Baldenstein-Pluviale 1614. – Bei Nr. 16. **Michaelskapelle.** Zweigeschossige, ehem. Beinhauskapelle. Kern 14.–15. Jh., 1469 östlich bündig verlängert um das polygonale Altarhaus; rest. 1971–73. Dachreiter neu. Spätgotische Wandmalerei (u. a. Gallus, Magdalena, Katharina, Barbara), im UG Jüngstes

Gericht. Mehrfach renovierter, von Jakob Menne 1602 gestifteter Altar mit Vesperbildrelief 1529–30 wahrscheinlich von Ulrich Rysse. St. Michaelgemälde 1731 von Jakob Karl Stauder, ferner vom ehem. Lettner vier Passionsszenen, Werke des Johannes Brandenberg um 1716. Epitaph für Anna Bridler-Falk mit Kreuzabnahme von Hans Ulrich Rysse 1614. Altarteile von Moritz Girtanner 1617. Buntfenster 1970 von Heinrich Stäubli. ▪ *Alte Niederbürerstr.* **Ref. Johanneskirche,** erbaut 1968–69 durch Benedikt Huber; Glasgemälde von Gian Casty, Portal und Bronzekreuz im Hof von Franz Purtschert.

Profanbauten. *Bahnhofstr.* Nr. 3. **Ehem. Leih- und Sparkasse,** 1888–89; Norderweiterung im Neurenaissancestil durch Brenner & Stutz 1903, Westanbau 1980 von Karl Häberli. – Nr. 5. **Kornhalle.** Ehem. Grubschulhaus, 1853–54 von Carl Friedrich Braun als würfelförmiger Zeltdachbau neu errichtet; Rest. und Innenumgestaltung 1998. ▪ *Fabrikstr.* Nr. 26. **Ehem. Jacquard-Weberei Niederer** (→ Abb. S. 121), später Karton- und Papierfabrik Laager. Bestandteil des Industrie-Lehrpfades Hauptwil–Bischofszell. Unter dem Trogener Textilfabrikanten Johann Jacob Niederer 1864–65

Der Transport des Papiermaschinen-Zylinders am 9. November 1928

Mit 25 Zehntonnen-Eisenbahnwagen schaffte man die 223 t schwere Papiermaschine von Heidenheim nach Bischofszell. Ihr grösster Bestandteil, ein Glättezylinder von 3,2 m Durchmesser, brachte stolze 18'000 kg auf die Waage. Weil die Sitterbrücke nur mit 10'000 kg belastet werden durfte, musste der metallene Koloss an der Bahnstation Bischofszell-Stadt mittels Kran auf einen Anhänger verladen werden. Unter grosser Anteilnahme der Bevölkerung zog man ihn anschliessend langsam durchs Städtchen. Besonders gefährlich gestaltete sich der Transport die Grabenstrasse hinunter; hier drohte die grosse Last den neu angeschafften Traktor von der Strasse zu schieben. Am 11. Februar 1929 konnte die Papiermaschine PM1 ihren Betrieb aufnehmen.

Bischofszell, Fabrikstr. 26d. Die Papiermaschine PM1, ein aus dem dt. Heidenheim importiertes gigantisches Werk von 1928.

thurnah errichtetes dreigeschossiges Fabrikgebäude mit unverputzten Nagelfluhfassaden und Liftturm von 1911. Im Innern ursprünglich drei Websäle für 350 mechanische Jacquard-Webstühle. Zum älteren Gebäudebestand zählen ferner: die Kartonfabrik (1887–88), das alte Kessel- und spätere Motorenhaus (1891), das neue Kesselhaus mit Hochkamin (1919), ferner Waaghaus (1916), Abort und Cellulose-Magazin (beide 1928) sowie zwei Werkstattgebäude (1937–38). In der säulenlosen Betonhalle Nr. 26d (Brenner & Stutz) die älteste erhaltene Papiermaschine der Schweiz (PM 1), ein rund 35 m langes und 223 t schweres Werk der Firma J. M. Voith, Heidenheim, 1928; Stilllegung 1991, Rest. 1997–98. ▪ *Grubplatz.* Nr. 6. **Gasthaus Linde.** Mansardbau 1809–10 über älterem Unterbau; Ausleger 1838 aus der Krone, Zihlschlacht. – Nr. 12. **Kreuz,** mit zwei Régence-Stuckdecken um 1720–30. ▪ *Hofplatz.* Nr. 1. **Schloss.** Ursprünglich bischöfliche Burg. Der aus Findlingen geschichtete, freistehende Bergfried des 12.–13. Jh. 1843 geschleift. Unterbau des der Umfriedung aufsitzenden Wohnhauses 13. Jh., Oberbau nach 1419, Treppengiebel mit Blendbogen nach 1494, Osttrakt 1813 als Brauereigebäude neu erstellt. Dem Umbau von 1931 fiel das romanische Portalgewände und ein Teil der eng gereihten, frühgotischen Lanzettfenster zum Opfer; Fassadenrenov. 1998. – Nr. 3. **Ehem. Helmsdorfischer Freihof.** Eckpfeiler der mittelalterlichen Stadtbefestigung, ursprünglich mit hölzernem Obergaden. Der Keller des stämmigen Krüppelwalmdachhauses von 1301; eindrücklicher stehender Dachstuhl, 2. Viertel 15. Jh. Im obersten Wohngeschoss Festsaal von 1506 mit Decken- und Wandmalereien, u. a. lebensgrosse Kriegerfiguren, um 1620; rest. 1999–2000. – Nr. 7. **Ref. Kirchgemeindehaus.** Bis Mitte 19. Jh. Gasthaus zum Goldenen Adler, erbaut um 1720. Festsaal des 2. OG im Régencestil ausstuckiert; Steckborner Psalmenofen von Hans Heinrich II. Meyer, um 1744. ▪ *Katzensteig.* **Schlösschen.**

Bischofszell, Kirchgasse 5–7/9. Grabenseitige Fassade mit vorgelagertem französischem Garten.

Bischofszell, Kirchgasse 5–7/9. Oben Treppenhaus mit dreiseitigem Lichtschacht als Merkmal der Teufener Baumeister Grubenmann; rechts Steckborner Kachelofen und Wessobrunner Deckenstuck von 1744–45.

1590 erbaut und 1818 abgetragen, Refugium von Jürg Jenatsch 1630–32. Die Fundamente des Schlosses ruhen heute unter dem Speichergebäude Ass.-Nr. 929. ■ *Kirchgasse.* Nrn. 5–7/9. Häuser der Leinwandherren Daller, 1744–45 als Baueinheit von Wohn-, Gäste- und Kontorhaus durch die Gebr. Grubenmann erstellt. Kostbare Innenausstattung aus der Bauzeit: Nussbaumtäfer, Wessobrunner Stuckaturen, zwei Steckborner Öfen aus der Meyer-Werkstatt, einer davon bemalt von Rudolf Kuhn. Kunstvoller franz. Garten, angelegt 1990. Innenrest. (Nrn. 5–7) 1980–89 und 1996. – Nr. 8. **Zur Zorn.** Ehem. Sitz der ersten, 1784 gegründeten Druckerei im Kanton Thurgau. Über den Fundamenten eines mittelalterlichen Turmes 1743–44 erbaut

Wessobrunner Stuckaturen

Stuck ist eine Masse aus Gips, Kalk und Sand, die sich beliebig formen lässt, jedoch rasch erhärtet und daher schnell verarbeitet werden muss. Als Teil der Raumausschmückung waren Stuckaturen namentlich im Barock und Rokoko äusserst beliebt, wovon zahlreiche Klöster, Kirchen, Herrschafts- und Bürgerhäuser heute noch Zeugnis ablegen. Die im 19. Jh. entstandene Bezeichnung «Wessobrunner Schule» geht auf eine durch Herkunft und Verwandtschaft verbundene Gruppe von Baumeistern, Stuckateuren und Altarbauern aus Wessobrunn (Oberbayern) zurück, die ihre Kunst vom 16.–18. Jh. vor allem im süddt. Raum, aber auch in Österreich und in der Schweiz ausübte. Während die ersten Wessobrunner noch als wandernde «Gypsarii» arbeiteten, koordinierten ihre Nachfolger seit etwa 1700 die Aufträge von Wessobrunn aus und führten sie mit professionell organisierten Handwerkertruppen durch. Die Stuckaturen der Wessobrunner sind oft gekennzeichnet durch die Verbindung volkstümlich-naturalistischer Motive mit streng stilgerechten Elementen. Als Hauptvertreter der «Wessobrunner Schule» gelten Joseph und Johann Schmuzer, Dominikus und Johann Baptist Zimmermann, Joseph Anton Feuchtmayer und Johann Georg Dirr.

◀ Bischofszell, ehem. Helmsdorfischer Freihof. Geharnischte Figur, Grisaillemalerei im Festsaal des 2. OG, um 1620.

▲ Bischofszell, Grubplatz mit Bogenturm. Ansicht von Osten.

durch Steinmetz Hans Georg Held, der in rustikaler und in Bischofszell einzigartiger Weise die beiden OG durch eine Kolossalordnung gliederte. Sprenggieblig überfangenes Portal mit ovalem Oberlicht, aufgemalte Fensterbekrönungen und -schürzen. Rest. 1988–90. – Nr. 21. Hauszeichen mit Bäckerbretzel, datiert 1515. – Nr. 25. **Grüner Hof.** Anstelle eines Freihofes der Herren v. Anwil 1744 neu erbaut. Langrechteckiger Lichthof mit Balustertreppe. – Nr. 35. **Ehem. Bürklerscher Freihof.** Substruktionen aus der Zeit vor der Stadtgründung mit späteren Fachwerkaufbauten. Ausbau 1586 und 1606–23 unter Propst Blaarer. Fenstervergrösserung 1775; renov. 1960. ■ *Marktgasse.* Bei Nr. 2. **Bogenturm.** Ursprünglich Aussenwerk des 13. bis 14. Jh., nach Ummauerung der Vorstadt 1437 Binnentor und Zeitglockenturm, Umbau 1. Hälfte 16. Jh. Die Wiederherstellung nach 1743 durch Hans Conrad Lieb und Johannes Grubenmann brachte einen neuen Dachreiter mit Zwiebelhelm. Rest. 1945 und 1987. An der Ostfassade Plattenmosaik 1945 von Carl Roesch, Heimkehr tapferer Bischofszeller aus der Schlacht am Gubel 1531. – Nr. 3. Errichtet 1744 für Altrat Diethelm und dessen Sohn, Arzt und Stadtschreiber Johann Caspar Diethelm; vorgeblendete Neurenaissancefassade 1889 nach Plänen von August Keller. – Nrn. 4/6. Grubenmann-Bauten von 1744 mit qualitätvoller Innenausstattung, seit 1972 bzw. 1999 Ortsmuseum. Haus Nr. 6 rest. 1997–99. An das vor 1743 hier angesiedelte Handelshaus der Leinwandherren Rietmann erinnert das hofseitig platzierte Leinwandmagazin (Ass.-Nr. 819) von 1609, das über eine ebenerdige Durchfahrt in Haus Nr. 6 erschlossen ist. – Nrn. 7–9. **Wein- und Rosenstock.** Symmetrisch angelegtes Doppelhaus, erbaut 1744–45 für Jakob Christoph Scherb; 1914–57 Besitz von Armin Rüeger, dem Textdichter

Bischofszell, Marktgasse 4/6. Charakteristische Grubenmann-Bauten aus den Jahren nach dem Bischofszeller Stadtbrand 1743. Heute befindet sich in beiden Gebäuden das Ortsmuseum.

Bischofszell, Wein- und Rosenstock. Gassenfront mit dekorativer Fenster- und Portalgestaltung.

Othmar Schoecks. Rundbogenportale mit schönen Türen und Hauszeichenreliefs, letztere vermutlich von Hans Georg Held. Die aufgemalten Sprenggiebel an Fenstern und Portalen 1976 freigelegt und rekonstruiert. Im Innern beide Haushälften übergreifender, reich ausstuckierter Musiksaal. Das EG des Hauses Nr. 7 wurde 1845 zur Apotheke ausgebaut und 1882 von Anton Albert Libiszewski mit Ölpanneaux ausstaffiert (Interieur seit 1999 im Ortsmuseum). – Nr. 10. **Pelikan.** Zierliches Hauszeichenrelief. Die gut erhaltene Innenausstattung spätestens 1755, u. a. stuckierte Jahreszeitendecke und einheimische Ofenerzeugnisse. Gesamtrest. in Etappen 1980–85. – Nr. 11. **Rathaus,** erbaut 1747–50 von Johann Caspar Bagnato. Der dreigeschossige Baukubus steigt zum stark vorspringenden Mansarddach auf und ist wegen Brandgefahr durch seitliche Portalmauern frei aus der Gassenzeile herausgehoben. Kanten und Mittelfeld der Gassenfront von Quaderlisenen gesäumt, Betonung des dreiachsigen Mittelteils mittels Frontgiebel über dem Dachvorsprung. Rahmenteile nach Befund der Restaurierung 1977–80 ursprünglich lachsrot, Felder weiss. Doppelläufige Freitreppe mit virtuos geschmiedetem Geländer von Isaak Lauchenauer. Von Chronogramm überfangenes Portalgewände, dessen rocailleumschnörkelte Plastik in vier Köpfen die Jahreszeiten personifiziert; Werke von Ferdinand Schratt und Lorenz Wieser, die auch das Janusgesicht und die Klassikerköpfe in den Scheitelsteinen von Portal und Stichbogenfenstern sowie die Figuren der Stärke und Gerechtigkeit im Wappenfrontispiz der Balkontüre schufen. Portalflügel mit origineller Scheinperspektive von Franz Josef Ott; Türklinken in Gestalt von Meerjungfrauen. Fensterkorb- und Balkongitter von Benjamin Wehrli. Im Innern geräumiges Treppenhaus mit Balustraden;

▲ Lachsfarbenes Prunkstück von Bischofszell: das Rathaus, neu errichtet nach dem Stadtbrand 1747–50 durch Johann Caspar Bagnato.

◀▼ Bischofszell, Rathaus. Portalanlage mit geschmiedeten Treppen- und Balkongittern sowie Türflügel mit scheinperspektivischer Architekturdarstellung. Unten Türklinke in Gestalt einer Meerjungfrau.

Deckenstuck in den Gängen von Lorenz Wieser, im Bürgersaal des 2.OG von Francesco Pozzi und Söhnen; das den Baubetrieb nach 1743 schildernde Deckenfresko im Bürgersaal schuf Karl Manninger 1980. – Nr. 12. **Schreibstube.** Grubenmann-Haus von1744–45, das 1877 sein spätklassizistisches Fassadenkleid erhielt. Im Vorgängerbau brach 1743 wegen einer «hausgehaltenen Wösch» der Stadtbrand aus. – Nr. 14, erbaut 1744–45. Zeitweiliger Wohnsitz des Komponisten Othmar Schoeck. Im 2.OG seltenes Rokokotäfer mit Schlossveduten in Blaumalerei. Rest. 1982–83. – Nr. 36. **Bürgerhof,** ehem. Heiliggeistspital, später «Bürgerheim». Mächtiger, mit seiner Nordostflanke der Stadtmauer aufsitzender Gebäudekomplex, bestehend aus drei allmählich zusammengewachsenen Baukörpern, wovon der älteste, zurückgestaffelte Nordwestteil vermutlich als Adelssitz 1311 errichtet und 1379 als Spital bezogen wurde. Gassenfront 1865 verändert zur heutigen Gestalt durch Carl Friedrich Braun. Umbau und Rest. 2000–03. In der zum überwölbten Bürgerarchivraum führenden Vorhalle des Südosttraktes von 1507 Holz- und Steinpfeiler. ■ *Neugasse.* Nr. 2. **Ehem. Gasthaus Schwert.** 1828–29 anstelle eines Gerbereigebäudes des späten 16. Jh. errichtetes Mansardhaus; renov. und umgebaut 1989. – Nr. 9. Hochragender Zeilenbau, seit der Umnutzung zum Kaufhaus 1903 mit repräsentativer Backsteinfront. – Nr. 18. **Krone.** Stattlicher Fachwerkbau des 17.–18. Jh.; Freilegung des Riegelwerks 1913 und 1947, jüngste Renov. 1992. ■ *Obertor.* Nr. 1. **Daheim.** Ursprünglich Wohnhaus, erbaut 1902–03, zur Bankfiliale umgestaltet 1922 durch Ziegler & Balmer. Eleganter Baukörper mit rankenbemalter Dachkehle; renov. 1991. – Nr. 4. **Obertorschulhaus** (→ Abb. S. 29). 1888–89 durch August Keller ins bestehende Strassenknie eingefügter Baukomplex zu drei Geschossen; renov. 1988–89. – Nr. 16. **Ehem. Schmiede zum Schwert** am ehem. Heldschmidtenplatz, 18.–19. Jh. ■ *Poststr.* Nr. 5b. **Post- und Bezirksamtsgebäude.** Neubau 1997–98 von Zach & Zünd. ■ *Sandbänkli.* Nr. 4. **Sekundarschulhaus,** erbaut 1908–09 durch Brenner & Stutz in gemässigtem Heimatstil. ■ *Schottengasse.* Nr. 2. **Kath. Pfarrhaus.** Alter Freihof, im 14. Jh. vielleicht Kapitelhaus. Umbauten 1760–61, Pfarrhaus seit 1848. Stuckdecken von 1760–61. Bemerkenswerte Ausstattung: blauweiss bemalter Turmofen 1761 des einheimischen Hafners Hans Jakob IV. Gonzenbach; Pfarr- und Chorherrenbildnisse, Gemälde u. a. von Johann Balthasar Riepp 1749, Muttergottesbildwerk 2. Viertel 16. Jh. – Nr. 7. **Neue Stiftsamtei,** ehem. Chorherrenhaus. Auf älteren Fundamenten im 16.–17. Jh. erstellter Fachwerkbau, renov. 1912, 1957 und 1991. – Nr. 12. **Chorherren- oder Blaarerhof.** Ursprünglich freistehender Turm, der später in die Stadtmauer einbezogen wurde. Westteil im Unterbau romanisch, Aufbau gotisch, Dachstuhl 1421. Osterweiterung vermutlich nachreformatorisch. Ausbau um 1700, dann mehrfach, zuletzt 1961 verändert; Teilaussenrest. 1987–88. Im Saal stuckiertes Schorno-Wappen. ■ *Schützengütlistr.* Nr. 21. **Grotte.** Das 1915 erstellte Wohnhaus mit Blendgiebelfront und Treppenhausturm. Originelle bauplastische Elemente, Portal mit Tell-Relief; im Innern Aufzug aus

Bischofszell, Thurbrücke. Ansicht von Südwesten.

der Bauzeit. Gartengrotte. ■ *Sonnenstr.* Nr. 1. **Schlössli Tobel.** Erbaut 1724 als Sommerhaus des Obervogtes Fidel Anton v. Thurn, 1884–1911 Haushaltungsschule, 1924–60 Thurgauisches Frauenerholungsheim; Rest. und Liftanbau 2001–02. Im 2. OG Stuckdecke aus der Bauzeit; die Rixheimer Tapeten gelangten ins Ortsmuseum. ■ *Stadelgasse.* Nr. 21. **Unterer Tümpfel.** Ehem. Zeughaus und Kornschütte, 1883–1906 Stickerei. – Nr. 23. **Oberer Tümpfel.** Bis 1870 städtisches Werk- und Zimmerhaus, anschliessend Spritzengebäude, dem nordseitig ein schmächtiger Turm zum Trocknen der Schläuche beigefügt wurde. ■ *Thurbruggstr.* Nr. 1. **Neubau,** erbaut um 1848 anstelle des Schützenhauses. Spätklassizistischer Zeltdachbau mit Mezzanin über drei Vollgeschossen, die mittleren drei Fensterachsen unter Zwerchgiebel zusammengefasst. – Bei Nr. 5. **Thurbrücke.** *Eine der beachtlichsten spätmittelalterlichen Brückenbauten der Schweiz,* datiert 1487, bis Ende des 18. Jh. zollfrei. Aus Tuff- und Sandsteinen gefügte achtjochige Bogenbrücke mit markanten Wellenbrechern. Die gebuckelt und gekrümmt geführte Brückenbahn wurde 1860–62 fahrzeugfreundlich hergerichtet und u. a. mit Ausweichkanzeln für Fussgänger versehen. 1972–73 Wiederherstellung des ursprünglichen Zustandes, seit 2001 laufende Sanierung. ■ *Thurfeldstr.* Nr. 16. **Gasthaus Muggensturm** (→ Abb. S. 157 und 219). Heutiger Bau des schon 1515 erwähnten Anwesens kurz vor 1808 erstellt. Reizvolles Fachwerkhaus mit sternenbemalter Dachuntersicht. In der altvertäferten Gaststube ein schlichter Bleiker Kachelofen. ■ *Weidstr.* Nr. 16. **Geschäftshaus Max Hauri AG.** Neubau mit Rasterfront 1994–95 von Marcel Ferrier.

Museen. Ortsmuseum, Marktgasse 4/6. – Papiermaschine, Fabrikstr. 26d. – Typorama, Sammlung historischer Druck- und Setzmaschinen, Fabrikstr. 30a.

Halden. *Obere Halden.* **Ehem. Schulhaus,** im Westteil altertümliche Bohlenständer-Konstruktion, 18. Jh.

Schweizersholz. *Entetswilstr.* Nr. 17. **Lindenhof,** ehem. Gasthaus. Breit gelagerter Fachwerkbau, wohl frühes 19. Jh. ■ *Kenzenaustr.* Nr. 17. **Burkarthof.** Das stattliche Fachwerkhaus vermutlich 1819–21 in die heutige Form gebracht; renov. 1943. ■ *Schweizersholzstr.* Nr. 32. Dicht geriegelter Kehrgiebelbau, datiert 1808; renov. 1983. Gute Innenausstattung, u. a. Uhrkasten 1824, Einbaubuffet 1842.

Die Thurbrücken-Sage

Mit dem Bau der Thurbrücke verbindet sich eine dichterisch vielfach gestaltete Sage. Eine edle Frau von Hohenzorn soll auf ihrer thurnahen Burg Zeugin der Todesfahrt ihrer beiden Söhne geworden sein; den Kahn, mit dem die Männer den Fluss zu überqueren gedachten, hätten die Fluten verschlungen. Zur Vermeidung von weiterem Unglück und zum Gedächtnis an die Toten habe sie eine vom Zoll befreite Brücke gestiftet.

Bottighofen

Bottighofen. *Hauptstr.* Nr. 34. Neurenaissance-Villa von 1868. ■ *Mittlere Mühlestr.* Nr. 1. **Ehem. Möbelfabrik,** erbaut 1910 am Standort der Mittleren Mühle. Wappenstein der alten Herrschaft, 1647. ■ *Pfaffenfeldweg.* Nr. 6. **Einfamilienhaus.** Sheddachbau mit Innenhof, erstellt 1996–97 von Beat Consoni. ■ *Schulstr.* Nr. 1. **Altes Schulhaus** von 1865. Zeltdachbau klassizistischer Prägung; Dachreiter mit Glocke. – Nr. 3. **Schulhaus,** vollendet 1911. Repräsentatives Portal. ■ *Seestr.* Nr. 4. **Ehem. Kehlhof** (?). Stuckdecke mit Jahreszeitensymbolik, wohl Wessobrunner Arbeit, um 1740. – Nrn. 31–35. **Untere Mühle,** bezeugt 1254. Älteste Teile 1835, erweitert und umgebaut im 19.–20. Jh. – **Schlössli.** Kernbau von 1677; weitgehend modernisiert.

Braunau

Braunau. *Dorfstr.* **Kapelle St. Michael.** Spätromanischer Rechteckbau mit Rundbogenfensterchen und eingezogenem, annähernd quadratischem Chörlein. Mauerwerk vielfach erneuert. Die Restaurierung von 1967 machte die barocke Erhöhung der Chorflanken (Riegel) rückgängig und rekonstruierte den spitzhelmigen Dachreiter; Glocken des 13. und 14. Jh. Aus spätgotischer Bauperiode in der Chorstirnwand eine Zwillingslanzette, in der westlichen Giebelwand Spitzbogenportal, beide sekundär verwendet, ferner eine Holzleistendecke mit Masswerkblenden und vortrefflichem Kerbschnittfries. In den Nischen der vorgemauerten Chorbogenwand zugekaufte alte Plastiken. Gemälde des hl. Sebastian von Hans Ulrich Rysse 1645. Buntfenster 1966 von Johann Jakob Zemp. ■ *Friedbergstr.* **Ref. Kirche.** Schlichter Rechteckbau von 1805, modernisiert 1933. Originalmalerei der Holzdecke 1993 freigelegt. Profanbauten. An der *Dorfstrasse* eine Reihe stattlicher Kreuzfirstbauten des 18. Jh.: Nr. 5. **Ehem. Gasthaus Kreuz** (1781?); Nr. 9 (1729); Nr. 13 (1796). ■ *Friedbergstr.* Nr. 3. Seltener Vertreter eines vollständig in Blockbauweise aufgeführten Wohnhauses aus dem 18. Jh. Äusseres modernisiert und verschalt. – **Pfarrhaus.** Walmdachbau mit Zwerchgiebel, späteres 19. Jh.

Braunau, Kapelle St. Michael

Bürglen

Bürglen. Städtchen bei der Burg des 13. Jh., ein Geviert von 200 × 100 m mit zwei Längs- und einer Quergasse. Von der planmässigen Anlage sind noch Grundriss und Umfassungsmauer erkennbar. Das oft von Feuer geschädigte Städtchen vermochte sich nicht zu entwickeln und blieb nach einem Grossbrand im Jahr 1458 nur mehr offener Ort.
Friedhofstr. **Ref. Kirche.** Ehem. freistehende Schlosskapelle südlich der Burg. Mauerwerk grösstenteils spätgotisch; Umbau und Vergrösserung 1684–85, Renov. und Bau des Turmes mit gezinnten Wimpergen 1864–65. Rest. und Turmerhöhung durch Peter Hartung 1970–71. An der Nordwand des Chors Sakramentsnische und (versetzte) gotische Fensternische mit Ranken. Gewalmte Felderdecke von Joachim Greuter 1685, Kanzel 1661 von Hans Conrad Sauter; Farbfenster «Apokalypse» und «Heile Welt» von Hans Affeltranger, 1972. ■ *Kreuzackerstr.* **Kath. Kirche St. Joseph.** Verputzter Holzbau, 1958 aus dem zürcherischen Schlieren hierher versetzt. Renov. 1991, Chorverglasung, Altar und Taufbecken von Walter Burger.
Profanbauten. *Bahnhofstr.* Nr. 4. **Ehem. Fabrikantenvilla Leumann.** Klassizistischer Bau 1874–75 mit elegantem Rahmenschmuck. – Nr. 21. **Bahnhof,** erbaut 1866–67 nach Plänen von Friedrich Seitz. – Nr. 23. **Ehem. Schifflistickerei Fenkart & Co.** Ausgedehnter, 1903–04 erstellter Baukomplex von beachtlicher architektonischer Qualität. ■ *Friedhofstr.* Nr. 4. **Schloss.** Stammburg der Freiherren v. Bürglen; 1583–1798 Sitz eines St. Galler Vogtes; Schulhaus seit 1874. Teilrenov. und Erweiterung 1950–51 durch die Gebr. Scherrer, Fassadenrenov. 2002. Die Gebäude umstehen in vierfacher Brechung einen nach Norden geöffneten Hof. Wie der nordöstlich gelegene, im 13. Jh. aus sorgfältigem Quaderwerk errichtete Bergfried weist auch der anschliessende Ostbau Staffelgiebel auf. Dieser wurde nach dem Brand von 1633 weitgehend erneuert. Entlang der Südmauer Bauten des 14.–15. Jh., im 17.–18. Jh. oft verändert. Im Südostwinkel sechsseitiger Treppenturm, den Hans Knoll 1635 nach Plänen Chr. Bufflers aufführte. Erhöht und mit barocker Zwiebelhaube versehen 1759. Gezinnter Westflügel von 1589. Das einfache Renaissanceportal (kopiert 1950) stammt vom Umbau, den Lorenz Eggmüller 1662–66 vornahm; Riss von Maler Heinrich Tanner, Ausführung durch Steinmetz Jakob Stehelin. Im Erweiterungsbau von 1950 Wandbild von Carl Roesch. – Nr. 6. **Pfarrhaus.** Erbaut 1905 von Albert Brenner; Fassaden- und Dachrenov. 2001–02. – Nr. 7. **Turnhalle,** mit Walmdach und Arkadenfront erstellt 1924 nach Plänen von Brenner & Stutz, rest. 1977. ■ *Industriestr.* **SUN-Areal.** Ursprünglich Rotfarb, gegründet 1843–44 durch die Gebr. Leumann, später Wollfärberei Cunz, ab 1975 Textilveredlung SUN AG; seit Stilllegung des Betriebes 1979 Industrie- und Gewerbepark. Beachtenswert der gerundete Kopfbau der ehem. Wollfärberei (Bahnhofstr. 19), errichtet 1925–26 in Anlehnung an das Neue Bauen. – Nr. 13. **Ehem. Elektrizitätswerk,** 1906–07. ■ *Istighoferstr.* Nr. 6. **Mühle,** in burgähnlichen Bauformen errichtet 1903 anstelle der alten Mühle. ■ *Schlosshalde.* Nr. 2. Einst Sitz des Mühleinhabers, erbaut 1858, aufgestockt um 1884. Walmdachbau

Bürglen, Schloss. Westfassade des Bergfriedes aus dem 13. Jh. mit jüngeren Öffnungen und nachträglichen Ergänzungen im Oberbau.

mit frontispizgekröntem Mittelrisalit. ■ *Weinfelderstr.* Nr. 9. **Ehem. Fabrikantenvilla Cunz,** erbaut 1878–79. Qualitätvoller Baukubus, dessen Gliederungs- und Dekorationselemente konsequent in eine klassizistische Ordnung eingebunden sind. ■ *Zeltlistr.* Nr. 1. Heimatstilvilla 1906–07 von Ulrich Akeret.

Leimbach. Vom weitläufigen Herrschaftssitz Aspen, erstellt 1916–19 durch den Zürcher Architekten Eugen Bianchi für den Chemiker Ernst Wydler in Turin, stehen lediglich noch einige Nebengebäude: *Andwilerstr.* Bei Nr. 3. **Pferdestall.** ■ *Aspen.* Nr. 2. **Gärtnerwohnhaus** und **Pavillon.** ■ *Hauptstr.* Bei Nr. 11. **Ökonomiekomplex** mit Turm.

Bussnang

Bussnang. *Hauptstr.* **Ref. Kirche St. Gallus.** Erwähnt 885, Neubau vermutlich 1423, Turmoberbau 1694, Schiffserweiterung 1787; nach Auflösung der Parität renov. 1935–36, ferner 1991. Kurzer Polygonalchor mit Masswerkfenstern, Südturm mit Helm, Barockkanzel 1728, Taufstein 1780. ■ *Puregass.* **Kath. Kirche St. Josef.** Vierpassbau mit Rundturm, 1934–36 nach Plänen von Otto Linder gebaut durch Hans Karl Auf der Maur; Buntverglasung von Andreas Kübele. Das von Fritz Kunz geschaffene Hochaltarfresko seit der Innenrenov. 1976 unter Verputz.

Profanbauten. *Hauptstr.* Nr. 29. **Ehem. Gasthaus Traube,** 18.–19. Jh. ■ **Eisenbahnviadukt.** Imposanter, ortsbildprägender Quaderbau von 1925. ■ **«Ganggelisteg»** über die Thur, errichtet 1881–82 durch die Eisengiesserei Romanshorn, erneuert 1979.

Mettlen. *Schulstr.* Nr. 5. **Altes Schulhaus,** erbaut 1848–50 nach dem Vorbild des Schulhauses Mühlebach in Amriswil. Rest. und zu Kindergarten umgebaut 1995–96 durch Werner Keller.

Wertbühl. **Kath. Kirche St. Peter und St. Verena.** Anlage insgesamt, der heutige Bau vielleicht ins 13. Jh. zurückreichend. Kurzer, querrechteckiger Chor und gleich breites Schiff, nach Westen verlängert 1860, renov. 1902, 1955 und 1999. Der um 1800 entstandene Turm zeigt noch Barockformen und erhielt 1838 einen neuen Helm. Im Innern Freskoreste des späten 15. Jh.: Jüngstes Gericht, Weihnacht und Passion, Heilige. Chorwandbild 1955 von Folco Natale Tomaselli, gleichzeitig Stationenreliefs von Gotthilf Hotz.

Bussnang, kath. Kirche St. Josef mit kampanileartig abgesetztem Turmkörper.

Diessenhofen

Diessenhofen. *Schönes mittelalterliches Brückenstädtchen.* In der Umgegend eisenzeitliche und römische Siedlungsspuren. Der zwischen Geisslibach und Rhein angelegte Kirchenweiler um 757 dem Kloster St. Gallen geschenkt. Später Besitz der Kyburger; deren Vögte, die Truchsessen von Diessenhofen, residierten in der Burg, genannt Unterhof. Graf Hartmann III. erhob die Siedlung 1178 als Schutz- und Verwaltungszentrum zur Stadt und liess sie bis zur Mitte des 13. Jh. ummauern. Schon dem Weiler war ein Markt mit eigener Münze angegliedert. Der wichtige Stützpunkt gelangte 1264 durch Erbgang an König Rudolf v. Habsburg. Durch die Reichsacht Herzog Friedrichs von Österreich 1415–42 vorübergehend Reichsstadt, dann wieder durch Drohungen und Versprechungen österreichisch bis zur Eroberung durch die Eidgenossen 1460. Innerhalb des eidg. Thurgaus Behauptung einer weitgehenden Selbstverwaltung. – Den Ansatzpunkt der Stadtanlage bildet die über dem Steilhang des Rheins gelegene Burg Unterhof und der vorgelagerte Kirchenbezirk. Das trapezförmige Stadtgeviert weist parallele Strassenzüge mit der breiteren Hauptstrasse (ehem. Marktgasse) als Rückgrat auf, die erst 1844–45 nach Westen weitergeführt wurde. Von der Rheinbrücke her erklimmt eine weitere Strasse den Hang und mündet in die einzige Quergasse, die heutige Rheinhalde. Im Süden, wo die Befestigung nur teilweise durch Häuser hinterbaut wurde, zieht sich die freie Stadtmauer vom Thüerenturm an der Südwestecke dem heute aufgefüllten Trockengraben entlang und zeigt im Ostabschnitt noch Zinnenbildung. Zwischen oder nach den Stadtbränden von 1331 und 1371 Erweiterung des Mauerringes nach Osten, die neu angelegte Vorstadt umziehend und das Rheinufer gewinnend beim Hänkiturm. Von den zahlreichen Stadttoren überdauerte einzig der zwischen Gründungs- und Vorstadt errichtete Siegelturm die Abbruchwelle des 19. Jh.

Kirchgasse. **Ref. Kirche St. Dionysius.** Ersterwähnung 757, paritätisch 1533 bis 1963. Die Saalkirche des 7.–8. Jh. nahm ungefähr die Westhälfte des heutigen nördlichen Seitenschiffes ein. Verlängerung nach Osten im ausgehenden ersten Jahrtausend; rechteckiges Altarhaus in der Flucht des Schiffes. Um 1200 Bau der dreischiffigen romanischen Basilika, deren Mauerwerk mit der Umfassung der heutigen Kirche identisch ist. Je fünf Arkaden auf Säulen mit reich ornamentierten Würfelkapitellen, gerade geschlossenes Altarhaus. Romanisch auch der Stock des nordwärts angebauten Turmes und die Kapelle, die wenig später der halben Südflanke vorgebaut, im 14.–15. Jh. verlängert und durch eine Arkade mit dem Chor verbunden wurde. Um 1390 Umbau der beim Stadtbrand 1371 geschädigten Basilika in eine Staffelhalle: Einheitsdach, lichtloses Mittelschiff, dreiteiliger Lettner; etwa gleichzeitig Errichtung der Truchsessengruft im Nordostwinkel des Seitenschiffes. Sakristei. Um 1500 Umgestaltung in eine Hallenkirche mit gleich hohen Schiffen; Ersatz der romanischen Bogenstellungen durch die fünf heutigen Pfeilerpaare. Renovationen: 1597 durch Bartholomäus Räss und den Schaffhauser Steinmetz Hans Martin Müller; 1730–33 Änderungen an

▲ Diessenhofen, ref. Kirche St. Dionysius. Inneres mit Orgel.

▶ Diessenhofen, ref. Kirche St. Dionysius. Ansicht von Nordwesten.

Westempore und Sakristei; 1782–83 Erneuerung von Glockenhaus und Spitzhelm. 1838–39 Umbau in eine neugotische Spitztonnenhalle durch Johann Nepomuk Keller und Jean Ruch, u. a. Erhöhung der Seitenschiffwände und Abbruch des Lettners. Aussenrenov. 1897–98 und 1934–37, Innenrenov. 1903. Gesamtrest. 1968–72 durch Scherrer & Hartung, gleichzeitig archäologische Untersuchung. – Staffelhalle mit lichtlosem Obergaden unter Einheitsdach. Je vier Spitzbogenarkaden mit achtkantigen Sandsteinpfeilern. Neue Holzdecken. Der eingezogene lange Chor öffnet sich durch zwei Spitzbogenarkaden auf die Südkapelle; Glasgemälde 1970 von Gian Casty. Nordturm und überwölbte Sakristei durch romanische Portale zugänglich. Aus spätgotischen Teilen zusammengesetzter Taufstein, datiert 1527; Kanzel 1970 von Emanuel Bosshart, Orgel 1972–75 von C. Schwenckedel. Gute Epitaphe. Im nördlichen Seitenschiff: Maria Magdalena und Johann Jakob v. Greuth 1667 bzw. 1676 (Obstück heute als Antependium des Abendmahlstisches aufgestellt). An der linken Chorschulter: Maria Salome v. Fulach 1572; Ursula v. Altendorf 1641. Im südlichen Seitenschiff: Barbara v. Waldkirch 1603. An der rechten Chorschulter: Maximilian Freiberg ab Eisenberg 1704. In der Südkapelle: Hans Friedrich Ifflinger von Granegg 1607; Maria Caecilia v. Hornstein 1647; Johann Franz und Anna Barbara Schellenberg 1633. ■ *Bahnhofstr.* **Kath. Bruder-Klausen-Kirche,** erbaut 1965–67 von Karl Zöllig. Streng axiale Anlage mit Kampanile in Sichtbeton; künstlerische Ausstattung von Willi Buck unter Einbezug älterer Figuren (Kreuzigungsgruppe Ende 15. Jh.) und Bilder (Altarblatt 1738 von Jakob Karl Stauder). Profanbauten. *Alte Basadingerstr.* **Eichbühl.** Auf kleiner Anhöhe errichtetes Landhaus im Chaletstil; Pläne 1901 von Jacques Gros, Ausbau 1919.

■ *Bahnhofstr.* Nr. 14. **Bahnhof.** Erbaut 1894 nach Projekt von Gustav Wülfke für die Nordostbahngesellschaft. Dreiflügelanlage mit klassizistisch geprägter Nordfassade. – Nr. 30. Backsteinvilla von 1900. ■ *Basadingerstr.* Nr. 12. **Casino.** Neues Zunfthaus, erbaut 1837–39 von Jean Ruch und Johann Nepomuk Keller. – Nr. 15. **Neuhof,** seit 1976 Bezirksgebäude. Der Bau von 1854 prägend umgestaltet zur Bankfiliale und mit repräsentativem Portikus versehen 1911–26. ■ *Hauptstr.* Nr. 1. **Wilder Mann,** von der 2. Hälfte 16. Jh. bis 1828 bedeutende Taverne. Über älterem Mauersockel schöner Fachwerkaufbau, wohl von 1628; Eckquaderbemalung anlässlich Rest. 1977–78. – Nr. 8. **Goldener Leuen,** 1685 weitgehend neu errichtet; dreiseitiger Erker mit Allianzwappen Rauch-Maus. Im 2. OG Winterthurer Turmofen 1685

Die Sammlung Goldener Leuen

Die Sammlung Goldener Leuen ist das Ergebnis jahrzehntelanger Sammlungstätigkeit der Apothekerfamilie Brunner in Diessenhofen. Namentlich drei Generationen haben zur Erweiterung, Erhaltung und Pflege des einzigartigen Bestandes beigetragen: Jonas Friedrich Brunner (1821–1898), Alfred Brunner-Hanhart (1861–1943) und Georg Erwin Brunner (1892–1963). Schwerpunkte des rund 2000 Objekte umfassenden «Privatmuseums» bilden traditionelle Sammlergebiete wie Zinn, Fayencen, Glas, Waffen und Möbel. Darüber hinaus zeugen zahlreiche Raritäten und Kuriositäten vom Geist des Sammlers aus Leidenschaft, so etwa eine umfangreiche Siegelsammlung, Klosterarbeiten in der eigens geschaffenen Hauskapelle oder allerlei Alchemistengerät in der Apotheke des 3. OG.

Diessenhofen, Sammlung Goldener Leuen. Links Apothekenraum, rechts Darstellung eines Lebensalters am Winterthurer Kachelofen von 1685.

von Hans Heinrich III. Graf mit Darstellungen der Lebensalter. Bedeutende Privatsammlung Brunner, seit 1975 Familienstiftung (nur auf Anfrage zugänglich). – Nr. 9. **Engel.** Nach Brand 1922 neu errichtet. Neuklassizistische Monumentalfront mit kannelierten Pilastern. – Nr. 10. **Neuhaus.** Seit 1592 bezeugt; mehrfach umgebaut, zuletzt 1922. Kastenerker 1645 mit Allianzwappen Wegelin-Schalch; Inneres vorwiegend 17.–18. Jh. Rest. 1979. – Nr. 12. **Klösterli.** Baukern von 1592 mit Resten mittelalterlicher Bausubstanz. Am Kastenerker Allianzwappen Brunner-Unbekannt. Im EG einfache, 1990 vorübergehend freigelegte Deckenmalerei, um 1600. Rest. 1979. – Nr. 14. **Treu.** Im 17. Jh. bewohnt von der Schultheissenfamilie Brunner. Volutenverzierter Fronterker 1658 mit Allianzwappen Brunner-Hausammann. In der Stube des 2. OG Stuckdecke, monogrammiert SH (Samuel Höscheller?). – Nr. 16. **Pelikan.** Zeilenhaus des 16.–19. Jh. mit teilweise rekonstruierter Fassadenbemalung. Im 1. OG Täferstube, 17. Jh.; Wandmalereifragmente. – Nr. 19. **Altstadt.** Gebäude des späten 16. Jh. mit spätgotischen Staffelfenstern und Halberker, im 1. OG akanthusverzierte Fenstersäule und gotische Balkendecke. – Nr. 26. **Gasthaus Löwen.** Nach Bränden 1730 und 1850 zum monumentalen Zeilenbau mit klassizistischer Fassade herangereift; Löwenrelief 2. Hälfte 19. Jh. – Nr. 42. **Hoffnung.** Südlicher Flankenbau des Siegelturmes, östliche Fachwerkwand 1494 über Mauerwerk des 13.–14. Jh. An der Ostfassade St.-Dionys-Mosaik 1946 von Carl Roesch. Im 1. OG spätgotische Rankenmalerei. Renov. 1985–86. – Bei Nr. 42. **Siegelturm.** Seit seiner Errichtung durch Martin Henseler aus Stein am Rhein 1544–45 kaum verändertes Wahrzeichen am Ostende des Marktes zwischen Gründungs- und Vorstadt. Das Bauwerk diente wohl schon im 16. Jh. zur Aufbewahrung von Urkunden und des Stadtsiegels. Gequaderte, bis zu den Treppengiebel-

Diessenhofen, Siegelturm von 1544–45; rechts Bekrönungsfigur am gleichnamigen Brunnen.

schilden aufsteigende Mauereckverbände, graziler Dachreiter mit Nadelhelm, 1717 erneuert. Uhr- und Schlagwerk 1879 von Mäder, Andelfingen. Aussenrenov. 1990. – Stadtseitig davor: **Siegelturmbrunnen** mit 1829 erneuertem Achtecktrog und Bannerträgerfigur Ende 16. Jh.; rest. 1991. – Nr. 47. **Neubau.** 1789–90 anstelle des Wirtshauses zum Kopf neu errichtet. Maleratelier Alfred Weber: Gemäldesammlung, ostasiatische Gegenstände. ▪ *Helfereigasse.* Nr. 2. **Alte Sonne.** Ehem. städtische Metzg, bis ins 19. Jh. bedeutende Taverne. Äussere Gestalt einschliesslich den aufgemalten, festonierten Lisenen 1795. Gute Louis-XVI-Türe. Modernisiert 1981–82. ▪ *Hintergasse.* Nrn. 1–3. **Ehem. Spital.** Gründung im 13. Jh., um 1520 an heutiger Stelle bezeugt. Verwinkelter Gebäudekomplex mit wuchtigem Walmdachgefüge und sichtbarer Zweiteilung: Nr. 3 das ehem. kath. Spital mit Baukernen nach 1460, Nr. 1 das nach der konfessionellen Teilung neu errichtete evang. Spital von 1727. – Nr. 45. **Oberhof.** Um Mitte 14. Jh. an die ehem. Stadtmauer gebaut und nach dem Stadtbrand 1371 erweitert; unter Albrecht v. Breitenlandenberg um 1520 zum heutigen schlossähnlichen Gebäude ausgebaut und 1527 mit Wandmalereien ausgestattet (um 1895 zum Teil zerstört). Renov. 1969. Staffelgiebelbau mit markant vorspringendem Treppenhausturm. Im EG Täferzimmer mit Renaissanceportal, um 1580–1600; im Westraum gemalte Schildereien 1527, vermutlich von Thomas Schmid: Narrentanz; allegorische Darstellung des Sieges der Tugend über die Torheit; Kentaurenkampf. – Nr. 49. **Rathaus.** Neubau 1760–63 nach Plänen von Christian Schneller; rest. 1989–90 durch Renato Zarotti. Die EG-Front des gedrungenen Walmdachbaues durch je zwei Rundbogenportale und Okuli geöffnet, am mittleren OG-Fenster kurze Balusterbrüstung; aufgemaltes Stadtwappen 1873. Im Innern Balustertreppenläufe aus der Bauzeit; Rokoko-Deckenstuck im Treppenhaus und im 1838–39 erweiterten Ratssaal von Georg Graf, 1762. ▪ *Kirchgasse.* Nr. 3. **Geduld.** In der Stube des schlichten Zeilenhauses von 1744–45 ein blau bemalter Kachelofen 1766 von Bernhard oder Balthasar Zimmermann. – Nr. 11. **Rössli.** Neubau 1910 mit älteren Bauteilen im Eingangsbereich: Sandsteinportal mit Maske, flankierende Halbfenster, spätes 18. Jh. – Nr. 15. **Unterhof.** *Eines der wenigen gut erhaltenen Beispiele eines städtischen Ministerialsitzes um 1300.* Bis 1460 Truchsessenburg, 1783–1989 Brunnerscher Familienbesitz, heute Schulungszentrum. Gründungsbau 1186: fünfgeschossiger Turm mit hölzernem Obergaden (?); Ringmauer. 1276–78 Errichtung des zweiteiligen Ostflügels, wenig später der heutigen Ringmauer. 1315–18 Palasbau nordwestlich des Turmes. Um 1328 Ausbau der Kellerräumlichkeiten im Nordostgebäude, Aufstockung des Südosttraktes um 1399. Um 1680 Ausmalung des oberen Saales im Palas. Renovationen: 1735 erhielt der Turm anstelle des Obergadens einen Fachwerkaufbau, gleichzeitig Innenumbau des Südostgebäudes; Abbruch des Palas-Obergadens 1759; ab 1793 Ausbau des Ostflügels, 1801 Turmabbruch. 1989–92 umfassende archäologische Untersuchungen und Rest. durch Scherrer & Hartung, dabei Obergaden-Rekonstruktion an

Diessenhofen, Unterhof. Ansicht von Süden mit Palas (links), Turm (Mitte) und Südosttrakt (rechts).

Turm und Palas. An der stadtseitigen Fassade des Südosttraktes Sonnenuhr und Fresko 1735 von Jakob Karl Stauder. Im Innern eine mit Pelzbehang bemalte Türe von 1315 sowie Reste gotischer und barocker Wandmalereien. – Nr. 18. **Klosterhaus.** Vermutlich ehem. Sitz der Schwestern von St. Katharinental. Die heutige Gestalt geht auf den Umbau durch Hans Räss 1571 zurück. An der Gassenfront Marienfresko 1735 von Jakob Karl Stauder; Grisaille-Rahmenbemalung der Fenster 1982 rekonstruiert. Im Südwestraum des 1. OG Staffelfenster, Fenstersäule, Felderdecke und Spätrenaissancetäfer 1571 von Bartholomäus Räss; die Inschrift des umlaufenden Frieses bezieht sich auf das Baudatum und die damalige Teuerung. Entsprechende, aber einfachere Ausstattung im 2. OG. – Nr. 23. **Schneggen.** Baukerne des 13. Jh., Fassaden spätes 18. und 19. Jh.; jüngste Renov. 1986. Portal im Louis-XVI-Stil mit (rekonstruierter) Grisaille-Rahmenarchitektur. Mittelalterliche Zisterne. ■ *Rheinhalde.* Nr. 7. **Seelhaus.** Im 16. Jh. Herberge und Aufbahrungsort für Selbstmörder und auswärtige Verunglückte, im 18.–19. Jh. Gerberei. 1848 Anbau des städtischen Schlachthauses mit reizvollem klassizistischem Säulenportikus. ■ *Rheinstr.* Bei Nr. 2. **Rheinbrücke.** *Eine der wenigen intakten Holzbrücken des 19. Jh. in der Schweiz.* Die erste 1292 erwähnt, der mehrfach erneuerte Holzbau 1799 durch die Russen zerstört. Neubau 1815–16 durch den Schaffhauser Stadtwerkmeister Andreas Widmer; fünfjochige, auf vier Fächerpfeilern gestützte Konstruktion mit verschindelten und bretterbeschirmten Flanken. Renov. in Etappen 1996 bis 2002 durch Fischer Ingenieure. – Nr. 22. **Gredhaus.** Ehem. Kauf-, Lager- und

Diessenhofen, Blick von Nordosten. Die Rheinbrücke im Vordergrund ist eine der wenigen erhaltenen Holzbrücken des 19. Jh. in der Schweiz.

Waaghaus, erbaut 1789–90; Innenrenov. 1986–87. ■ *Schmiedgasse.* Nrn. 5–7. **Rehbock,** seit dem 16. Jh. Herrentrinkstube. 1969 Neugestaltung der geriegelten Westfront. ■ *Schulstr.* **Schulhaus.** Erbaut 1910–11 nach Plänen von Brenner & Stutz; Flurfensterverglasungen nach Entwürfen von August Schmid und Carl Roesch. Von Roesch ferner das Wandbild im Treppenhaus der 1958–59 angebauten Sekundarschule. ■ *Schwaderloch.* Nr. 7. **Vorderes (Konstanzer) Amtshaus.** Bauplatz 1489 tauschweise vom Konstanzer Domkapitel erworben; Neubau 1519–23, u. a. durch den Konstanzer Münsterbaumeister Lorenz Reder. Durch das massige, im 18. Jh. zur heutigen Gestalt veränderte Gebäude führt die Schwaderlochgasse. In Gang und Treppenhaus Stuckdecken mit ovalen Milieus, Treppenläufe mit gedrechselten Staketen; der Nordostraum des 1. OG weist an Täfer und Felderdecke Malereien von 1762 (?) auf. – Nr. 20. **Hinteres (Oberes, Petershauser) Amtshaus.** Der 1558 begonnene Neubau mit Treppenturm war 1586, beim Übergang vom Augustinerstift Kreuzlingen an das Kloster Petershausen bei

Konstanz, noch nicht fertig. Zwischen 1820 und 1885 Stofffärberei und -druckerei, seit 1961 Ortsmuseum; renov. 1970–71. An der Nordfassade das Petershauser Wappen mit Jahreszahl 1586; im 2. OG Wappenstein mit den Büstenreliefs eines Paars, 16. Jh. – Bei Nr. 20. **Hänkiturm.** Ursprünglich Teil der Stadtmauer, nach 1616 Gefängnis, 1828 aufgestockt und als Trocknungsanlage der benachbarten Rotfarb genutzt. Mauerstock mittelalterlich, die hölzernen Aufbauten des 19. Jh. rekonstruiert 1947. ■ *Steinerstr.* Nr. 7. **Atelierhaus Roesch,** 1931 nach Plänen von Carl Roesch in den Formen des Neuen Bauens errichtet; Originalausstattung. – Nr. 10. **Lindenhof.** Klassizistischer Baublock von 1844. – **Gasthaus Schupfen,** ehem. Ziegelei. Fachwerkbau des 16. Jh. über älteren Grundmauern; in der Gaststube Leistendecke, datiert 157(7?). ■ *Untere Mauer.* Nr. 2. **Leuenhof.** Ursprünglich Zunfthaus zum Grimmen Löwen, gegründet um 1420. Haus nach Brand 1610 neu aufgebaut, 1822 renov. und kurz nach 1830 zum Schulhaus umgestaltet. Letzte Renov. 1989–90.

Museum. Ortsmuseum im Hinteren (Oberen, Petershauser) Amtshaus, Schwaderloch 20.

Carl Roesch (1884–1979)

Maler, Glasmaler, Mosaizist aus Diessenhofen. Nach abgebrochener Schlosserlehre künstlerische Ausbildung in Winterthur, Karlsruhe und München. Auseinandersetzung mit den Werken Hans v. Marées und Paul Cézannes. Wandbilder und Glasmalereien, ab 1925 Mosaikbilder. Zwischen 1910 und 1959 rund 50 öffentliche Aufträge, u. a. Nachschöpfung der Tobias-Stimmer-Fresken am Haus zum Ritter in Schaffhausen, 1937–39 und 1943. Die 1970 ins Leben gerufene Carl-und-Margrit-Roesch-Stiftung gedenkt des Künstlers mit einer permanenten Gemäldeausstellung im Ortsmuseum. Der Nachlass befindet sich im Kunstmuseum des Kantons Thurgau in der Kartause Ittingen.

Zwei Werke von Carl Roesch im Schulhaus Diessenhofen.

St. Katharinental. Ehem. Dominikanerinnenkloster. Eine Niederlassung von Beginen war um 1230 von Winterthur nach Diessenhofen und mit bischöflicher Erlaubnis um Mitte 13. Jh. weiter rheinabwärts gezogen. Der Verlegung 1251 ging die Angliederung an den Dominikanerinnenorden (1245) voraus; Albertus Magnus weihte 1267 die erste Kirche. Unter geistlicher Obhut der konstanzischen Dominikaner und im Schutz des mächtigen Habsburg wurde das Kloster schon im 13. Jh. zu einem Hauptzentrum der mystischen Bewegung unter Heinrich Seuse (1295?–1366). Noch um die Mitte des 15. Jh. wirkte St. Katharinental erfolgreich für die Erneuerung der Ordensdisziplin. 1460 kam das Kloster unter eidg. Herrschaft. Die meist adeligen Schwestern blieben in der Reformationszeit standhaft beim alten Glauben und konnten schon 1532 St. Katharinental wieder beziehen. Unter der Priorin Josepha v. Rottenburg (1712–38) erlebte das Kloster eine innere Reform und neue Blütezeit; Klosterkirche und Konventgebäude wurden vollständig neu erbaut. Seit der Aufhebung 1869 dienen die Wohntrakte als kantonales Alters- und Pflegeheim, heute Klinik. – **Klosterkirche.** *Eine der ausgewogensten Raumschöpfungen des vorarlbergisch-schweiz. Barock.* Erbaut 1732–38 von Johann Michael II. Beer von Bleichten nach Plänen von Franz II. Beer und Kaspar Moosbrugger; massgebliche Mitbestimmung durch die Priorin Josepha. Jüngste Rest. aussen 1976–79, innen 1982–89. Gedrungen rechteckiges Schiff mit eingezogenem, querrechteckigem, firstniedrigerem Altarhaus, das sich in einem tiefen Chor gleicher Breite nach Osten fortsetzt. Altarhaus und Chor werden südlich von der Sakristei, nördlich von der Einsiedlerkapelle und von Verbindungsbauten zum Kloster flankiert. Äusserlich schmuckarme Baugruppe unter schweren Giebeldächern; auf dem

St. Katharinental, ehem. Dominikanerinnenkloster. Blick gegen Osten mit Kirche, Westflügel des Konventgebäudes, Alter Hofmeisterei und Kornhaus.

◀ St. Katharinental, ehem. Dominikanerinnenkloster. Westflügel des Konventgebäudes mit Haupteingang.

▲ Westfassade des Kornhauses mit wirklichen und gemalten Aufzugsöffnungen.

Chorfirst Glockentürmchen mit Zwiebelbekrönung. Karg gegliederte Giebelfront mit Nischenfiguren der Einsiedler Muttergottes und den Hl. Josef und Dominikus, Werke des Johann Josef Auer 1734. Portal mit gutem Oberlichtgitter 1736 von Johannes Härdel. Im Innern kommen die harmonische Abfolge von Ruhe und Bewegung sowie das akzentuierte Gleichgewicht zwischen Architektur, Ornamentik und praktisch einheitlicher Ausstattung hervorragend zum Ausdruck. Das hallenartige Schiff scheidet durch das eingestellte geschrägte Pfeilerpaar zwei quadratische Hängekuppeljoche aus; ins Westjoch ist die arkadengestützte Orgel- und Psallierempore hufeisenförmig eingeschoben, was die zentralisierende Wirkung des zweiten, freien Jochs verstärkt. Der Altarbezirk greift mit einer ausschwingenden Balusterschranke weit ins Schiff hinein; im eigentlichen Altarhaus füllt der Hochaltar die gesamte Öffnung zum heute durch eine Glaswand getrennten zweijochigen Nonnenchor aus. Régencestuckaturen vermutlich von Nikolaus Schütz aus Landsberg. Decken- und Wandmalereien von Jakob Karl Stauder, wovon die Scheinarchitektur nach Stichvorlagen von Andrea Pozzo; Darstellungen der 15 Rosenkranzgeheimnisse und der Sieben Freuden und Schmerzen Mariens. Hochaltar nach Entwurf von Jakob Karl Stauder 1738, von ihm auch das Gemälde Mystische Vermählung der hl. Katharina. Plastik von Georg Antoni Machein aus Überlingen und Sebstian Zureich aus Rheinau, Fassmalerei von Johann Nikolaus Spiegel aus Messkirch. Gestaffelte Säulen tragen ein durchbrochenes, von mächtigem Thronbaldachin und Engelsglorie überhöhtes Gebälk; Reliefs der vier Evangelisten, Allegorien von Glaube, Liebe und Hoffnung. Standbilder der Ordensstifter Dominikus und Thomas v. Aquin. Die beiden Chorschulteraltäre stammen in ihrem Gerüst aus der Vorgängerkirche (2. Hälfte 17. Jh.). Figuren und Ornamentik von Georg Antoni Machein 1734, Fassung Nikolaus Spiegel 1742–43; gestickte Antependien der Klosterfrauen. Auf dem linken Altar ausser den Standbildern der Hl. Agatha und Magdalena eine kurz nach 1300 geschnitzte und 1745 zur Bekleidungsfigur verstümmelte Muttergottes; schönliniges Werk von Meister Heinrich aus Konstanz. Auf dem rechten Altar Gemälde der Hl. Familie, flankiert von den Statuen der Hl. Anna und Joachim. Querschiffaltäre 1741/46 mit Gemälden von Johann Jacob Lenz, 1746. Am Nordaltar: Maria überbringt dem Kloster Soriano das von ihr gemalte Dominikusbild. Am Südaltar: Kreuzigungsbild mit Thomas v. Aquin. Kanzel 1734–35: am oktogonalen Korb die vier Evangelisten und Christus als Guter Hirt, Schnitzwerke des Georg Antoni Machein, Schalldeckel mit krönender Dominikusfigur. Von Machein ebenso die Priestersitze im Altarhaus mit virtuos-wolkiger Marmorfassung. Intarsientüren 1733–34, zum Teil mit Zinneinlagen, von Ulrich Egger, St. Gallen. Beichtstühle 1743, Arbeiten des Matthäus Baisch aus Messkirch. Gitterwerk der Orgelemporenbrüstung 1735–37 vom so genannten Bildhauer von Rottweil; hier zum Teil barockisierte Reste des spätgotischen Chorgestühls von Augustin Henkel 1509–10. Grosse Orgel mit Rückpositiv, gebaut 1733–41 von Johann Jakob Bommer im thurgauischen Weingarten: qualitätvolles 19-registriges Instrument, instand gestellt 1941–43, rekonstruiert nach Befund 1965–69 durch Friedrich Jakob. Prospektschnitzereien und Bekrönungsfiguren möglicherweise aus der Sebastian-Zureich-Werkstatt, Fassung Nikolaus Spiegel. Am südwestlichen Querschiffpfeiler lebensgrosser Kruzifixus, Meister-Heinrich-Kreis, Konstanz, um 1300. Rechts vom Muttergottesaltar ausdrucksstarker spätbarocker Kruzifixus. – **Einsiedlerkapelle.** Tonnengewölbe durch Chorbogen unterteilt, nur in den Grundausmassen ungefähr dem Einsiedler Vorbild vor 1798 entsprechend. Wand- und Deckengemälde 1737 von Jakob Karl Stauder: Einsiedler Engelweihe, Mariens Tempelgang, Tod des hl. Meinrad, Gottvater, Engel mit Monstranz. Auf dem Altar Kopie der Einsiedler Muttergottes, um 1700, ferner spätgotische Statuen der Hl. Katharina und Nikolaus. Seitlich der Kruzifixus des so genannten Liebenfelser Meisters, um 1330. In barockem Standgehäuse hl. Katharina, spätes 14. Jh. Elegant gekröntes Gitterwerk von Johannes Härdel 1735–36. Über der Einsiedlerkapelle die ehem. Krankenkapelle. – Sakristei. Stuckiertes Tonnengewölbe, hervorragende, 1962 erneuerte Schrankeinbauten 1733–35 von Ulrich Egger, Krönungsbilder 1736 des Jakob Karl Stauder. – **Konventbauten**. Erbaut 1714–18 von Franz Beer. Wegen des beschränkten Platzes zwischen Hang und Rhein stark westost gestreckte Anlage mit Eckpavillons. Beim Nordflügel schmaler Nord- und breiter Süd-Mittelrisalit. Westflügel mit Quergiebel und Dachreiter; hier ehedem der Haupteingang. Zwischen nordwestlichem Eckpavillon und Herrenhaus von 1744–45 offene Halle und Durchgang zum Rhein. Im stark ausgeräumten Inneren vereinzelte schöne Intarsientüren, zumeist von

▶ St. Katharinental, Klosterkirche. Innenansicht gegen Westen mit Orgelempore.

▲ Ausschnitt aus dem Orgelprospekt.

Ulrich Egger; im Nordflügel das Refektorium mit Stuckdecke und Gemäldespiegeln, Nikolaus-Schütz-Werkstatt 1745–50; rest. 1974–75. – **Wirtschafts- und Verwaltungsbauten.** Kornhaus beim Südflügel des Klosters im Kern 14.–15. Jh., erweitert 1683, Dachstuhl 1749–50. – Südliches Torhäuschen, erbaut 1742. – Alte Hofmeisterei, heute Personalhaus. Neubau 1623 durch Jergen Strub aus Müllhausen, Wiederherstellung nach Brand 1675; Aussenrenov. 1982. Stube mit Felderdecke 1675, Steckborner Ofen 1738/45 von Daniel IV. oder V. Meyer. – Bauern- und Gasthaus 1749 von Nikolaus Schütz und Johann Schmid; renov. 1978–79. – Neue Hofmeisterei. Erbaut 1781, renov. 1981–83. – Herrenhaus 1744–45 von Nikolaus Schütz. – Klosterscheune auf dem Berg, um 1600, mit Baukernen Ende 13. Jh. Renov. 1981.
Museum. Hausmuseum im Südflügel mit Lapidarium und Schwerpunkten 14. Jh. (u. a. Faksimile des Graduales von 1312) und 18. Jh. (u. a. originale Werkstücke). – Sammlung für ländliche Kultur (Schaudepot) im Kornhaus.
Willisdorf. Kapelle St. Sebastian. Rechteckbau mit eingezogenem Chörlein, spätes 13. Jh.; renov. nach 1728, 1839, 1891 und 1966–71. Im Dachreiter Glocke des späten 13. Jh. Die bunte Quaderbemalung an den Gebäudekanten 1968–70 nach alten Farbresten rekonstruiert, ebenso ein Teil der Lichtschlitze am Schiff. Im Innern über Kämpfern ansetzender Chorbogen, vor 1400. Spätgotische Malereireste: in der Chorleibung Blattranken und Medaillons mit Evangelistensymbolen, an der Ost- und Südwand ein neutestamentlicher Zyklus, in den Fensterleibungen Heiligenfiguren. Zwei Statuenpaare der Hl. Sebastian und Rochus, 17.–18. Jh.

Dozwil

Dozwil. Friedhofkapelle, erbaut 1926.
Profanbauten. *Fichtenstr.* Nr. 11. **Valdivia.** Spätklassizistische Villa in Park, erbaut um 1880 für Stickereifabrikant Schoop; Aussenrest. 1993. ■ *Oberdorfstr.* Nr. 2. Walmdachbau um 1810 mit guter Empiretüre. ■ *Uttwilerstr.* Nrn. 9–13. **Schulanlage.** Hauptgebäude 1907 von Albert Brenner in Anlehnung an das dt. Fachwerkhaus des Mittelalters; Krüppelwalmdachbau mit rustizierter Sockelzone und riegelsichtigen Giebelfeldern. Ergänzungsbauten 1996 von Cyrill Bischof. ■ *Waldstr.* Nr. 4. Lang gestrecktes Vielzweckbauernhaus, im Kern Bohlenständerbau mit Pfettendach; Türsturz datiert 1627. Erweiterungen des 18.–19. Jh.

Egnach

Egnach. *Rudwies.* Nr. 21a. **Landhaus,** über winkelförmigem Grundriss und in den Formen des Neuen Bauens errichtet 1931–32 von Ernst Schindler. ■ *Schlossweg.* Nr. 1. **Schloss Luxburg.** Zu Ende des 14. Jh. für die Hainzel v. Tegelstein angelegter Sitz, den Kaiser Friedrich III. mit einem Freibrief begabte. Vielleicht auf älteren Fundamenten errichtetes spätgotisches Giebelhaus mit offenem Glockenträger und Türmchen, das sich zu achtseitigem zwiebelgekröntem Schaft verjüngt. Hölzerne Spindeltreppe. Durch einen niedrigen Trakt verbunden ein in der 2. Hälfte 18. Jh. zugebautes, stark modernisiertes Mansardgebäude. Gitter des Parktores 1951 durch Barockkopie ersetzt. ■ *Schulstr.* Nr. 1. **Schulhaus.** Heimatstilbau von 1917.
Erdhausen. Ass.-Nr. 236. Bohlenständerbau von 1675–76; rest. 1983–84. Im Innern Bleiker Kachelofen, datiert 1818. Daneben typologisch seltener Firstständerbau des frühen 17. Jh., 1989–90 weitgehend neu errichtet.
Neukirch. *Amriswilerstr.* **Ref. Kirche.** Erbaut 1726–27 nach Plänen von Jakob Grubenmann; renov. 1964–65, rest. 1998–99. Rechteckbau mit Ostturm, dessen Schallöffnungen und Kuppelhelm 1927 unproportioniert ausgeweitet wurden. Über einheitlichem Predigtraum Flachtonne mit nach Befund farbig gefasstem Stuck von 1766. Orgelprospekt 1804, neugotischer Taufstein 1857 aus der Schaffhauser Tonwarenfabrik Ziegler-Pellis.
Profanbauten. *Amriswilerstr.* Nr. 2. **Gasthaus Traube,** erbaut 1817 für Gemeindeammann Ulrich Stacher; rest. und mit neuem Treppenhaus versehen 1996. ■ *Bahnhofstr.* Nr. 81. **Gemeindehaus.** Heimatstilarchitektur 1921 mit Eingangsrisalit. ■ *Gristenbühl.* Nr. 7. **Sekundarschulhaus.** Plastik 1969 von Raffael Benazzi.
Steinebrunn. *Amriswilerstr.* **Alte Kapelle St. Gallus.** Bau des 13. Jh., umgestaltet 1674 (Chorbogenweitung, Fenster), 1743 und 1842; rest. innen 1963, aussen 1983–84. Schiff unter spitzhelmigem Dachreiter mit Glocke des 14. Jh.; der firstniedrigere, eingezogene Chor mit der nördlichen Sakristei unter Dachschleppe. Im romanischen Stirnfenster Glasgemälde 1963 von Gottlieb Engeler; Louis-Philippe-Kanzel um 1842. Aus Wien stammendes

Erdhausen, Bohlenständerbau von 1675–76.

Vesperbild; ehem. Chorbogenkreuz und Gemälde der Grablegung Christi 17.–18. Jh. ■ *Winzelnbergstr.* **Kath. Kirche St. Gallus.** Betonbau 1922–24 von Albert Rimli; rest. aussen 1987, innen 1993–94. Deckengemälde von J. Bezak, Gossau; Schnitzaltäre, Stationenbilder und Kanzel von Ferdinand Stuflesser aus St. Ulrich-Gröden (Tirol). Klassizistischer Taufstein 1810.

Profanbauten. *Amriswilerstr.* Nr. 64. **Benefiziatenhaus.** Fachwerkbau, wohl von 1743. ■ *Olmishauserstr.* Nr. 1. **Schulhaus,** erbaut 1893 in schlichten neuklassizistischen Formen.

Übriges Gemeindegebiet. *Ackermannshub.* Ass.-Nr. 23. Vielzweckgebäude von 1731. Das Innere vereinigt Keller, Speicher, Backraum, Schopf, Pressraum und eine getäferte Wohnkammer. Ferner in den Weilern der Umgebung etliche qualitätvolle Riegelbauten des 17.–19. Jh., so in *Balgen* (Ass.-Nr. 750), *Birmoos* (Ass.-Nr. 880), *Buberg* (Ass.-Nr. 919), *Bündt* (Ass.-Nr. 797), *Langgreut* (Ass.-Nr. 177), *Maihausen bei Fetzisloh* (Ass.-Nr. 515), *Moos* (Ass.-Nr. 599) und *Wiedehorn* (Ass.-Nr. 492).

Steinebrunn, kath. Kirche St. Gallus auf dem Winzelnberg. Aufnahme von Südosten.

Erlen

Engishofen. *Hauptstr.* Nr. 19. Klassizistische Villa mit Waschhaus, erbaut 1864, rest. 1997–98. Innenausstattung um 1900. – Nrn. 24–26. Riegelhaus mit durchlaufender Frontlaube, 18.–19. Jh. – Nr. 27. **Käserei**. Sichtbacksteinbau, im Schild des Treppengiebels datiert 1906.

Eppishausen. *Hauptstr.* Nr. 24. **Gasthaus Adler**. Erbaut im 1. Drittel 18. Jh., renov. 1903 und 1959. Originelle Ausriegelung der östlichen Giebelflanke. ■ *Schlossstr.* Nr. 6. **Schloss Eppishausen**. Im 14. Jh. Sitz der Herren v. Rheineck, im 15.–17. Jh. der Helmstorf und Bernhausen, von welchen er 1698 an das Kloster Muri gelangte und diesem bis 1807 als Expositur zugehörte. 1813–38 Besitz des Freiherrn Josef v. Lassberg, der in seinem «Musentempel» eine Sammlung mittelalterlicher Bücher und gesinnungsverwandte Gäste beherbergte: Ludwig Uhland, Gustav Schwab, Annette v. Droste-Hülshoff, Jacob Grimm u. a. Seit 1962 Heim der Bonitas-Dei-Schwestern. – Wohnturm des 13.–14. Jh. Vielleicht aufgrund von älteren Plänen Kaspar Moosbruggers 1760–63 Erweiterungsbauten, die den Bergfried ummanteln und einen langen Flügel rechtwinklig nach Osten aufweisen. Dach und Fassadengestaltung mit talseitigem, flachem Quergiebel zwischen 1812 und 1838. Im Treppenhaus der Scheitelstein des ehem. Schlossportals von 1760 (Wappen Muri/Abt Bonaventura II. Bucher). Aus dem Kloster Muri hierher versetzter Kachelofen von Michael Leontius Küchler, 1773. – **Schlosskapelle St. Alban**. Gewölbe mit Rokokostuck. Rest. aussen 1972, innen 1998. Beim Eingang grosses Ofenkachel-Modell mit Golgatha-Darstellung, frühes 17. Jh.

Eppishausen, Schlosskapelle. Unglasiertes (nachträglich gewachstes) Tonpositiv mit Darstellung des gekreuzigten Christus und üppigem Rahmenwerk. Das seltene, am heutigen Ort zweckentfremdete Objekt diente ursprünglich zur Anfertigung von Kachelnegativen, die ihrerseits zur seriellen Herstellung reliefierter Ofenkacheln verwendet wurden. Entstanden wohl anfangs des 17. Jh. in der Werkstatt Vest in Nürnberg, wurden zahlreiche Ofenkachelmodelle dieser Art an die berühmte Hafnerdynastie Graf in Winterthur verkauft.

Eppishausen, Schloss. Hofansicht mit Schlosskapelle.

Erlen. Weberei, Tuchhandel und Färberei brachten dem Dorf besonders im 18. Jh. ersten bescheidenen Wohlstand, der sich im Kirchenbau und einigen guten Bürgerhäusern äussert.
Ref. Kirche. Erbaut 1764 von Hans Ulrich Grubenmann; renov. 1809 und, nach zahlreichen kleinen Änderungen, 1954; Innenrest. 1999–2000. Dreiseitig geschlossener Predigtsaal mit Frontturm. Die für die Bauzeit belegte Deckenstuckatur von Georg Graf wurde 1999 durch Erich Heimgartner frei rekonstruiert. Kanzel 1764 von Hans Jacob Messmer. Pfarrstuhl 1844, damals auch der Taufstein des 18. Jh. verändert.
Profanbauten. *Bahnhofstr.* Reihe klassizistischer Wohnbauten, beachtenswert Nr. 3 (1888) und Nr. 13 (1903). ■ *Buchackernstr.* Nr. 2. **Arzthaus,** um 1850. Klassizistischer Baukörper mit breiten Zwerchgiebeln und elegantem Rahmenschmuck. ■ *Hauptstr.* Nr. 42. Der stattliche Walmdachbau errichtet 1817 für Kantonsrat Johann Huber. – Nr. 46. Baudatum 1718 an einer der reich gedrechselten Säulen der offenen Hinterfrontlaube. Im OG prachtvolles Kistenzimmer mit Kassettendecke. – Nrn. 48/48a. **Ehem. Gasthaus Neues Rössli.** Gestelzter Fachwerkbau mit Mansarddach, errichtet Mitte 18. Jh. vielleicht durch Jakob Grubenmann. Inneres mit Treppenhaus und stuckiertem Festsaal 1970 zerstört. – Nr. 86. **Sekundarschule.** Glasgemälde 1968 von Max Hunziker. ■ *Rösslistr.* Nr. 1. **Ehem. Gasthaus Altes Rössli.** Stattlicher Mansardbau, erstellt um 1797 vermutlich von Hans Jacob Messmer.
Kümmertshausen. *Poststr.* Nrn. 6/7. Gute Fachwerkbauten des 17. und 18. Jh.

Ermatingen

Ermatingen. Paritätische Kirche St. Albin. Kirchengründung wohl in frühmittelalterlicher Zeit. Ältester Teil der heutigen Anlage ist die nördliche Seitenkapelle des Schiffes, der ehem. Turmchor des 14. Jh. (1387?). Neues Schiff 1488, polygonaler Chor 1494, Sakristei 1489. Nach Teilzerstörung im Schwabenkrieg um 1500 wieder aufgebaut, gleichzeitig Turmaufsatz. Renov. 1649, 1695, 1750, ferner 1851 (drei neue Altäre), 1899 und 1903; Innenrest. 1989–90 durch Hermann Schmidt, Turmrenov. 2002. Dem Schiff mit getrepptem Nordturm folgt ein firstniedrigerer Polygonalchor; im Winkel von Chor und Turm die Sakristei. – Das Schiff von 1488 öffnet sich je durch einen Spitzbogen östlich auf das Altarhaus, nördlich auf den Turmchor und auf einen ihm westlich angeschlossenen Annexbau. Reich stuckiertes Tonnengewölbe 1750, Kanzel 1729. Im Chor Gewölbemalereien 1750 von Franz Ludwig Herrmann; Glasgemälde 1952 von August Wanner; Gestühl 1665. Ehem. Hochaltar, 1986 von der Kapelle Mannenbach zurückversetzt und restauriert: rotgrau marmorierte Holzarchitektur, Bilder 1763 von Franz

Ermatingen, paritätische Kirche St. Albin. Gewölbemalereien im Chor von Franz Ludwig Herrmann, 1750. Im stuckgerahmten Milieu Darstellung der Himmelfahrt Mariens.

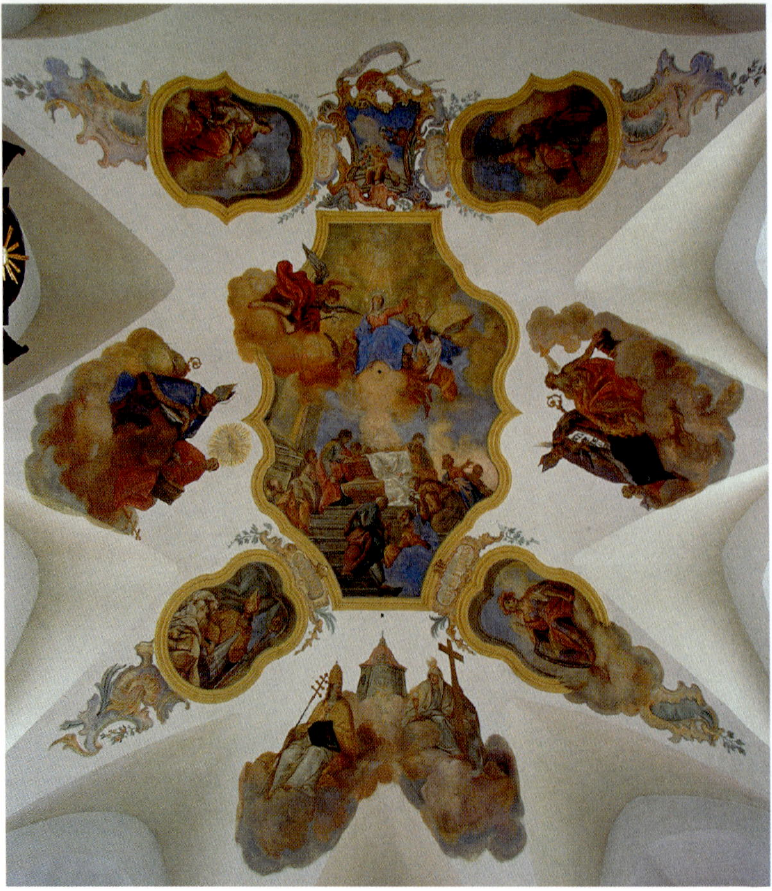

Ermatingen, Gasthaus Adler. Ostfassade mit prachtvollem Wirtshausschild und gemalter Fischerszene.

Ludwig Herrmann. In der Turmchorkapelle spannt sich ein Kreuzrippengewölbe mit Salvator-Schlussstein des 14. Jh. zwischen profilierte Spitzbogennischen. An den Wänden heraldisch vortreffliche Epitaphe von Geschlechtern auf Schloss Salenstein aus den Jahren 1547, 1578, 1610 und 1613. Sakristei mit Piscina und versetzter, 1471 datierter Sakramentsnische. Im reichhaltigen Kirchenschatz eine Augsburger Monstranz von Johann Joachim Lutz d. Ä., um 1700.

Profanbauten. *Arenenbergstr.* Nr. 3. **Lilienberg.** 1830 als Landsitz des Grafen Zappe neu erbaut, heute Ausbildungszentrum. Herrschaftliche Villa spätklassizistischen Zuschnitts; flacher Walmdachbau mit hohem Haupt- und Mezzaningeschoss. Neubaugruppe 1987–88 von Rudolf und Esther Guyer. Bemerkenswerter Park. ▪ *Berggasse.* Nr. 3. **Rellingsches Schlössli.** Angeblich 1501 neu errichtet; ab 1579 Freisitz des Jechonias Rellingen von Feder. Zweiteiliger Fachwerkbau mit markanter Treppengiebelfront. ▪ *Fischergässli.* Nr. 11a. **Ehem. Engel,** 18. Jh. Im unterteilten Saal Rokoko-Täfermalereien um 1750–60. ▪ *Fruthwilerstr.* Nr. 2. **Adler.** Geschichtsträchtiger Gasthof, erwähnt 1270, älteste Teile des heutigen Gebäudes 16. Jh.; Aussenrest. 1981–82. Fassadenfresko, Hochzeitsgesellschaft und Fischer, 1925 von José Manuel Sanz; Rokoko-Wirtshausschild. Im Innern Saal mit Kassettendecke; bemalte Täfer 2. Hälfte 18. Jh. – Nr. 10. **Mandachgut,** 18. Jh. Wohnhaus des Dekorations- und Landschaftsmalers August Herzog. – Nr. 70. **Breitenstein.** Erbaut zwischen 1855 und 1860, rest. 1980–81. Historistisches Wohnhaus mit Erkertürmchen; spätklassizistische Stuckdecken und Öfen. ▪ *Hauptstr.* Nr. 50. **Meisenberg.** Anspruchsvoller, klassizistisch geprägter Walmdachbau von 1926. – Nrn. 62–64. **Phönix und Harmonie.** Das mächtige Doppelhaus neu gebaut 1838; Wiederherstellung nach Brand 1847. Reich beschnitzte Portale und Fensterläden. – Nr. 87. **Ref. Pfarrhaus.** Stämmiger Krüppel-

Ermatingen, «Kehlhof». Südfassade, rechts Darstellung der Justitia.

walmdachbau mit Kernteilen des späten 15. Jh.; vielfach verändert, zuletzt 1968. – Nr. 96. **Rose,** 17.–18. Jh. Aufwendig verzierte Trauffront: bemalte Dachuntersicht, Fenstervertäferungen und -läden, originelle Haussprüche. In der Stube Bleiker Kachelofen 1801. ■ *Kehlhofstr.* Nr. 8. **«Kehlhof».** Erbaut 1694 durch Bürgermeister Ammann (Wappen am Kellerportal); erweitert 1811. Innenrest. in Etappen 1971–80, Teilaussenrest. 1998. Üppig bemalte und von Zierbrettern begleitete Zugläden; Nordlauben. Im Gerichtssaal Wabendecke und Täfer der Bauzeit, die Felder 1756 mit alt- und neutestamentlichen Szenen ausgemalt. – Nr. 9. **Wohnhaus mit ehem. Färberei,** erbaut 1683. Repräsentativstube mit Täfer und Türgericht im Renaissancestil, datiert 1685. – Nr. 12. **Mühle.** Grossvolumiger Gebäudekomplex des 16. Jh., mehrfach umgestaltet und erweitert. ■ *Obere Seestr.* Nr. 14, erbaut 1672. An der vorkragenden Flanke Fensterwagen; Giebelfront mit unge-

Kehlhof – Chellhof – Kellerhof

Im ganzen Thurgau begegnet man immer wieder Häusern mit dem Namen Kehlhof. Diese Bezeichnung stammt vom Dialektwort «Chellhof», dessen Wortwurzel bereits auf die ursprüngliche Funktion des Gebäudes hinweist: Chellhof hängt mit Keller(hof) (von lat. cella) zusammen, jenem Ort, an dem im Mittelalter die Naturalien der zehntenpflichtigen Bauern abgegeben und eingelagert wurden. Damals bildete der Kehlhof das Zentrum einer Grundherrschaft – im Fall von Ermatingen des Klosters Reichenau. Im Kehlhof wohnte der für Amts- und Verwaltungsarbeiten zuständige Ammann oder Meier – Berufsbezeichnungen, die im Lauf der Zeit zu Familiennamen wurden. Der Meier des Kehlhofes unterstand dem Cellarius (Gutsverwalter) des Klosters, dem oft einflussreichsten Mönch neben dem Abt. Der Kehlhof verkörperte somit eine Aussenstation des Klosters.

wöhnlicher Riegelzeichnung. – Nr. 60. **Gasthaus Hirschen,** um 1720–40. Guter Empire-Ausleger (→ Abb. S. 135). ▪ *Schiffgasse.* Nr. 21. **Schiff.** Erbaut 1708, renov. 1937 und 1975. Wirtshausschild reizvoll gesäumt von den Wappen der acht alten Orte (→ Abb. S. 135); im 1. OG Wessobrunner Stuckdecke um 1740–50. ▪ *Untere Seestr.* Nr. 4. **Zollhaus.** Platzbeherrschender Fachwerkbau von 1818; rest. 1979–80. – Nr. 57. Erbaut 1782 und später um Treppenturm und Ostveranda erweitert. Kleiner franz. Garten. ▪ *Wolfsbergstr.* **Ulmberg.** Erstellt 1919 als gestreckter Walmdachbau mit Säulenportikus. Gesamtrenov. und würfelförmiger Ergänzungsbau in Stahl und Glas 2001 bis 2003 von Herzog & de Meuron. – **Schloss Wolfsberg.** *Gepflegte Baugruppe auf einer Geländeterrasse des Seerückens.* Altes Schloss: Kernbau um 1585 für Wolf Walter v. Gryffenberg; Freisitz ab 1595. Nach 1731 für Johannes Zollikofer v. Altenklingen zum heutigen Baukörper mit Mansarddach und Glockenträger umgestaltet. Im 2. OG Wessobrunner Stuckdecke, um 1731. An einstigen Ausstattungsstücken ausserdem erhalten: Uhrwerk um 1540 von Laurentius I. Liechti, Glocke 1732 von Johann Ulrich und Johann Rudolf Schalch. Neues Schloss: Um 1800 als einstöckiger Walmdachtrakt

▲ Ermatingen, Schloss Wolfsberg. Altes Schloss, umgestaltet um 1731, rechts anschliessend der Laubengang von 1919.

▶ Ermatingen, Schloss Wolfsberg. Künstlerische Nahumgebungsgestaltung von internationalem Rang: Bronzeplastik «Four Piece Reclining Figure» von Henry Moore, 1974.

mit Mittel- und Eckpavillons angelegt und unter Oberst Charles Parquin nach 1824 zur Fremdenpension und zum Sammelplatz der Bonapartisten ausgebaut; elegante Interieurs, u.a. Saal in Anlehnung an die Feldherrenzelte Napoleons. Südlich des franz. Gartens die um 1830 errichtete Schlosskapelle mit Epitaphen, Gestühl und Lettnerfragment aus der Kirche Ermatingen. Im Park (Fritz Klauser 1919) Plastiken von Henry Moore, Raffael Benazzi und George Rickey. 1972–75 renov. und zum Ausbildungszentrum umgestaltet; Neubaugruppe von Rudolf und Esther Guyer.
Museum. Vinorama, Hauptstr. 62 (Remise).
Triboltingen. Gut erhaltenes Riegelbaudorf entlang der Hauptstrasse.
Kapelle St. Nikolaus. Vom spätromanischen Bau des 13. Jh. sind die Flanken erhalten; polygonaler Chor um 1500, Dachreiter von 1602. Rest. 1957. Mauerwerk aus Feldsteinen teilweise im Ährenverband; hoch liegende Rundbogenfensterchen; im Chor drei schlichte Masswerkfenster. Das gemalte Zifferblatt des Dachreiters zeigt im Schirm des achtseitigen Spitzhelmes einen Fries mit Familienwappen; Uhr von Andreas I. Liechti, 1602. Im Innern spätgotisches Sakramentshäuschen mit Resten alter Polychromie. Ausser den Wandmalereien des 14. Jh. sind in zum Teil oxidierten Farben Heilige und Passionsszenen von 1500 erhalten. An der Nordwand des Schiffes u.a. heraldische Rötelzeichnungen und Pilgerinschriften vorwiegend des späten 15. Jh.
Profanbauten. *Hauptstr.* Nr. 41. **Frieden.** Das ehem. Gasthaus mit traditionellem Zierriegel des 18. Jh. – Nr. 58. **Postgebäude.** Fachwerkbau des 18. Jh. mit zurückversetztem Sockelgeschoss. ■ *Weinbergstr.* Nr. 2. **Weinberg,** ehem. Gasthaus. Originelles doppelgeschossiges Erkerpolygon; Kellerhals datiert 1752.

Triboltingen, Kapelle St. Nikolaus, mit spätromanischem Mauerwerk und Dachreiter von 1602.

Eschenz

Eschenz. Im 1. Jh. römischer Vicus Tasgetium.

Kath. Kirche Mariä Himmelfahrt. Erbaut 1737–38 unter Abt Nikolaus Imfeld von Einsiedeln durch Franz Singer aus Messkirch. Das neue Gotteshaus ersetzte den nahe am Rhein gelegenen Vorgängerbau St. Vitus. 1895 Erweiterung nach Westen, Frontturm mit Spitzhelm und Dachreiter durch

▶ Eschenz, kath. Kirche Mariä Himmelfahrt. Zwei Szenen aus dem Kreuzwegzyklus von Heinrich Danioth, der 1953 starb und das Werk im Entwurf unvollendet hinterliess. Der expressive blutrote Hintergrund verleiht den Darstellungen eine gesteigerte Ausdruckskraft.

▼ Eschenz, kath. Kirche Mariä Himmelfahrt. Gesamtansicht von Südosten.

Eschenz, Schloss Freudenfels. Das Winterhaus mit Schlosshof, rechts die Riegelfassade des so genannten «Weiberhauses».

August Hardegger. Umbau 1953–54 durch Felix Schmid, Aussenrenov. 1989. Taufstein von 1580. Chorschulteraltäre mit Plastiken von 1761–63, vielleicht Kreis des Michael Hartmann und Diego Carlone. Grosser Kruzifix, gegen 1780. Hervorragende moderne Kreuzwegscheiben von Heinrich Danioth, ergänzt durch Edy Renggli.

Profanbauten. *Bahnhofstr.* Bei Nr. 9. **Obere Mühle,** erstellt 1760 durch die Statthalterei in Freudenfels. Über dem Aufzugstor Wappenstein des Abtes Nikolaus Imfeld, 1760. ■ *Hauptstr.* Nr. 79. **Mein Heim.** Heimatstilvilla von 1908. – Nr. 89. **Gasthaus Raben.** Ehem. Gerichtshaus, erbaut 1736–37 durch Johannes II. Rueff, renov. 1821, heute betrüblich modernisiert. ■ *Unterdorfstr.* Nr. 14. **Blauer Aff,** erbaut 1811–13, heute Dorfmuseum. Der Hausname soll aus der Zeit der Truppeneinquartierung während des Zweiten Weltkrieges stammen. ■ **Schloss Freudenfels,** südöstlich am Weg nach Klingenzell. Seit 1623 Statthalterei des Klosters Einsiedeln. Wenngleich erst 1359 als Burg der Herren v. Hohenklingen erwähnt, so dürfte ein Wehr- und Wohnturm bereits im 13. Jh. hier gestanden haben. Renov. 1617 und, durch Kaspar Moosbrugger, 1692 ff. Abt Nikolaus Imfeld liess 1747 das Winterhaus (Südflügel) weitgehend neu durch Franz Singer aus Messkirch, unter Benützung älteren Mauerwerks, aufführen; renov. 1956–58, rest. und zum Ausbildungszentrum umgestaltet 1989–91. Das Winterhaus, erbaut in der Art eines stattlichen Landhauses mit Walmdach und Zwiebeltürmchen, erhielt 1956 den vorgelagerten Hof samt Tor wieder vollständig umfriedet. Das seewärts anschliessende Sommerhaus (Nordflügel) zeigt aufgestocktes Fachwerk noch des 17. Jh. Im EG die 1956 neu gestaltete Kapelle mit neuer Kopie der Einsiedler Muttergottes und Glasgemälde von Albin Schweri. Im Gang Kruzifix Ende 17. Jh. OG-Räume mit gutem Wessobrunner Stuck von 1747; bemalte Türen, Steckborner Ofen mit reicher Blauweissmalerei des

Rudolf Kuhn aus derselben Zeit. Im 1.OG des Südflügels spätgotische Fenstersäule, 1.Hälfte 16.Jh. – **Barockgarten,** teilweise rekonstruiert 1989–91.
Museum. Dorfmuseum, Unterdorfstr.14.
Insel Werd. Seit 958 Eigentum des Klosters Einsiedeln und seit 1901 durch einen Steg mit dem Festland verbunden. Prähistorische Stätte der Jungsteinzeit und der Bronzezeit; unter den Römern Stützpunkt einer 82 n.Chr. errichteten, 440 m langen Pfahljochbrücke über den Rhein. Auf Werd verschied 759 der von Bischof Sidonius von Konstanz als Gefangener hierher verbannte hl.Otmar, der erste Abt von St.Gallen.
Wallfahrtskapelle St.Otmar. Bau des 9.–11.Jh. Das Schiff erhebt sich über dem Gozbert-Haus, in dem Otmar gefangenlag, starb und an dessen Ostflanke der Heilige bis zur Übertragung nach St.Gallen während zehn Jahren sein Grab gefunden hat. Der Chor überbaut die Stätte des Kenotaphs. Die Kapelle mit eingezogenem Rechteckchor wurde mehrfach umgestaltet; Bauperioden lassen sich ablesen an der Rankenbemalung des Südfensters (12.–13.Jh.), den Fresken des östlichen Fenstergewändes (14.Jh.) und an der spätgotischen Sakramentsnische von 1496. Jüngste eingreifende Renov. 1961–63, ferner 1998–99. An der Nordwand des Schiffes Rokoko-Monstranz mit einer 1767 geschenkten Reliquie des hl.Otmar. Glasfenster 1967 von Pater Bonifaz Köck. – **Priesterhaus.** Neubau 1899–1900 als charaktervolles Treppengiebelhaus unter Einbezug von Mauerkernen des Vorgängerbaus. Seit 1957 Priesterstation der Franziskaner.

Blick vom Untersee auf die Insel Werd. Der Treppengiebelbau im Zentrum dient seit 1957 als Priesterstation der Franziskaner.

Die Römer im Thurgau

Von etwa 15 v. Chr. bis ums Jahr 400 gehörte das Gebiet der Schweiz zum Römischen Reich. Durch den heutigen Thurgau verlief die Provinzgrenze zwischen Rätien und Germanien. Zahlreiche kulturgeschichtliche Neuerungen wie der allgemeine Schrift- und Münzgeldgebrauch, die Amtssprache Latein, Strassenbau und Kanalisation, Heeresorganisation und Grenzbefestigung haben unübersehbar ihre Spuren hinterlassen.

Zu den wichtigsten Zeugnissen jener Epoche zählen die drei grossen römischen Siedlungen Tasgetium (Eschenz), Arbor felix (Arbon) und Ad fines (Pfyn). Die hier entstandenen Kastelle bildeten nach dem Rückzug des Römischen Reiches auf die Rhein-Iller-Donau-Linie im 4. Jh. zusammen mit dem mutmasslichen Kastell in Konstanz das Rückgrat der spätrömischen Grenzverteidigung an Rhein und Bodensee. Ergänzt wurden sie durch eine Folge von Wachttürmen entlang dem südlichen Rheinufer.

Neben grösseren Siedlungen sind 20 bis 30 landwirtschaftliche Gutshöfe auf Thurgauer Boden zu vermuten. Von den zehn bisher sicher nachgewiesenen ist die heute als Ruine konservierte Villa in → *Stutheien* bei Hüttwilen am besten bekannt. Erbaut um das Jahr 180 muss sie bereits um 260 wieder aufgelassen, im 4. Jh. jedoch vorübergehend erneut bewohnt worden sein.

Vom römischen Strassennetz konnte im Thurgau bisher einzig ein Streckenabschnitt zwischen Oberwinterthur und Felben-Wellhausen nachgewiesen werden; östlich von Pfyn fehlen dagegen Belege für römische Verkehrsachsen, sieht man von einigen Brückenresten des 2. Jh. bei Weinfelden ab. Dass zwischen Pfyn und Arbon eine Wegverbindung bestanden haben muss, ist u. a. durch die Angaben in der «Tabula Peutingeriana», dem berühmten spätrömischen Kartenwerk, bezeugt. Einen verkehrsstrategisch wichtigen Punkt bildete ausserdem der Rheinübergang bei Tasgetium, dem heutigen Untereschenz. Hier, am Ausfluss des Untersees, bauten die Römer im Jahr 82 n. Chr. eine hölzerne Pfahljochbrücke, die die Insel Werd als Zwischenpfeiler benutzte. Im Abstand von 16 m wurden mit einer eng gestellten Doppelreihe von Pfählen Pfeiler errichtet, die eine 5 m breite

Pfyn. Reste der spätrömischen Kastellmauer in der Nordwand der ehem. Schlosstrotte. Erkennbar sind ein rund 5 m hoher Mauerstumpf und die Fundamente eines Rundturms. Aufnahme von 1994.

▲▲ Arbon, Gallusgasse. Fundamente des südöstlichen Halbrundturmes als Teil der spätrömischen Kastellmauer, um 300 n. Chr.

▲ Hüttwilen, Stutheien. Grundriss, Raumfunktion und -gliederung des römischen Gutshofes aus dem 2. Jh. wurden durch die Teilkonservierung deutlich gemacht. Flugaufnahme von 1995.

Fahrbahn trugen. Von der Konstruktion zeugen heute noch einzelne Pfähle, die an bestimmten Stellen sichtbar aus dem Rheingrund ragen.

Namhaftes hat die römische Epoche im Kanton Thurgau auch im Bereich der Sachkultur hinterlassen – Schmuckobjekte, Münzen, Spielzeug und zahlreiche Gefässe aus Glas, Stein und Ton. Eine Besonderheit unter den Funden bildet jene hölzerne Kultfigur, die 1977 in einem Abwasserkanal in Eschenz geborgen wurde und zur Zeit als älteste erhaltene Skulptur auf Kantonsboden gilt. Sie steht stellvertretend für eine ganze Reihe hervorragender Holzfunde aus dem «vicus» von Tasgetium.

Eschlikon

Eschlikon. *Kirchstr.* **Ref. Kirche.** Erbaut 1936–37 von Ernst Sturzenegger, erweitert 1996 durch Werner Keller. Auferstehungsfenster 1942 nach Entwurf von Ulrich Hänny. ▪ *Wiesenstr.* **Kath. Bruder-Klausen-Kirche,** erbaut 1963 von Otto Sperisen; Altar von Jean Hutter.

Profanbauten. *Bahnhofstr.* Nrn. 58–60. **Löwenscheune.** Mächtiger, originell ausgeriegelter Krüppelwalmdachbau, erbaut Ende 18. Jh., rest. 1996. – Nr. 59. **Schulhaus.** Erbaut 1891 von Albert Brenner in gepflegt klassizistischem Stil; rest. 1995–96. – Nr. 71. **Gasthaus Löwen.** Mansardbau von 1773. Über dem Mittelportal eine nach Toggenburger Art geschweifte Lukarne. Aussenrest. 1978–79. – Nrn. 75–77. **Altes Schulhaus,** erbaut 1811 durch Jakob Bietenhader. – Nr. 85. **Ehem. Gasthaus Rössli,** 18.–19. Jh., mit schöner klassizistischer Türe. ▪ *Zelgliweg.* Nr. 1. Charaktervoller Riegelbau um 1800.

Hurnen. Nr. 56. **Alte Post.** Das stattliche, 1776 ausgebaute Riegelhaus rekonstruiert 1983–84.

Wallenwil. **Kapelle St. Elisabetha Bona.** Dreiseitig geschlossener Bau von 1775 mit Dachreiter; rest. 1978–80 durch Hermann Schmidt. Barockaltäre mit Rokoko-Aufsätzen 1775–77, gleichzeitig die Hochaltarblätter von Jakob Joseph Müller aus Wil und vielleicht auch die Statuen der hl. Idda und des Bruder Klaus.

Profanbauten. *Hurnenstr.* Nr. 2. **Ehem. Schulhaus,** später Mosterei. Bohlenständerbau des mittleren 18. Jh., Walmdach jünger; rest. 1976–78. ▪ *Stationsstr.* **Schulhaus,** erbaut 1908.

Wallenwil, Kapelle St. Elisabetha Bona. Aussenansicht.

Felben-Wellhausen

Felben. Ref. Kirche. Quadratischer Chor, von Tonne mit Stichkappen überwölbt; Anlage wohl schon 13.–14. Jh. Fenster mit einfachen Masswerken 15. und 16. Jh. Zum Schiff von 1729 öffnet sich ein gefaster Rundbogen. Gefelderte Walmdecke; Kanzel und Taufstein 1729. Renov. 1918–19 mit Erneuerung des aus dem Chordach wachsenden Türmchens durch Brenner & Stutz. Innenrenov. 1947, wobei die barocke Ausstattung durch Sperrholztäfer ersetzt wurde; Chorrenov. 1990 unter Ernst Oberhänsli.

Profanbauten. *Hauptstr.* Nr. 22. Schulhaus, erbaut 1910 vielleicht von Brenner & Stutz.

Wellhausen. *Bahnhofstr.* Nr. 5. Charakteristisches Kleinbauernhaus des 16. Jh. Bohlenständer- und Fachwerk-Konstruktion von 1583, erweitert um 1800. Stubenofen aus Lehm. ■ *Dorfstr.* Nr. 11. **Mühle.** Älteren Teilen wurde 1778 u. a. der schön ausgeriegelte Treppenhausturm beigefügt. ■ *Ringstr.* Nr. 1. **Ehem. Gerichtshaus,** erbaut 1676. Staffelgiebel mit eingespannten, zum Teil geriegelten Flanken. ■ *Weinfelderstr.* Nr. 23. **Ehem. Schul- und Gemeindehaus,** in spielerischem Spätbiedermeier erbaut 1850; Dachturm. ■ *Wellenbergstr.* **Schloss Wellenberg.** Ursprünglich Sitz der 1204 genannten Herren v. Wellenberg. Ab 1338 folgen sich die Herren v. Spiegelberg, v. Strass, v. Hohenlandenberg, 1512 die Mötteli v. Rappenstein und v. Ulm. 1669 bzw. 1694 Vogtei der Stadt Zürich, seit 1815 Privatbesitz. Das hangseitige Südhaus birgt noch den aus Megalithblöcken gefügten Bergfried um Mitte 13. Jh., der nach der Zerstörung 1259 sowie 1519 ausgebaut und erweitert wurde; zum Teil neue Fenster 1833. Durch Umfassungs- wie durch Binnenmauern hofartig verbunden mit dem talseitigen Staffelgiebelhaus des 16. Jh. Im Zwischenhof Treppenturm mit vierseitigem Lauf von 1768. Laufende Renovationsarbeiten ab 2002. – Angegliederte **Scheune,** Fachwerkbau 1671 über erneuerter Mauerbasis; saniert und umgenutzt 1997–98.

Wellhausen, Schloss Wellenberg. Im Gebäudeteil rechts enthalten der Bergfried des mittleren 13. Jh.

Fischingen

Anwil. Ass.-Nr. 107 (→ Abb. S. 100). Stattlicher Ständerbohlenbau mit Fensterwagen, spätes 18. Jh. Rest. 1981–83.

Au. Kath. Pfarrkirche St. Anna. Erwähnt im 13. Jh., Umbau 1647 und 1802. Neubau des Chors 1810. Rest. des Äusseren 1961–62, des Inneren 1989–90. Das Langhaus mündet in einen schmaleren Polygonalchor; der Nahtstelle hangseitig angefügt ein Turm aus gemauertem Stock, eingezogenem, in Fachwerk wohl im 19. Jh. erneuertem Mittelteil und nochmals zurückspringendem Oberbau aus Holz, der die pralle Zwiebel trägt. An der äusseren Chorstirnwand ein Kruzifix des 17. Jh., 1802 neu angebracht. Dem Schiff mit guter klassizistischer Türe ist ein Vorzeichen angebaut. Im Chor flache Gipsdiele mit Gemälde 1935 von Karl Haaga. Im Schiff Gliederung durch Pilaster mit auf Holzovale gemalten Stationen; flache Tonne; Stuckaturen vermutlich von Johann Josef Moosbrugger, Deckengemälde von Joseph Anton Messmer, der 1818 auch das Hochaltarblatt schuf. Seitenaltäre derselben Zeit mit Bildern von Nikolaus Birchler 1844 und Iddadarstellung um 1717, Umkreis des Jakob Karl Stauder. ▪ **Bildstock** mit Holzfigur der hl. Idda, 2. Hälfte 18. Jh.

Dussnang. *Kurhausstr.* Bei Nr. 31. **Ref. Kirche.** In Tuffstein gefügter romanischer Chorturm mit säulengestützten Schallarkaden 11.–12. Jh., gleichzeitig der östliche Teil des Schiffes mit originalen Luziden. Umbauten 1409 und 1523, Verlängerung nach Westen im 16.–17. Jh. Der Turm wurde im 18., die Sakristei im 3. Viertel 19. Jh. aufgestockt. Rest. 1961–63. Um 1523 das spätgotische Sakramentshäuschen und die von Sandsteinsäulen flankierte Altar- oder Bildwerknische. Apostelfresken im Schiff vielleicht noch 16. Jh. – Bei Nr. 34. **Kath. Marienkirche.** *Erster Kirchen-Betonbau der Schweiz,* errichtet 1889–90 im neugotischen Stil von August Hardegger. Rest. aussen 1971, innen 1972–74. Hervorragendes Zusammenspiel von Raumgliederung, Ausmalung und Ausstattung; eingewölbte Krypta mit Schablonenmalerei.

Dussnang, kath. Marienkirche. Der nach dem Vorbild der Wallfahrtskirche in Lourdes entstandene neugotische Innenraum legt Zeugnis ab von der hohen Ausstattungskunst des Historismus.

Fischingen, ehem. Benediktinerstift. Klosterkirche mit Iddakapelle von Nordwesten.

Altäre von Josef Anton Eigenmann unter Einbezug von vier Figuren der 2. Hälfte 17. Jh., Kanzel von Johann Nepomuk Neumann. Chorgestühl 1919 von Marmon & Blank.

Profanbauten. *Frohsinnstr.* Nr. 5. **Ehem. Sekundarschule,** erbaut 1894. ■ *Schärlibachstr.* Nr. 12. Villa 1908 mit effektvollem Jugendstilfries.

Fischingen. Ehem. Benediktinerstift. *Kirche und Kloster mit hervorragender Barockausstattung; wichtiger Etappenort des Pilgerweges zwischen Konstanz und Einsiedeln.* Auf Anregung der Herren v. Toggenburg 1133–38 durch Bischof Ulrich II. von Konstanz gegründet und mit Mönchen aus Petershausen besiedelt. Klosteraufhebung 1848, Wiederbelebung 1977 durch

Benediktinermönche aus Engelberg. Ursprünglich Doppelkloster, der Frauenkonvent spätestens 1410 aufgelöst. Jedenfalls erstand er nicht wieder, als die 1410 durch die Zürcher niedergebrannte Anlage flüchtig wiederhergestellt wurde. Heute gehören die ältesten Teile dem 16. Jh. an. Die Sicht von der Hauptstrasse aus erschliesst folgende Gruppierung: 1. Kirchturm von 1587, durch Jakob Grubenmann 1727 und nochmals 1751 erhöht. 2. Klosterkirche von 1687, um den oberen Chor und die Kustorei 1753 erweitert. 3. Im Winkel von Turm und Gotteshaus die 1704–08 errichtete Iddakapelle. 4. Altkloster (Westflügel): An die Kirche anschliessend der Abt-Brunner-Bau von 1577, gefolgt vom Abt-Brunschweiler-Bau von 1635, der im Süden über das ursprüngliche Geviert hinausgreift und ausser der St. Katharinen- die Prälaten- oder Armseelenkapelle birgt. 5. Neukloster, erbaut 1753–65. Zur Ausführung gelangten die Trakte vom Nordostrisalit (Bibliothek) über den Südflügel mit Querhaus (Iddasaal, Hauskapelle) bis zur Prälatur im Südwestrisalit; der alte Westflügel blieb stehen. – **Klosterkirche**. Von der thurgauischen Landschreiberfamilie Reding v. Biberegg gestiftet und 1685–87 vermutlich nach Plänen von Kaspar Moosbrugger gebaut. 1704–08 Anbau der Iddakapelle, 1753 Verlängerung um den oberen oder Psallierchor durch Johann Michael I. Beer von Bildstein, 1795 Umgestaltung des unteren Chores (Arkadeneinbau) nach Plänen des Abtes Augustin Bloch. Renov. 1883–87, 1955–57 Innenrest., bei der die ursprüngliche Fassung der Raumschale, der Gitter und der plastischen Ausstattung nach Befund rekonstruiert wurde; Rest. des Turmes 1979–81 und 2000. – Schlichte Fassade mit erneuertem Vorzeichen; in seinem Schirme das toskanische Portal aus geschliffener Nagelfluh mit Wappen der Kirchenstifter Reding v. Biberegg; Schnitzwerktüre von Chrysotimus I. Fröhli, Epitaphe der Familie Harder aus Schloss Wittenwil, Mitte 17. Jh. Schiff und Chor in derselben Flucht. Das Langhaus über fünf Joche tonnenüberwölbt mit Scheitelrosetten, ionische Pilaster. Im Westen arkadengetragene Empore, die Nordflanke des Schiffes durch ein Arkadentrio mit stuckierter Scheinfassade (Joseph Resch) auf die Iddakapelle geöffnet. In den Chor wurde 1795 eine klassizistische Emporenarkade gestellt; Krönung durch acht lebensgrosse, steingefasste Stuckstatuen und Vasen. Hinter der Altarwand die Sakristei, darin Schränke mit Klosterveduten in Blaumalerei. Am Tonnengewölbe des unteren Chores und Altarhauses Louis-XVI-Stuckwerk (Johann Josef Moosbrugger?) um das Deckenbild Mariä Himmelfahrt von Joseph Anton Messmer 1795. Johann Jakob Zeiller bemalte 1761 die Flanken und die niedrige zentralisierende Hängekuppel des Psallierchores über der Sakristei: seitlich hl. Josef und Immakulata, am Deckenspiegel in Rocaillerahmung Melchior Modlers vier Evangelistenkartuschen und, am Rande eines exzentrischen Heiligenhimmels mit der Verherrlichung des hl. Benedikt, die Personifikationen der vier Erdteile. Wenige architektonische Versatzstücke vermögen die illusionistische Brücke zwischen wirklicher Architektur und den weiten perlmutterfarbenen Wolkenrängen herzustellen. Seitlich der Brosche mit dem Kloster- und

▲▲ Fischingen, Klosterkirche. Innenansicht mit Blick gegen Chor und Psallierchor.

▲ Neues Werk in alter Hülle: Der bunt flammend marmorierte und vergoldete Psallierchor-Orgelprospekt von 1763 zählt zu den bedeutendsten barocken Anlagen in der Schweiz.

Abt-Degen-Wappen das Selbstporträt des Malers. – **Ausstattung.** Chor und zwei Arkaden zur Iddakapelle durch prachtvolle Régencegitter abgeschlossen, 1743 geschmiedet von Jakob Hoffner aus Konstanz. Das Chorgitter scheinperspektivisch zurückweichend, reiches Band- und abstraktes

Blattwerk, an der Schauseite über Gold und Silber bunt gelüstert. Auf dem Hochaltar Tabernakel von Bruder Heinrich Degrange 1795; Scheinretabel in einfachsten Formen 1957 an die Chorrückwand gerückt anstelle des ehem. Altarbildes Tod Mariä von Johann Michael Hunger, der damals Obervogt der Redingschen Herrschaft Mammern war. Das an die Südwand des Schiffes versetzte Werk zeigt trocken manieristische Züge in Anlehnung an lombardische Vorbilder. Priestersitze und Schranken von Bruder Heinrich Degrange. Die Seitenaltäre sind den schrägen Stirnnischen der Arkaden und ihrer Stuckdekoration (Moosbrugger nach Degrange?) eingefügt. Altarbilder: Der hl. Dominikus erhält den Rosenkranz verliehen (um 1700), der hl. Simon das Skapulier (Franz Müller, 1874). Im Schiff Kanzel des Chrysotimus Fröhli, opulente Naturholzschnitzerei, vielleicht ursprünglich zum Teil elfenbeingefasst. In der ersten Arkade der Schiffsnordwand der doppelseitige Iddagrabaufbau mit pathetischer Sitzfigur der Heiligen, Anfang 18. Jh. Altarähnliche Rahmung mit Lapislazuli imitierenden Säulen und gelüsterten Krönungsfiguren wohl noch der Kirchenbauzeit, Hl. Caecilia und Demetrius. An der Brüstung der Westempore von Akanthusfedern gerahmter Iddazyklus, gemalt vielleicht vom Zuger Johannes Brandenberg, um 1690; in der Mitte ein kleines Brüstungspositiv derselben Zeit mit dreiteiligem Prospekt. Die Psallierchororgel wurde 1763 durch Johann Georg Aichgasser aus Teilen älterer Werke (1611?, 1690/1705 Johann Matthäus Abbrederis, 1736/50 Johann Jakob Bommer) zusammengestellt und 1956 bis 1957 weitgehend erneuert; 87 Prozent altes Pfeifenmaterial von hervorragender Klangschönheit. Gehäuse und Prospekt bunt flammend marmoriert mit vergoldeten Krönungsrocaillen, Ziervasen und Posaunenengeln. Die beiden eingebauten Vorstehersitze stammen von 1761, während die beiden Doppelreihen des 44-stalligen Chorgestühls 1687 in der Werkstatt des Chrysotimus Fröhli aus Bichelsee entstanden sind und 1762 dem neuen oberen Chor eingepasst wurden. Die Rückwand mit säulengetrennten Statuennischen, die Front durch Hermenkaryatiden gegliedert, Figuren verschiedener Herkunft und verschiedenen Alters in Silber, Gold und Elfenbein gefasst. Knorpelwerk, Fruchtbündel, Engelsköpfe, Löwen usw.

Iddakapelle. *Einer der wohlgeformtesten Zentralbauten des schweiz. Hochbarock.* Die spätgotische Anlage 1595 und 1625 erweitert. Heutiger Bau nach ital. Architekturvorbildern in den weicheren Formen des süddt. Sprachbereiches 1705–08 errichtet durch Christian Huber. Einflüsse Kaspar Moosbruggers. Innenausstattung nach Disposition und unter eigenhändiger Mitwirkung des jungen Dominikus Zimmermann. Rest. 1962–68. Unter einer 16,8 m hohen Scheinkuppel öffnet sich der achtseitige Zentralraum auf breite Kreuzarmflügel und schmale Diagonalräume, die den sperrigen Kreuzgrundriss verschleifen. An den Gelenkstellen des lachsrot und weiss ausgezeichneten Äussern Pilaster, innen rote Schliffmarmorsäulen. Über den Rundporten der Diagonalkapellen grossovale Okuli, die die indirekte Lichtführung begünstigen. Über den drei die Verbindung zum Kirchenschiff

◀ Fischingen, Iddakapelle. Idda-Altar von 1708 mit Gemälde von Jakob Karl Stauder.

▲ Ausschnitt aus dem Iddagrabaltar, Sitzfigur der Heiligen mit ihrem Attribut, dem Hirsch.

schaffenden Arkaden zieht sich eine schmale Empore mit Brüstungsorgel (Metzler 1967) hin. Der breit modellierte Wand- und Deckenstuck des Wessobrunners Joseph Resch säumt an den Hochwänden des Mittelraumes vier breitovale Leinwandbilder mit Iddadarstellungen 1707, signiert G.L.Wickhart, Zug, und das Deckengemälde (hl. Idda in der Verklärung) eines Unbekannten; die Rahmen grau, Ranken weiss auf spangrünem oder grün auf weissem Grund, dazu ein stumpfes Blau. An den schmalen Diagonalwänden über vier konventionell gemalten Heiligenbildern (Caecilia, Agatha, Katharina und Barbara) Nischen mit in Porzellanmanier gefassten Figuren der vier grossen Ordensstifter. Von den sieben Altären stammen sechs in Stuckmarmor gefertigte Stücke aus der Werkstatt des Dominikus Zimmermann. Zwei davon zeigen vorzügliche Scagliola-Arbeiten: Blumen am Josefsaltar, umkränzte Heiligenbilder und Landschaftsszenen am Idda-Altar, eines davon signiert und 1708 datiert. Altarblätter: am Idda-Altar Wiederauffindung der Heiligen von Jakob Karl Stauder, signiert und 1717 datiert; in den Diagonalkapellen Vesperbild und Ölberg, in den Seitenarmen Schutzengel und St.-Nikolaus-Bild; gegen den Turm am St.-Josefs-Altar Tod des hl. Josef. Der Iddagrabaltar von 1713 an der Westwand besitzt einen virtuos geschnitzten, vergoldeten Federrankenrahmen um das Bild Tod der hl. Idda. Kultisches Zentrum ist die kirchenseitige Nische mit dem einst bunt gefassten Sandstein-Kenotaph der hl. Idda, einem charaktervollen, um 1494 geschaffenen spätgotischen Sarkophag mit der Liegefigur der Heiligen. An der Front Wappen und Szene mit dem toten Toggenburger. Gitterwerk

Die Legende der hl. Idda
Die hl. Idda, eine Gräfin v. Toggenburg, wurde von ihrem Gatten der Untreue mit einem Jäger bezichtigt und von der Burgzinne hinab in die felsige Tiefe gestürzt. Wunderbar errettet hauste sie zunächst als Einsiedlerin in einer Höhle. Allnächtlich pflegte sie die Messe der Mönche in Fischingen zu besuchen, wohin sie ein Hirsch mit zwölf Lichtern auf dem Geweih begleitete. Trotz reuevoller Abbitte ihres Gatten, der sie auf der Jagd entdeckte, blieb sie Klausnerin und später Rekluse in Fischingen, wo sie um das Jahr 1226 starb.

1714 von Caspar Wüest und Jakob Hoffner, 1743–45. Iddagrabaufbau 1710–18 in der Art der Rosenkranzaltäre: In neun bunt gefassten, von Goldranken umzogenen Schnitzmedaillons Iddaszenen, in der Nische kunstvoller Holzbaldachin, der die beiden Rücken an Rücken gestellten Iddafiguren aus dem frühen 18. Jh. aufnimmt. Beim Idda-Altar zwei hervorragend intarsierte Priestersitze, durch heimische Tischler wohl nach Entwürfen Dominikus Zimmermanns ausgeführt; Taufstein um 1812. Am Äussern Kreuzigungsgruppe 19. Jh.; auf der Laterne über der Dachkuppel blechschuppengepanzerte Holzfigur der hl. Idda, 18. Jh. (?). – Kirchenschatz. Gotisches Baumkreuz, Hauptteil um 1400; prächtige gotische Turmmonstranz von Johannes Renner 1582. Unter den Barockkelchen besonders erwähnenswert: Reding-Kelch mit Emailminiaturen um 1687 von Johann Ignaz Ohnsorg; Fugger-Kelch mit Relief- und Emailschmuck um 1700 von Johann Zeckel; Kelch des Josef Sax, um 1710 von Johann Ignaz Ohnsorg. – **Konventbauten**. Das **Altkloster** blieb beim Neubau der übrigen Flügel erhalten, weil die hier geplante Repräsentativfassade aus ökonomischen Gründen nicht mehr zur Ausführung gelangte. Zunächst der Kirche der Abt-Brunner-Bau von 1577 mit Reststück des überwölbten Kreuzganges. Gliederung der Westfront vornehmlich durch nachgotische Reihen- und Staffelfenster und dem von den beiden Johannes flankierten Wappenstein des Bauherrn; hofseitig Reste von Fassadenmalereien, rest. 1984–85. Anschliessend der Abt-Brunschweiler-Bau von 1635, mit Reihenfenstern und einer hübschen, aus Sprenggiebelportal mit äbtischem Wappenstein und übergeordnetem Zwillingsfenster gebildeten Gruppe. Ein weiterer Wappenstein des Abtes in der Front. Eingebaut, aber polygonal in den Hof vorspringend, die 1998–2000 wiederbelebte St. Katharinenkapelle mit Gewölbe und Wandmalereiresten sowie die 1884 stark veränderte Prälaten- oder Armseelenkapelle: Masswerkfenster, Zwillingsgewölbe mit erneuertem Spätrenaissancedekor. Im Wohnteil Winterthurer Ofen um 1730–40. – **Neukloster**. Erste Pläne Kaspar Moosbruggers, weiter bearbeitet durch die Einsiedler Baumeistergruppe Johannes II. Rueff und Kaspar Braun sowie durch Johann Caspar Bagnato. Nochmals modifizierte Ausführung 1753–65 durch

Johann Michael I. Beer von Bildstein. Rest. 1962–71, 1981–82 (Ostflügel) und 1996–98 (Priorat und Prälatur, Südwestecke). Dreigeschossige Verbindungstrakte mit Giebeldächern zwischen viergeschossigen Eckpavillons unter Mansarddächern. Der Ostflügel ist durch einen entsprechenden Treppenhausrisalit unterteilt, der Südflügel von einem weit ausgreifenden Querbau mit geschwungener Front durchdrungen. An ihm wie am südwestlichen Eckbau mit geschweifter Giebelplatte grosse Pilasterordnung. Die Türen von Priorat und Prälatur sind hervorragend mit Ornamentik, Vögeln, Blumen, Genreszenen und Soldateska intarsiert; reich gravierte Messingschlösser. Im EG der Prälatur die Kanzlei; Rokokostuckdecke, Steckborner Turmofen der Meyer-/Kuhn-Werkstatt 1756–57; Täfer des Wappenzimmers mit den Wappen der Fischinger Äbte dekoriert, Decke zum Teil mit gemaltem, zum Teil wirklichem Stuckschmuck; Archiv mit reich ornamental ausgemaltem Gewölbe (klösterliche Herrschaften), den noch original beschrifteten 180 Schubladen und einer Türe mit illusionistischer Arkade und

▼ und ▼▼ Fischingen, ehem. Benediktinerstift. Archiv und Wappenzimmer in der Prälatur.

▲ Fischingen, ehem. Benediktinerstift. Wappenstein des Abtes Christoph Brunner (1574–94) am Westflügel des Konventgebäudes.

Parklandschaft. In den OG gemusterte Parkette sowie virtuos geformte Rocailledecken und flammend marmorierte Möbel von bestechender Polychromie. Turmofen 1757 von Johann Caspar Ruostaller; Dreikönigstafel eines vermutlich schwäbischen, vielleicht in den Niederlanden geschulten Meisters um 1470–80. – Abtskapelle. Quadratisch gemusterter Parkettboden; gute, wie in der Prälatur der Gigl-Schule nahestehende Stuckaturen am flachen Kreuzgewölbe. Stuckmarmoraltar, bunt-strähnig marmorierte Türen. Alles um 1757. Im ersten Stock des Südflügel-Querhauses der Iddasaal. Vom Meister der Priestersitze in der Iddakapelle reich intarsierte Möbel. Ferner Kopien der Abtporträts. Hier und im ehem. Gastsaal (heute Hauskapelle) spritzige Deckenstuckaturen. Altargruppe um den ehem. Drehtabernakel des oberen Chores; pathetisches Vesperbild aus der 2. Hälfte 17. Jh. Fünfregistriges Portativ mit intarsiertem Gehäuse (Blumen, Musizierende) sowie Wappen des Abtes Troger, vor 1728. – Ehem. Bibliothek, zwei Geschosse beanspruchend. Umlaufende Galerie, von flacher Randzone umzogenes, stuckiertes Muldengewölbe. Originale Büchergestelle. – Umfangreicher Bestand an religiösen Bildern und Altarblättern: aus dem 17. Jh. u. a. hl. Karl Borromeo, hl. Tekla, Befreiung des Petrus, Kreuzigung, betender Eremit, Jesus am Jakobsbrunnen, Heilung eines Besessenen, Schmerzensmann; aus dem 18. Jh. u. a. Verkündigung (Anton Stark 1725), Eselsprobe des hl. Antonius, Heiligenhimmel (Zeiller-Werkstatt um 1760), hl. Peregrin, Todesvision des hl. Franz von Assisi, Immakulatavision des hl. Ildefons, hl. Ambrosius; Serie von 1777: die Hl. Meinrad, Gallus, Ildefons und Idda. Ikonographisch interessante Darstellungen des sel. Heinrich Pfrintz von Gerlikon (Georg Müller 1608), der sel. Offmyra von Münchwilen und der sel. Adelheid von Spiegelberg (Hans Ulrich Rysse 1679).

Profanbauten. *Hauptstr.* Nrn. 32/34/51. Stattliche Riegelhäuser des 18. Jh., zum Teil mit Fensterwagen und Zugläden.

Anwil, Ständerbohlenbau. Eingangsfront mit Fensterwagen.

Aufmunterndes Zeichen am Pilgerweg nach Fischingen: die höchst malerisch auf einem Hügel gelegene Kapelle St. Martin in Oberwangen.

Oberwangen. Kapelle St.Martin. Anlage auf das 10. Jh. zurückgehend, für das 11.–12. Jh. romanischer Bau, wahrscheinlich mit Chorturm, nachgewiesen. Im 15.–16. Jh. neue, polygonale Chorpartie. Nach Blitzschlag (1685) erst 1693 wiederhergestellt, 1728–30 durch Jakob und Johannes Grubenmann um einen ausladenden Kuppelbau erweitert, für den wohl Kaspar Moosbrugger die Anregungen vermittelt hat. Renov. 1811–18 durch Johannes Nenning, Einzug neuer Emporen. Erneuerungen 1919 und 1934, rest. 1963–66 durch Hermann Schmidt. Die gotische Anlage mit Polygonchörlein ist nach Norden gerichtet und trägt einen zwiebelgekrönten Dachreiter; der nur leicht abgeflachte achtseitige Kuppelraum dringt weit ins Spreng- und Hängewerk des Dachstuhles ein, welcher Kuppeldach und Laterne trägt. Südportal unter bogengeöffnetem Vorzeichen. Klassizistisch stuckierte Chordecke. Hochaltar um 1693 mit Martinsrelief, Seitenaltäre des 18. Jh. Martins-Votivbilder 1697–98. Kleinorgel 1811 von Joseph Hund, Lommis. Kanzel 1811–16. Gemälde der Hl. Karl Borromeo und Ignatius v. Loyola von Xaver Seiler aus Wil, 1816.

Profanbauten. *Eichholzweid.* Nrn. 1–5. **Reihen-Einfamilienhäuser,** in Steilhanglage erstellt 1971–75 von Karl Schneider. Die talwärts gerichteten Holzfronten zwischen Mauerscheiben eingespannt.

Tannegg. Westlich von Dussnang die Überreste der 1245 genannten **Burg Tannegg** mit ehem. Stadtanlage, einst Zentrum der gleichnamigen bischöflichen Herrschaft.

Frauenfeld

Frauenfeld. Erste prähistorische Spuren im Bereich des Schlosses; Gräberfelder der Latènezeit im Langdorf; in Teilabschnitten nachgewiesen ferner die einstige Römerstrasse Winterthur–Pfyn in der heutigen Allmend. Die Stadt bildete sich am rechten Ufer von Doppelwindungen der Murg auf einer Molasseterrasse in Anschluss an die Burg und die Burgkapelle Unserer Lieben Frau. Die Feste wurde durch die Grafen v. Kyburg zur Sicherung eigener und reichenauischer Rechte errichtet, die Stadt auf Boden der Reichenau um 1246 durch die Kyburger als Verwaltungssitz gegründet, der 1264 an die Habsburger überging. Ab 1499 bzw. 1504 Sitz eines eidg. Landvogtes, von 1712–98 regelmässig Tagsatzungsort. Seit 1803 Hauptort des selbstständigen Kantons Thurgau. – Südwest-nordost gestrecktes Stadtgeviert, gegliedert durch zwei Längs- und drei Quergassenzüge. Die obere Vorstadt an der Strasse nach Konstanz 1445 mitbefestigt; zwei weitere Vorortssiedlungen bildeten sich an den Ausfallstrassen nach St. Gallen und Winterthur. Das heutige Frauenfeld wuchs zusammen aus dem Altstadtkern, den anschliessenden Vororten, dem Weiler um die Mutterkirche Oberkirch sowie den einst selbstständigen Dorfschaften Langdorf und Kurzdorf. Nach Grossbränden 1771 und 1788 wurde der nordöstliche bzw. der südwestliche Teil des Stadtkernes neu gebaut, so dass sich der spätmittelalterliche Bestand auf die Häuser zwischen Rathaus und ref. Kirche beschränkt. Die drei anspruchslosen Turm- und Toranlagen wurden 1830–40 abgetragen; die Stadtmauer ging schon im 16. Jh. in den Rückfronten der Häuser auf.

Oberkirchstr. **Paritätische Kirche St. Laurentius.** *Das hochgotische Chorfenster ist ein eindrucksvolles Zeugnis der Kunst aus dem Kreis konstanzisch-dominikanischer Mystik.* Die 889 genannte Friedhof- und Mutterkirche von Frauenfeld steht über den Fundamenten eines römischen Gutshofes. Der älteste Westbereich des 9.–10. Jh. wurde im 10.–11. Jh. um den breiteren Mittelbau und im 1. Viertel 14. Jh. um den heutigen Chor erweitert. Neuer Dachstuhl um 1660. Bau insgesamt stark erneuert 1930, rest. 1983–84. Die um 1320 entstandenen Glasmalereien des Ostfensters zeigen über dem Teppichornamentsockel eine um den hl. Laurentius bereicherte Verkündigung Mariens und eine Kreuzigung mit Maria und Johannes; im Masswerk Gottvater und Laubwerk. Die Bilder vereinen reine Gesinnung und tiefe Frömmigkeit mit knapper, schönliniger Formulierung. Im Fenstergewände gleichzeitige, jedoch stark ergänzte Fresken einer Verkündigung Mariä, an der südlichen Chorwand Steinigung des hl. Stephanus, 2. Hälfte 14. Jh. Sakramentshäuschen um 1500, Kassettendecke 1661, Kanzel um 1680, Taufstein 1681; Metzler-Orgel 1966. Vor der Kirche eine Galerie guter Epitaphe, darunter dasjenige Rudolfs v. Strass (gest. 1269). – **St. Annakapelle.** Erbaut 1696–98 wohl unter Mitwirkung von Kaspar Moosbrugger, Dachreiter 1911. Nach Moosbruggers Entwurf wohl auch der rote Stuckmarmoraltar von 1696. Das spätgotische, unter niederländ. Einfluss stehende Altarbild mit einer Marientod-Darstellung wird dem Konstanzer Hans Murer d. Ä. zugeschrieben und stammt gemäss Sockelinschrift aus Oberstammheim.

Bedeutendes Zeugnis gotischer Schmuckverglasung: das Kreuzigungsfenster in der paritätischen Kirche St. Laurentius in Frauenfeld, entstanden um 1320.

An den Wänden stuckgerahmte Szenen aus dem Marienleben, Ende 17. Jh. – **Friedhofhalle,** 1970–75 von Armin Possert; Glasfenster «Lebensbaum», 1987 von Andrea Nold. Nordseitig davor Bronzeplastik einer Frau mit Kugel, 1949 von Erwin Rehmann. – **Friedhof,** eröffnet 1971. Grossflächige Anlage von 400 × 150 m, gestaltet durch Peter Ammann. ■ *Klösterliweg.* **Ehem. Kapuzinerkloster,** gegründet 1595, aufgehoben 1848. Von der 1595–96 in Hast gebauten Anlage ist die von einem Dachreiter mit neuem Helm gekrönte, schlichte Kirche erhalten, in der Scheidewand von Altarhaus und Mönchschor noch die charakteristischen Porten und Chorläden. Auf den Blockaltären meist anlässlich der Rest. 1959–60 erworbene Barockplastik. Im Schiff Votivbild des Klosterstifters Hans Ulrich Locher 1629, ferner Kreuzweg-Sgraffito 1960 von Meinrad Schönenberger. Taufstein 1681 aus Oberkirch, von wo auch der 1637 gestiftete Rosenkranzaltar (Sakristei) stammt. Das 1643–45 durch Samuel v. Sissach neu errichtete Klostergeviert beherbergt heute die Pfarrwohnung. ■ *Zürcherstr.* **Kath. Kirche St. Nikolaus.** Neubau über eigens errichteter Stützmauer 1904–06 durch Albert Rimli in bezeichnender Mischung von Neubarock und Jugendstil. Arkaden über

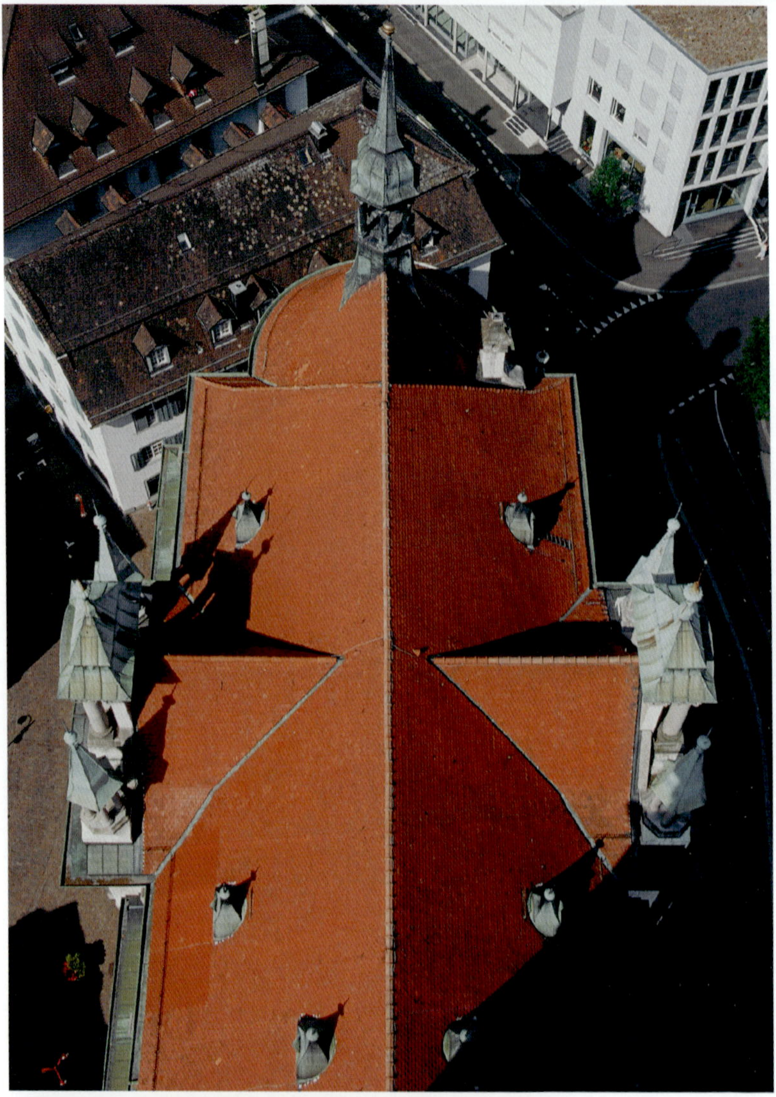

▲ Frauenfeld, kath. Kirche St. Nikolaus. Spektakulärer Blick vom Kirchturm auf die Dachlandschaft des Kirchenschiffes.

◀ Frauenfeld, kath. Kirche St. Nikolaus. Innenraum mit Orgelempore.

▶ Frauenfeld, ref. Stadtkirche. Ansicht vom Turm der kath. St. Nikolauskirche aus.

▲ Frauenfeld, ref. Stadtkirche. Schlafende Jünger im Garten Gethsemane. Ausschnitt aus dem Ostfenster von Augusto Giacometti, 1930.

gepaarten Schliffmarmorsäulen teilen im Schiff schmale und niedrigere Seitenkompartimente ab. Fünf Joche der stuckierten Tonne werden durch ein Querschiff unterbrochen; halbrund ausschwingendes Altarhaus. Stuck von Sauter & Schmid, Kanzel von Carl Glauner. Rest. 1965–69 unter Hermann Schmidt, gleichzeitig Altar-Wandbilder von Karl Manninger, Orgel von Metzler. Unter alten Ausstattungsstücken eine Muttergottes um 1500. ■ *Rheinstr.* **Ref. Kirche St. Johann.** Das heutige Gotteshaus, das 1915–16 von Brenner & Stutz in Anlehnung an die Baugesinnung des damaligen Heimatstiles errichtet wurde, steht über den Fundamenten eines romanischen Apsidensaales. Vom rechteckig erweiterten Altarhaus aus der Zeit um 1300 wurde der Südostwinkel in den Neubau einbezogen. Neben zwei romanischen Luziden und einem spätgotischen Masswerkfenster beachtliche Wandgemälde des frühen, weichen Stiles um 1400: in der oberen Reihe Passionsszenen, in der unteren Bilder mit dem Begräbnis Mariens und Heiligen. Taufstein von 1681; Glasmalerei von Ernst Linck und Otto Abrecht. ■ *Freie Str.* **Ref. Stadtkirche.** Vom Bau der Jahre 1664–65 erhalten der Frontturm, modernisiert anlässlich des Neubaues von Kirchenschiff und Kirchgemeindehaus durch Brenner & Stutz nach Plan von Hans Wiesmann 1927–29; Umgestaltung der Chorzone 2002. Glasfenster 1930 von Augusto Giacometti, Metzler-Orgel 1977. ■ *Gerlikonerstr.* **Bruder-Klaus-Kapelle.** Erbaut 1959 von Oskar Müller; Glasgemälde von Hans Stocker.

Profanbauten. *Bahnhofstr.* Nr. 32. **Schulhaus Ergaten.** Walmdachkomplex mit Arkadenvorhalle, erbaut 1920–21 von Albert Rimli und Hermann Scheibling. – Nr. 56. **Ehem. Verwaltungsgebäude des Elektrizitätswerks,** erstellt 1916 wohl durch Kaufmann & Freyenmuth. – Nr. 65. **«Haus Am Bahnhof»,** 1999–2000 von Antoniol & Huber. Platzbeherrschende Monu-

Frauenfeld, Franzosenweg 10. Wohnhaus im Stil des Neuen Bauens, 1931.

Frauenfeld, Im Wiesengrund 14. Skulpturengleicher Wohnbau von Peter Kunz, 2002.

mentalarchitektur mit Kopfausbildung. – Nr. 75. **Stationsgebäude** von Jakob Friedrich Wanner und August Beckh 1857–59; rest. 1997–99. – Bei Nr. 76a. **Casino.** Erbaut 1957–59 von Armin Possert und mit Treppenhausfresko ausgestattet durch Jacques Schedler. Renov. 2001. – Nr. 78. **Ehem. Kaserne.** Die winkelförmige Anlage mit grazilem Treppenhausrisalit erstellt 1863–64 nach Plan von Johann Joachim Brenner. – Bei Nr. 79. **Ehem. Geschützhalle und Schmiede.** Gestreckter Giebelbau mit Rundbogenarkaden, fertiggestellt um 1863, seit 1996 Parkhaus. ▪ *Balierestr.* Nr. 28. **Baliere.** Fachwerkbau mit Steinsockel und Krüppelwalmdach, erbaut 1557 als Wohnhaus des Plattners Hans Hofmann aus Nürnberg; rest. 1992–94. Harnische und Schwerter von Hans Hofmann und seinem Sohn Lorenz im Historischen Museum Frauenfeld und im Schweiz. Landesmuseum. ▪ *Bankplatz.* Nrn. 1–3. **Krone und Palme.** Erbaut nach 1771 unter einheitlichem Mansarddach, Änderungen 1791–92 durch Joseph Purtscher, Umbauten 1894 und 1969–71. Mittelportal des Hauses Nr. 3 mit erneuerten Rokokokartuschen. – Nr. 5. **Bernerhaus (Gedult).** Als Logement der Berner Tagsatzungsgesandten nach 1771 erstellt, ausgestaltet nach Vorschlägen von Johann Bernhard v. Sinner; rest. 1965 und 1997. An der mehrfach gebrochenen Strassenfront das getreu kopierte, pilastergerahmte Sandsteinportal mit Rokoko-Schriftkartusche. ▪ *Bannhaldenstr.* Nr. 54. **Einfamilienhaus,** erbaut 1963 von Susi Müller-Gehrig. ▪ *Broteggstr.* Nr. 14. Backsteinbau 1904 unter steilem, von reicher Sprengwerkzier begleitetem Giebeldach. ▪ *Franzosenweg.* Nr. 10. Bedeutender Vertreter des Neuen Bauens, erstellt 1931 von Debrunner & Blankart als Wohnhaus für Walter Tuchschmid, den Mitinhaber der gleichnamigen Stahlbaufirma; rest. 1999. Zahlreiche Ausstattungsdetails in Aluminium. ▪ *Freie Str.* Nr. 4. **Licht,** erbaut 1598. Durch Kuppel- und Staffelfenster gegliederte spätgotische Fassade; Portal und EG-Fenster anlässlich Rest. 1969–70 rekonstruiert. Im 1. OG Fenstersäule mit Wappen. – Nrn. 6–8. **Schwert.** Das ehem., 1630–32 mit Treppengiebeln errichtete Gasthaus beherbergte bis 1790 die Zürcher Gesandten. 1912 völlige, an Barockes anklingende Umgestaltung der Fassaden durch Brenner & Stutz im Sinne des Heimatstiles. Rest. 1971. – Nr. 16, erbaut 1792 als evang. Lateinschule. – Nr. 24. **Luzernerhaus.** Nach 1771 als Sitz der Luzerner Gesandten erstellter, von Lisenen gerahmter Mansardbau. In der Mittelachse ein schlichtes Rokokoportal, im

Zwerchgiebel das Kantonswappen. – Nr. 26. **Ehem. Kantonalgefängnis.** Die 1771 errichtete Seidenweberei Neuweiler umgebaut 1831 durch Johann Nepomuk Keller; seit 1996 Museum. – Nr. 28. **«Gachnanger Stock»,** neu erbaut 1771 über alten Fundamenten. Rückwärtige Heimatstilfassade 1916 von Albert Rimli. ■ *Gaswerkstr.* Nr. 13. **Gaswerk.** 1878 in Anlehnung an traditionelle Bauformen erstellter Backsteinbau von Ulrich Freyenmuth; Ofenhaus und Kohlenschopf um 1923 von Brenner & Stutz. Rest. und mit Ergänzungsbauten versehen 1985–87. ■ *Gerlikonerstr.* Nr. 35. **Junkholz.** 1792–94 von Joseph Purtscher erbauter Sitz für Landschreiber Joseph Reding v. Biberegg. Lokales Vorbild für Bauten des Neuklassizismus. ■ *Heimstr.* Nrn. 9–23. Kolonie gefälliger Doppel-Einfamilienhäuser, erstellt 1912 durch Kaufmann & Freyenmuth für die Eisenbahner-Baugenossenschaft. ■ *Im Wiesengrund.* Nr. 14. **Einfamilienhaus,** errichtet 2002 von Peter Kunz. Raffiniert befensterter Flachdachbau aus versetzt angeordneten Sichtbetonkörpern; Innenhof. ■ *Industriestr.* Nrn. 21–23. **Eisenwerk** (→ Abb. S. 123). Fabrikarchitektur am Übergang zwischen herkömmlichem Bauen mit Backstein und Mörtel und seriellem Industriebau mit vorgefertigten Elementen. Hervorgegangen aus dem Eisenwaren-Presswerk der Firma Martini beschäftigte der Betrieb um 1920 bis zu 160 Arbeitskräfte; Einstellung der Produktion 1983. Der weitläufige Fabrikkomplex am Murgkanal (um 1968 zugeschüttet) gebaut 1909 von Brenner & Stutz. Vielfältige, über Eisenskeletten errichtete Dachkonstruktionen; Sichtbacksteinhüllen. Seit der Rest. 1985–87 beherbergt die Anlage eine Vielzahl unterschiedlichster Nutzungsbereiche (Wohnen, Arbeiten, Freizeit, Kultur). ■ *Kirchgasse.* Bei Nr. 1. **Figurenbrunnen** von Walter Knecht. ■ *Kurzenerchingerstr.* Nrn. 8/11. **Berufs- und Berufsmittelschule.** Altbau (Nr. 11) 1948 von Jean Kräher; Plattenmosaik von Carl Roesch, Wandmalerei von Emil Josef Mehr. Neubau (Nr. 8) 1971–74 von Antoniol & Huber. ■ *Laubgasse.* Nr. 7. **Schwalbe,** erbaut 1904–05 von Heinrich Büchi. Markanter Eckerker unter Spitzhelm; Portal und Einfriedung in floralem Jugendstil. – Nr. 31. **Ehem. Patent-Geschäftsbücherfabrik Baumer,** 1907–08 von Albert Rimli. Kopfbau in ausgesuchten Jugendstilformen; der einstöckige Fabriktrakt verlängert und mit Wohnhausaufbau versehen 1923 durch Brenner & Stutz, aufgestockt 1930. – Nr. 36. **Rosenburg.** Heimatstilarchitektur mit Fachwerkzier, erstellt 1905–06 von Brenner & Stutz. ■ *Marktstr.* Nr. 14. **Oberstufenzentrum Reutenen.** Erbaut 1957–58; künstlerische Akzente von Max Hunziker, Max Gubler, Karl Geiser, Werner Eberli und Andrea Nold. ■ *Neuhauserstr.* Nrn. 34–34b. **Reihen-Einfamilienhäuser,** erstellt 1998 durch Antoniol & Huber. Schlichter, strassenwärts praktisch fensterloser Gebäuderiegel mit drei Wohneinheiten. ■ *Oberkirchstr.* Nr. 2a. **Guggenhürli,** erbaut um 1720, erweitert 1791. Landsitz des bedeutenden Politikers Minister Johann Conrad Kern (1808–1888). Reizvoller Riegelbau mit Ausgucktürmchen; rest. 1966–67. – Nr. 10. **Schulhaus** 1908–09 von Albert Rimli. – Nrn. 50–52. Der geriegelte und mit Fensterwagen ausgezeichnete Kernbau des 17. Jh. im

Frauenfeld, Guggenhürli. Turmzimmer und Lage verhalfen dem zierlichen Landsitz zu seinem Namen: Gugge = Ausguck, Hüreli = kleiner Hügel.

19. Jh. um einen querbündigen Westtrakt erweitert; rest. 1979–80. – Nr. 56. **Ehem. Mesmerhaus.** Riegelbau mit vorkragendem OG, 16.–17. Jh. Renov. 1780 und 1968. ■ *Promenadenstr.* Nr. 8. **Kant. Verwaltungsgebäude.** Grosser verglaster Baukubus 1966–68 von Bruno Haldemann und Ernst Müller; Plastik von Fredi Thalmann. – Nrn. 12/14. **Alte Kantonsschule.** Das Vorderhaus (Nr. 12) der um einen Hof gelagerten Baugruppe erstellt 1847 bis 1851 nach Plan von Johann Joachim Brenner; Ausbau 1857–58, seit 1912 Kantonsbibliothek. Turnhalle (Nr. 14), Holzbau von 1865. Nach Brenners Projekt auch das 1865–66 erbaute und mit Seitenrisaliten ausgezeichnete Hinterhaus (Nr. 12a, heute Obergericht), das 1885 aufgestockt wurde. **Botanischer Garten**, rest. und ergänzt 2002–03. – Nr. 16. **Verlagsgebäude Huber & Co.** Der 1836–39 als Buchdruckerei für Zeitungsverleger Christian Beyel erstellte Mitteltrakt erhielt nach dem Vorbild der benachbarten Kantonsschule (Nr. 12) 1867–70 den nördlichen, 1876–80 den südlichen Risalit mit repräsentativer Giebelfront angefügt. Rest. 1998–2000. ■ *Rathausplatz.* Bei Nr. 1. **Sämannsbrunnen** 1931 von Otto Heinrich Schilt. – Nr. 2. **Schloss.** Bergfried um 1230–40 mit knapp 3 m starkem Findlingsmauerwerk, das innen mit Werksteinen ausgefüttert und bis 10,5 m Höhe weder durch Türen noch durch Fenster geöffnet ist. Murgseitig angefügt der nur wenig jüngere Palas. Über den Mauern eines gleichzeitigen Nordzwingers erhoben sich in mehreren Bauetappen des 14. und 15. Jh. Wohnbauten, die gegen 1500 in Form eines überkragenden Obergadens auch den Palas mit einschlossen. Umbauten 1534–38 durch die Eidgenossen. – In der Schreiberstube auf die Wände gemalte Ranken, frühes 16. Jh. Im Gerichts-

▲▶ Frauenfeld, Schloss. Gesamtansicht, oben Bergfried von 1230–40.

▼ Frauenfeld, Schloss. Interieur von 1755 aus dem Haus zum Löwen, Diessenhofen; ganz unten Tänikoner Zimmer von 1569.

Verschachtelter Gebäudekomplex hinter straff organisierter Fassade: das Frauenfelder Rathaus, vollendet 1794.

saal dekorative und heraldische Wandmalereien: Wappen Holzhalb-Krieg v. Bellikon 1548 von Hans Asper; allegorische Figuren und Porträts Niklaus v. Flüe und Bruder Conrad Scheuber, datiert 1569, 1621 und 1626; Wappenfries der Landvögte des 17.–18. Jh. Ostflügel angebaut 1833 durch Kantonsbaumeister David Müller. 1867–1955 Privatbesitz. Rest. 1959–60 durch Walter Burger, seither Historisches Museum des Kantons Thurgau. – Nr. 4. **Rathaus.** Klassizistischer siebenachsiger Bau, errichtet 1790–94 von Joseph Purtscher unter Einbezug bestehender Mauerkerne von 1667–69 (Vorderer Strasshof). Neues, stuckiertes Treppenhaus 1896–98, Umbau und Erhöhung des Grossen Bürgersaales 1899. Hintergebäude mit Turm 1905–07 von Otto Meyer. Rest. 1980–83. Rhythmische Abfolge dreier Zugänge zur offenen EG-Halle. In der durch gequaderte Pilaster hervorgehobenen Mitte der balkonüberfangene Portikus; am Frontispiz die personifizierten Darstellungen von Gerechtigkeit und Weisheit 1793 von Johannes Wirtensohn. Im Grossen Bürgersaal zwei Steckborner Öfen von Hans Jakob II. und Daniel VI. Meyer, 1793; Glasgemälde 1888 von Friedrich Berbig. Aus der ref. Stadtkirche in den Turm versetzte Glocke 1647 von Peter VIII. Füssli. – Nrn. 6–8. **Ehem. Gasthäuser Sonne und Gambrinus.** Erbaut um 1555, rest. 1980–83. Durch Lichthöfe erzielte Teilung in Vorder- und Hinterhäuser. Das Hinterhaus der Sonne birgt Teile des Vorgängerbaues des 13.–14. Jh. (Hinterer Strasshof) sowie eine polychrome Stuckdecke von 1726, das platzseitige Gebäude Wandmalereien aus der Zeit um 1600; Teile der Ausstattung aus dem 17. Jh. gelangten ins Historische Museum. Haus Gambrinus (Nr. 8) mit

▲▲ Frauenfeld, Rathaus. Der Bürgersaal von 1793 wurde 1899 erhöht und mit einer Galerie versehen.

▲ Frauenfeld, Rathaus. Steinrelief mit dem Frauenfelder Stadtwappen, datiert 1512.

◀ Hintergebäude mit Turm von 1905–07.

dekorativ bemalter Hauptfassade; an der Ostflanke Fresko «Stadtwächter» 1982 von Jacques Schedler. ■ *Rheinstr.* Nr. 1. **Post,** erbaut 1897–98 nach Plan von Theodor Gohl; Aussenrest. 1979–80, gleichzeitig Modernisierung des Innern. Opulente historistische Palastarchitektur, deren ungleich lange Flügel durch einen markanten überkuppelten Eckpavillon verbunden sind; repräsentatives Treppenhaus. – Nr. 10. **Gutenberg.** Backsteinbau mit Erkertürmchen, erbaut 1903 wahrscheinlich nach Projekt von Albert Rimli. – Nr. 12. **Kino PAX,** ehem. Scala. Neubau 1929 von Brenner & Stutz. Originalausstattung. – Nr. 17. **Kantonalbank.** Wuchtiger symmetrischer Bau mit Säulenportikus und reliefierten Kopfporträts, erstellt 1921–24 von Ernst Friedrich Roseng; Renov. und Erweiterung der Schalterhalle 1986. – Nr. 23.

Frauenfeld, Post. Historistische Repräsentativarchitektur als Ausdruck von Bundesidee und Bundesmacht, gleichzeitig bedeutendes Scharnier an der Strassengabelung Rhein-/ Zürcherstrasse.

Glashalle, 1904 von Albert Rimli; rest. 1988. Fassadenschmuck in neubarockem Jugendstil. – Nr. 32. **Schulhaus Kurzdorf**. Erbaut 1870 durch Johann Joachim Brenner. Risalitfassade mit Uhrenschild. ■ *Ringstr.* Nr. 10. **Kantonsschule**. Neubau 1908–11 nach modifiziertem Projekt von Brenner & Stutz. Wuchtiger viergeschossiger Mansardbau, dessen markante Schweifgiebel in Anlehnung an das ehem. Gasthaus Hirschen (Zürcherstr. 179) entstanden sind. Bildnisreliefs der Vorhalle von Otto Heinrich Schilt, Wandbilder von Carl Roesch und Max Gubler. Ergänzungsbau (Speicherstr. 10) 1990–94 von Gerber & Hungerbühler. Turnhalle (Sternwartestr.), erstellt 1968–70, zur Dreifachhalle erweitert 2002–03 durch Stutz & Bolt. – Nr. 16. **Sonnenberg.** Villa 1901 von Otto Meyer. Fassadenfries und Treppenhausfenster in Jugendstilformen; gehaltvolle historistische Ausstattung (Stuck und Schmiedeeisen). – Nr. 19. **Felsenau,** 1903–04 von Albert Brenner. Jugendstilgitter. ■ *Rüegerholzstr.* Nrn. 10/12. Formal verwandte Villenbauten mit Jugend- und Heimatstilelementen, erstellt 1906–07 von Brenner & Stutz. ■ *St. Gallerstr.* Nr. 25. **Froschheim**. 1884–85 im toskanischen Stil errichtete Villa. Im zart auf die Fassaden gemalten Rankenwerk ein heiter-origineller Reigen musizierender Putten und Frösche nebst Komponistenporträts. Qualitätvolle Ausstattung der Bauzeit. Rest. 1991–92. – Nr. 30. **Friedau**. 1884–85 von Johann Joachim Brenner erbaute Villa. ■ *St. Johannstr.* Nr. 17. **Pfarrhaus** von 1618–19. ■ *Schaffhauserstr.* Nr. 228. **Schulhaus** 1926 von Brenner & Stutz.

Frauenfeld, Kantonsschule. Teilaussenansicht, überwölbter Korridor und Eingangspartie mit den Bildnisreliefs «Minister Dr. J. C. Kern» und «Pfarrer T. Bornhauser».

Walmdachbau mit Uhrtürmchen. ▪ *Schlossmühlestr.* Nr. 26. **Hallen- und Freibad.** Erbaut 1971–74 von Bruno Gerosa, saniert 1998–99. ▪ *Schmidgasse.* Nr. 19. **Küblerhaus.** Fachwerkbau des 16.–17. Jh. mit altertümlichen Konstruktionsmerkmalen. – Nr. 29. **Ehem. Mühle,** bezeugt 1349, Neubau um 1630. Nr. 31 das zugehörige Waschhaus, ein Riegelbau des 18. Jh. ▪ *Schulstr.* Nr. 1. **Spanner-Schulhaus,** erstellt 1879 vom Londonzürcher und Erbauer des Zürcher Hirschengraben-Schulhauses, Alexander Koch. Die backsteinverblendete Südostfassade vom Stil der engl. Neugotik geprägt. – Nr. 4. **Rotes Haus.** Walmdachblock über Rustikasockel, erbaut im Landhausstil 1906 bis 1907 von Otto Meyer; renov. 2002. ▪ *Spannerstr.* Nr. 6. **Kindergarten.** Erbaut 1888–89 durch Otto Meyer. Eigenwilliger, oktogonaler Hallenbau mit fla-

Frauenfeld, Villa Froschheim. Die «musikalisch» belebten Fassaden erinnern an den Bauherrn des Hauses, Musiklehrer Emil Keller.

Frauenfeld, Spanner-Schulhaus. Dicht und grossflächig befensterte Backsteinfassade gegen den Pausenhof.

chem, strassenwärts als Loggia ausgebildetem Annex. – Nr. 24. **Lindenegg.** Villa von 1896–97. ▪ *Speicherstr.* Nrn. 14–16. **Wohnsiedlung «im Algisser».** Einfache Zeilenbauten, in Sichtbeton erstellt 1999–2001 von Antoniol & Huber. ▪ *Stammeraustr.* Nr. 9. Klassizistische Villa 1899–1900 mit qualitätvollem Fassadenschmuck. ▪ *Thundorferstr.* Nr. 48. **Einfamilienhaus** im Bauhausstil, 1936 von Friedrich Traub. – Nr. 152. **Primarschule Huben.** Neubau 1968 von Kräher Jenni + Partner AG. ▪ *Thurstr.* Nr. 23. **Oberstufenzentrum Auen** (→ Abb. S. 31). Erbaut 1967–68 von Barth & Zaugg. Die mittels Stahl und Glas auf hohe Transparenz bedachte Baugruppe erweitert 1991–92. Dickglasmosaike 1987 von Andrea Nold; im Pausenhof Plastik «PARA» 1995 von Stefan Kreier. ▪ *Waffenplatzstr.* **Waffenplatz** im Auenfeld. Ausbau in Etappen 1986–99 durch Antoniol & Huber. ▪ *Walzmühlestr.* Nr. 51. **Ehem. Walzmühle** (→ Abb. S. 121). Bedeutendster früher Industriekomplex der Stadt, erbaut 1832 im Auftrag der Walzmühlegesellschaft. Das herrschaftliche fünfgeschossige Mühlegebäude mit zwei durch Quertrakte verbundenen Flankenbauten 1916 vom Aluminiumfabrikanten Ferdinand Sigg übernommen; seit den 1990er-Jahren multifunktional genutzt. ▪ *Weststr.*

Industriepfad Frauenfeld

In Erinnerung an die Anfänge der Industrie und der Pioniere, die den Grundstein für die industrielle Entwicklung der Thurgauer Kantonshauptstadt gelegt haben, schuf der Industrie-Verein der Region Frauenfeld im Jahr 1995 einen Industriepfad. Von der Aumühle am Südrande Frauenfelds und vorbei an der → *Walzmühle* durchquert der Pfad die Stadt, macht unter anderem Halt bei der → *Baliere*, beim → *Eisenwerk*, bei → *Huber & Co. AG*, und endet auf den Arealen zweier Grossunternehmen, der Schweiz. Schmirgel- und Schleifindustrie (SIA) und der Hero Frauenfeld. Alle 16 Stationen sind mit Orientierungstafeln ausgestattet.

Thurbrücke bei Rohr, 1919–20 von Julius Baumgartner; Schriftzug nach Entwurf von Peter Hotz, um 1984. ▪ *Zürcherstr.* Nrn. 66–74. 1935–38 von Paul Schuhmacher am neu geschaffenen «Stadteingang» erstellter Wohnblock in den Formen des Neuen Bauens. – Nr. 105. Backsteinvilla mit Rahmenschmuck aus Granit, errichtet 1897 durch Otto Meyer. Treppenhausfenster von Karl Wehrli, Jugendstiltüre 1905 von Jakob Lieberherr; Aussenrest. 1998. – Nrn. 125/127. **Ehem. Trotte und Scheune.** Platzbeherrschende Steinbauten mit Fachwerkeinsätzen, die Trotte datiert 1734, die Scheune erbaut vor 1780. Umbau 1980–81. – Nr. 134. **Gasthaus Goldenes (ehem. Weisses) Kreuz,** Station auf Goethes Schweizer Reise. Zum 1710 datierten Giebelhaus gesellte sich um 1780 ein dreiachsiger Kopfbau unter Schopfwalmdach; rest. 1977–78. Stuckdecken der Bauzeit mit Jahreszeitmotiven, bemalte Wandtäfer. – Nr. 143. **Ladenlokal.** Transportable hölzerne Kleinbaute von hohem typologischem Wert, in Jugendstilformen erstellt 1904 durch Albert Rimli. – Nr. 153. **Ehem. Walzmühlekontor,** heute Rathaus-Apotheke. Erbaut 1789–90 durch Johann Haggenmüller aus Bregenz. 1809–13 Sitz des berühmten Arztes Franz Anton Mesmer, der den Magnetismus in die Heilkunde einführte. Die EG-Zone des klassizistischen Gebäudes durch eine breite Mittelarkade und zwei Seitenbögen geöffnet. Innenumbau 1940. – Nr. 175. **Rüpplinsche Kaplanei.** Im Gassenverband freigestelltes, gut proportioniertes Haus, nach 1771 von Peter Bein errichtet; Sanierung 1985–86. Barockgarten mit Pavillons. – Nr. 177. **Zürcherhaus.** Der nach 1771 erstellte Sitz der Zürcher Tagsatzungsgesandten im EG eingreifend modernisiert. – Nr. 179. **Ehem. Gasthaus Hirschen.** Erbaut 1771 wahrscheinlich durch Hans Ulrich Haltiner; rest. 1994–95. Einst Logement der Glarner, St.-Galler und Schaffhauser Gesandten. Einziges Haus mit strassenseitigem Giebel, der in doppelter Schweifung den mansardenhaft gebrochenen Dachstuhl auffängt. Lokales Vorbild für Bauten des Heimatstiles (z. B. Ringstr. 10, Zürcherstr. 237). – Nr. 180. **Alte Landeskanzlei.** Erbaut 1771 unter Reding v. Biberegg. 1807–67 Sitz der Regierung. Rest. 1972. Mansardbau im Rokoko- und Louis-XVI-Stil. Betonung der strassenseitigen

Frauenfeld, Alte Landeskanzlei. Segmentgiebel gegen den Bankplatz mit einem von Kriegsemblemen gerahmten und durch Putten gehaltenen Wappenstück. Das ursprüngliche Reding-Wappen wurde nach Erhebung des Gebäudes zum Regierungssitz 1807 durch den 1803 geschaffenen Standesschild mit den Thurgauer Löwen ersetzt.

▲ Frauenfeld, Regierungsgebäude. Städtebaulicher Akzent, der sich riegelartig vor die nordöstliche Schmalseite des inneren Stadtkörpers schiebt. Die beiden symmetrisch vor die Portalfront gepflanzten Mammutbäume wurden nach Frostschaden 1929 entfernt.

◀ Frauenfeld, Regierungsgebäude. Für den 1960 gestifteten Standesscheibenzyklus im Treppenhaus lieferten verschiedene namhafte Künstler die Entwürfe: Helmut Ammann (SH), Anton Blöchlinger (AR), Bodjol (GE), Giuseppe Bolzani (TI), Alfred Broger (AI), Max Brunner (SO), Alois Carigiet (GR, SZ, UR), Georges Froidevaux (NE), Josef Gautschi (VS), Eugen Halter (BE), Felix Hoffmann (AG), Max Hunziker (GL, ZH), José de Nève (NW, OW), Edy Renggli (LU), François Ribas (VD), Otto Staiger (BS), Verena Stöcklin (BL), August Wanner (SG, ZG) und Yoki (FR).

Mittelachsen und der Ecken durch Lisenen, Segmentgiebel mit (nachskulptierten) Wappenstücken; Scheitelsteinköpfe kopiert. – Nr. 188. **Regierungsgebäude,** 1866–68 im nachsemperschen Klassizismus durch Johann Joachim Brenner erstellt und 1935–36 durch Albert Brenner nach Nordosten erweitert. Im Treppenhaus Wappenscheibenzyklus von 21 Kantonen, gestiftet 1960. – Nrn. 192–194. **Wohn- und Geschäftshaus,** erbaut 1999 bis 2000 von Arnold Amsler. – Nr. 221. **Kant. Zeughaus.** Dreiteilige, um einen Hof gruppierte Anlage: der Südwesttrakt neu erbaut, der Nordosttrakt (Alte Farb, Zeughausstr. 1) zur Kaserne umgestaltet 1819–20 durch Johannes Sulzberger. Winkelförmiger Verbindungsbau von Brenner & Stutz 1913 bis 1914. – Bei Nr. 221. **Soldatendenkmal** 1920–21 von Otto Heinrich Schilt. – Nrn. 237–239. **Consumhof.** Einstiger Repräsentativsitz des Konsumvereins, errichtet 1906–09 von Brenner & Stutz in neubarockem Jugendstil. Fassadenreliefs, u. a. allegorische Darstellung der fünf Erdteile. – Nr. 325. **Kantonalgefängnis,** erbaut 1989–92 von Stutz & Bolt.

Museen. Historisches Museum des Kantons Thurgau, Rathausplatz 2. – Naturmuseum und Museum für Archäologie, Freie Str. 26.

Gerlikon. **Ref. Kapelle St. Georg.** Das spätromanische Schiff des 13. Jh. mit hoch liegenden Rundbogenfensterchen steht in gleicher Mauerflucht wie der unausgeschiedene hochgotische Querrechteckchor; rest. 1947–48. In der Stirnwand Lanzett-, an der Südflanke spätgotisches Masswerkfenster. Felderdecke datiert 1755. An der Nordwand Spuren von Fresken aus der Zeit um 1300: Christus und Heilige, oben Ornamentbordüre. An der Chorabschlusswand ein achtteiliger Passionszyklus des späten 15. Jh., in der Leibung Vesperbild und St. Michael. Grisaillescheibe 1960 von Max Hunziker, Felsberg-Orgel 1987.

Profanbauten. *Frauenfelderstr.* Nr. 31. Wohnhaus des Bauerndichters Alfred Huggenberger (1867–1960), erbaut in Heimatstilformen 1907–08.

◀ Gerlikon, ref. Kirche St. Georg. Ansicht von Südwesten.

▲ Gerlikon, ref. Kirche St. Georg. Ausschnitt aus dem Passionszyklus des späten 15. Jh. im Chor: Christus vor Pilatus, Kreuztragung, Grablegung und Auferstehung.

Gachnang

Gachnang. *Strehlgasse.* **Ref. Kirche.** Chor und Turm neu erbaut 1493–95; anstelle einer eingestürzten romanischen Pfeilerbasilika trat 1747–49 ein fast quadratisches Schiff; Vorbau und Aussenrenov. 1957–58, rest. innen 1972–74 durch Ernst Oberhänsli, aussen 1999 durch Armin Schmid. Chorpolygon mit Masswerkfenstern und Aussenstreben; Sterngewölbe auf teilweise figurierten Konsolen. An der nördlichen Chorflanke der Käsbissenturm mit spitzbogigen Giebelblenden, in der zum Chor hin durch ein spätgotisches Spitzbogenportal geöffneten Turmsakristei ein Sterngewölbe mit Christuskopf am Schlussstein. Ausstattung: Zwei Wappen- und Bildscheiben des Reichenauer Abtes Martin v. Weissenberg 1495, Kanzel 1749 mit Teilen von 1642, Taufstein aus Frauenfeld 1645, Gerichtsherrenstühle von 1636 und 1645, Beroldinger Wappenscheibe, 17. Jh., Buntscheiben 1960 von Max Hunziker und Karl Ganz; Felsberg-Orgel 1976. An der südlichen Chorflanke Grab des Bauerndichters Alfred Huggenberger (1867–1960). ■ *Islikonerstr.* **Kath. Kirche,** erbaut 1952 von Adolf und Paul Gaudy.

Profanbauten. *Im Dorf.* Nr. 1. **Ehem. Trotte.** Neubau angeblich 1676, rest. 1983. Originelle Rahmenbemalung der mit Kielbogenfasen ausgezeichneten Fenstern. – Nr. 16. **Ehem. kath. Pfarrhaus,** erbaut 1748. ■ *Islikonerstr.* Nr. 9. **Schloss.** Viergeschossiger Baublock unter mächtigem Mansarddach, 1767 als einsiedlische Expositur neu gebaut von Kaspar Braun. Betonung der Mittelachse durch Lisenen, Freitreppe und stilvolles Portal, Wappensupraporte von Johann Baptist Babel. Inneres zum Teil erneuert. Gutes Treppenhaus; zwei blau bemalte Turmöfen aus der Werkstatt der Steckborner Daniel VI. und Hans Heinrich II. Meyer, um 1767. – **Schlosskapelle St. Sebastian.** Erbaut 1605, erweitert unter dem Einsiedler Abt Coelestin Müller 1840; renov. 1922–23 und 1966. Gedrungener, flau dreiseitig geschlossener Bau, Chorflankenturm mit achtseitigem Aufsatz und Helmhaube. Im Altarhaus ein gotisierendes Fächergewölbe mit Stuckschmuck aus eingeblendetem Masswerk. Taufstein mit Doppelwappen Beroldingen-Heidenheim 1605. ■ *Strehlgasse.* Nr. 6. **Ref. Pfarrhaus.** Erbaut 1836 durch Kantonsbaumeister David Müller; prägende Renov. 1985. ■ Südlich auf Anhöhe: **Wasserreservoir.** Betonbau 1895 nach Plan von C. Weissmann, Winterthur.

Islikon. Im frühen 19. Jh. zum Industrieflecken gewandeltes Bauerndorf mit Fabrikations- und Fabrikantenbauten des Empire und Biedermeier.

Gachnangerstr. Bei Nr. 5. **Ehem. Trotte,** vor 1850 von der Greuterschen Manufaktur zu Brennerei und Chlorhaus umgenutzt. ■ *Hauptstr.* Nr. 15. **Greuterhof** (→ Abb. S. 120). *Eine der ersten «Fabriken» in der Schweiz.* Stoffdruckerei und -färberei, gegründet 1777 durch Bernhard Greuter, der zuvor im benachbarten Kefikon (Dorfstr. 24) gewirkt hatte. Heutige Gestalt der aus mehreren Einzelbauten zum Gebäudegeviert zusammengewachsenen Anlage mit Glockentürmchen spätestens 1825; 1880 Betriebsstilllegung, ab 1982 umfassende Rest. und Umgestaltung durch die «Stiftung Bernhard Greuter für Berufsinformation». Im Innern Kreuzgewölbe und grazile Empirestuckaturen. – Bei Nr. 15. **Greuterhof-Scheune.** Walmdachbau von imposanter

Gachnang, ref. Kirche. Links Ansicht von Süden, rechts Glasgemälde von Max Hunziker (Ausschnitt).

Grösse; Dachstuhl mit Hängewerk, um 1810. Renov. ab 2002. ▪ *Kefikonerstr.* Nr. 15. **Schulhaus.** Erbaut 1908 durch Albert Rimli. – Nr. 21. **Schlössli.** Lang gestreckter Biedermeierbau von 1842. ▪ *Schulweg.* Bei Nr. 8. **Ehem. Farbenmagazin** der Greuterschen Manufaktur, mehrfach umgestaltet. ▪ *Trottenstr.* Nr. 8. **Altes Schulhaus,** errichtet mit offenem Glockenträger 1819.

Museen. Telefonmuseum und Museum der Greuterschen Manufaktur, beide im Greuterhof, Hauptstr. 15.

Kefikon. *Dorfstr.* Nrn. 15–17. **Blume und Frieden.** Lang gestreckter Walmdachbau, errichtet 1797 für das Winterthurer Handelshaus Haggenmacher und den ortsansässigen Fabrikanten und Wirt Caspar Hofmann. Ursprünglich Kattundruckerei, ab 1811 Spinnerei; Aussenrest. 1982–83. – Nr. 19. **Türmlihus.** Ehem. Trocknungsturm der benachbarten Kattundruckerei, 1797; renov. 1982. – Nr. 29. **Schloss,** ursprünglich Wasserburg. Der Bergfried des 13. Jh. war schon im 16.–17. Jh. durch Wohngebäude ummantelt. Weitere Zu- und Umbauten hauptsächlich 1741 und nach Brand 1929 (neuer Staffelgiebel). Prachtvolle Portalgitter des 18. und 19. Jh., Brunnen 2. Hälfte 18. Jh. Um 1741 das Escherzimmer mit gemalten Landschafts-Gobelinimitationen, ferner ein Bilderzimmer mit Ölpanneaux; rest. 1987–98. Weisse und bemalte Öfen, u. a. von Rudolf Kuhn in Rieden.

Gachnang. Schloss von Norden mit Kapelle.

Kefikon, Schloss.

Industriebauten im Thurgau

Die Schaffung eines einheitlichen Wirtschaftsraumes seit 1848 und die Entstehung von Bahnverbindungen in der zweiten Hälfte des 19. Jh. legten den Grundstein zur industriellen Produktionsweise in der Schweiz. Am nachhaltigsten von diesem Aufschwung erfasst wurde im Thurgau die Textilindustrie, die im Bereich der Leinwandherstellung gleichzeitig die älteste Exportindustrie des Kantons verkörpert. Ihren Auftrieb verdankt sie in erster Linie den für die Energiegewinnung günstigen topografischen Gegebenheiten – den Gletscher- und Flusslandschaften von Thur, Sitter und Murg – und den billigen Arbeitskräften vom Land. Bis Ende des 19. Jh. blieb die Textilindustrie die beherrschende Branche im Kanton; 1882 beschäftigte sie 79,3 % aller Farbrikarbeitnehmer, 1965 waren es nur noch 33,4 % und 1998 mit 1249 Beschäftigten gerade noch 1,67 %.
Eine eigenständige Fabrikarchitektur gab es bis zur Mitte des 19. Jh. nicht. Die fabrikähnlich organisierten Vorläuferbetriebe des 18. und frühen 19. Jh. griffen in der Regel nach bestehenden Architekturformen und übertrugen sie auf ihr Bauvorhaben. In der → *Greuterschen Manufaktur in Islikon* kommt dieses Verfahren deutlich zum Ausdruck: Mit seinen vier um einen zentralen Innenhof zusammengeschlossenen Flügeln erinnert der Baukomplex eher an eine klösterliche Anlage als an ein Fabrikgebäude. Ähnlich die 1832 entstandene → *Walzmühle in Frauenfeld*, die mit ihren Mittel- und den flankierenden Eckpavillons vieles gemeinsam hat mit den herrschaftlichen Landsitzen jener Zeit (z.B. → *Wolfsberg Ermatingen, Neues Schloss*). Fabrikarchitektur im eigentlichen Sinne tritt erstmals 1825–27 mit der → *Baum-*

Vor- und frühindustrielle Architektursprache: Der Vierflügelbau des Greuterhofs in Islikon, der sich an den Klosteranlagen früherer Jahrhunderte orientiert. Ansicht von Hauptfront, Innenhof und baldachinbeschirmter Fabrikuhr.

Vor- und frühindustrielle Architektursprache: die Walzmühle in Frauenfeld – nach dem Vorbild feudaler Landsitze ins Leben gerufener Baukomplex von 1832.

wollspinnerei Ziegler & Goldschmid in Aadorf in Erscheinung – als nüchterner, mehrstöckiger Kolossalbau mit einer Vielzahl monoton gereihter Fenster. Nach demselben architektonischen Schema gebaut und weit ursprünglicher erhalten ist die *→ ehem. Jacquardweberei in Bischofszell* von 1864–65. Das markante Hauptgebäude mit seinen unverputzten Nagelfluh-Fassaden ist durch 14×4 Fensterachsen ausgezeichnet, in seinem Innern fanden 350 Jacquard-Webmaschinen Platz.
Die Ansiedlung grosser Industriebetriebe erfolgte oft am Rande oder ausserhalb von Städten und Dörfern (vgl. z. B. die ehem. Webereien in Bischofszell,

Eigenständiger Fabrikstil der 2. Hälfte 19. Jh.: das 1864–65 errichtete Hauptgebäude der ehem. Jacquard-Weberei Niederer und späteren Papierfabrik Laager in Bischofszell.

Typische Kleinfabrik um 1900 mit villenartigem Hauptgebäude und langgestreckten Fabriktrakten: die ehem. Stickerei Altwegg in Sulgen.

Matzingen, Müllheim und Weinfelden), was bei den Fabrikarbeitern zu einer einschneidenden Trennung von Wohn- und Arbeitsplatz führte.
Dieser für die industrielle Produktion hinderlichen Situation begegnete man mancherorts mit der Errichtung einzelner Arbeiterwohnhäuser (Kammgarnspinnerei Bürglen, → *Weberei Matzingen*), Arbeiterwohnzeilen (→ *Unterdorfstr., Wigoltingen*) oder gar systematisch geplanter Siedlungen mit weitgehend autonomer Infrastruktur (→ *Grüneck, Müllheim*). Eine Pionierleistung auf diesem Gebiet stellt der so genannte → *Langbau in Hauptwil* dar, der um 1670 durch die Gebr. Gonzenbach errichtet wurde und als ältestes Arbeiterwohnhaus der Schweiz gilt. Dass ein Fabrikunternehmer gleichzeitig in der Lage war, auch die Freizeit- und Privatsphäre seiner Arbeiter zu überwachen, ist im → *Heinehof in Arbon* exemplarisch dokumentiert: Hier wurde die geschosshöhere Fabrikantenvilla als Kopfbau so raffiniert platziert, dass der Unternehmer jederzeit Einsicht nehmen konnte ins Geschehen der dreischenklig um einen Hof gruppierten Anlage.
Der industrielle Siegeszug hinterliess seine Spuren jedoch nicht nur an Grossbauten, sondern auch an Mittel-, Klein- und Kleinstbetrieben. Heimarbeit im Thurgau war von alters her stark verbreitet. Handspinnen und -weben zählte zur Neben- oder Teilzeitbeschäftigung der bäuerlichen Bevölkerung und sicherte vielen Haushaltungen das Brot. Von der einst grossen Verbreitung der Heimweberei zeugen heute noch zahlreiche Webkeller (z. B. → *Bohlenständerhaus Amriswil*). Grosse, liegende Fenster im Kellerbereich verweisen auf diese ungesunden niedrigen Arbeitsräume, in denen ein gestampfter Erdboden die für die Verarbeitung von Leinen erforderliche Luftfeuchtigkeit garantierte. Im Zuge der Mode und der technischen Entwicklung in den 1830er- und 1840er-Jahren wurden Handspinnerei und -weberei von Leinen zusehends unrentabler, und die Produktion verlagerte sich mehr und mehr auf fabrikmässig hergestellte Baumwollge-

webe. Mit der Einführung der Handstickmaschine nach 1850 und mehr noch der leistungsstarken Schifflistickmaschine um 1890 erlebte die Heimarbeit erneut eine Blütezeit. Die Liberalisierung der Wirtschaft und die grosse Nachfrage nach preiswerten Stickereierzeugnissen liess manchen Kleinbetrieb in Konkurrenz zur Grossfabrik treten. Überall, auch in Weilern und abgeschiedenen Höfen wurden Webkeller nun in hohe, helle Räume verwandelt, die Platz für eine oder zwei Maschinen boten. Daneben erstellte man eine Vielzahl grosszügig befensterter Sticklokale oder fügte sie an bestehende Wohnhäuser an. Solchen «Heimfabriken» begegnet man heute noch in der Gegend um Bischofszell und Münchwilen: Es sind schlichte, meist doppelgeschossige Privatwohnhäuser mit angegliederten eingeschossigen Flachdachtrakten, die ihrer einstigen Bestimmung beraubt nunmehr als Garage, Stauraum oder Werkstatt dienen. Prägnanter treten die typischen Kleinfabriken aus der Zeit um 1900 in Erscheinung: Ausgestattet mit einem villenartigen Kopfbau und langem eingeschossigem Anbau für grosse Maschinen (z. B. → *Stickerei Anderegg, Hauptwil;* → *Stickerei Altwegg, Sulgen*) legen sie Zeugnis ab vom Selbstbewusstsein und Wohlergehen ihrer Patrons. – Die Wirtschaftskrise des Ersten Weltkrieges führte den vollständigen Zusammenbruch dieses Erwerbszweiges herbei, so dass die Stickmaschinen bis 1930 fast vollständig aus den thurgauischen Dörfern verschwunden waren. Von den zahlreichen Fabrikbauten, die im Zug der Desindustrialisierung ihre ursprüngliche Funktion verloren haben, konnten etliche bereits einer neuen, nicht selten gemischten Nutzung (Wohnen, Gewerbe, Dienstleistung usw.) zugeführt werden (z. B. → *ehem. Jacquardweberei Bischofszell;* → *Eisenwerk Frauenfeld;* → *SUN-Areal Bürglen*).

Leerstehende Fabrikhallen müssen keine Wegwerfartikel sein: das Eisenwerk in Frauenfeld, erfolgreich umgenutzt in den 1980er-Jahren.

Gottlieben

Gottlieben. *Gut erhaltene Siedlung zwischen Ober- und Untersee, mit ehem. Wasserburg und stattlichem Dorfplatz.* Das schon im 10. Jh. genannte Fischerdorf hätte 1251 nach Willen des Bischofs Eberhard v. Waldenburg befestigter Kopf eines neuen Rheinüberganges werden sollen, durch welchen der Gründer den Handel von der mit ihm verfeindeten Stadt Konstanz abzuziehen hoffte. Die Brücke hemmte aber die Schifffahrt, ging wieder ein, und Gottlieben blieb ein kleines, aber handelstüchtiges Dorf. Seit 1678 durch den Willen der Eidgenossen zum Marktflecken erhoben. 1692 Einsturz des Rheinufers und dreier grosser Häuser. Stapelplatz für Salz der Saline Hall. Bezirkshauptort 1798–1869.

Ref. Kirche. Errichtet 1812 anstelle eines Baues von 1734. Dachturm 1899 von der Kirche Kreuzlingen-Egelshofen übertragen. Renov. 1910, 1952 und 1980. Taufstein 1734, Kanzel Anfang 19. Jh., zwei Farbfenster 1970 von Werner Eberli. Dreistimmiges Geläute 1735 von Leonhard III. Rosenlecher. – Die Katholiken benutzten einerseits die 1829 abgetragene Schlosskapelle und anderseits die um 1838 geschleifte St. Annakapelle beim Dorfeingang.

Profanbauten. *Aalgasse.* Nr. 5. **Drachenburg-Dependance.** Über älterem Kern grossbürgerlich-elegante Neubarockfassade, wohl 1887. ▪ *Am Dorfplatz.* Nr. 1. **Bodman-Haus,** ehem. Grünes Haus. Erstellt um 1700, umgestaltet 1812; Wohn- und Sterbehaus des Dichters Emanuel v. Bodman (1874–1946), heute Gedenkstätte; rest. 1998–99 unter Ernst Oberhänsli. – Nr. 3. **Ehem. Gemeindehaus,** errichtet um 1823. ▪ *Am Schlosspark.* Nr. 1. **Zur Brugg.** Stattlicher Riegelbau von 1619. – Nr. 6. **Schloss.** Die beiden landseitigen Ecktürme des mittleren 13. Jh. bildeten zusammen mit dem 1346 dazugefügten und 1352 teilweise wieder zerstörten Palas, dem Ostflügel von 1434–46 und dem Nordflügel von 1475–91 eine mächtige, von einem Wehrgang umzogene Wasserburg, deren Gräben erst im 19. Jh. zugeschüttet wurden. 1836 gelangte die Anlage in Besitz des Prinzen Louis, des nachmaligen Kaisers Napoleon III., der den Wohntrakt nach Plänen des Malers Ferdinando Roberto aus Neapel in neugotischen Formen umbauen liess. In drei Fenster der Rheinfront wurden Masswerke des 14. Jh. aus dem abge-

Gottlieben, Bodman-Haus. Wohn- und Sterbehaus des Dichters Emanuel v. Bodman (1874–1946), heute Gedenk- und Kulturstätte.

Gottlieben, Schloss. Rheinfront mit Masswerk aus dem Konstanzer Münsterkreuzgang.

Gottlieben, Drachenburg. Effektvolle Giebelfront mit Erkern des 18. und 19. Jh.

brochenen Konstanzer Münsterkreuzgang eingesetzt. Die beiden über 33 m hohen Türme sind aussen aus Sandsteinblöcken und Eckquadern gefügt; das Innere ist zum Teil mit mittelgrossen Kieseln gefüttert. Mauerstärken bis gegen 3 m. Über ehem. Wehrplatten Zeltdachabschluss. In die sechs Stockwerke führen zum Teil Block-, zum Teil Wendeltreppen. Im Ostturm die ehem., 1849 geweihte Schlosskapelle, im Westturm über dem dritten Boden ein siebenteiliges Staffelfenster aus der Mitte 14. Jh. Über der 147 cm starken, balkenarmierten Wehrplatte doppeltes Blockgefängnis, in dem während des Konstanzer Konzils 1415 der böhmische Reformator Jan Hus (um 1370–1415) und der abgesetzte Papst Johannes XXIII. (um 1370–1419) gefangen lagen, desgleichen 1454 der Zürcher Chorherr Felix Hemmerli (1388–1458). Rest. 1968–69. – Nr. 7. **Drachenburg,** so benannt nach dem Umbau durch die Antiquarin Marie Fuhrimann, die bald nach 1884 nebst Drachenwasserspeiern einen Erker anbringen liess und 1892 eine Weinstube eröffnete. Ursprünglich als Oberes Steinhaus 1674 errichtet und mit dem Unteren Steinhaus vermutlich 1716 zusammengebaut. Der eichengeriegelte Bau erhält sein besonderes Gepräge durch zwei zwiebelgekrönte Erker; der eine, doppelstöckige, wahrscheinlich 2. Hälfte 18. Jh., der andere erst nach 1884 angefügt. Renov. 1945. – Bei Nr. 7. **Unteres Steinhaus.** Gemäss Allianzwappen an den akanthusverzierten Fenstersäulen im 1. OG bezog Johann Jakob Lanz v. Liebenfels-Payer den Bau im Jahr 1620. – Nr. 8. **Rheineck, ehem. Lilie.** Errichtet 1692 für Bürgermeister Hans Georg Meyer. – Nr. 10. **Gasthaus Waaghaus.** Erbaut 1687 als Gemeinde- und Schützenhaus mit Wirtschaftsbetrieb zum Schiff, seit 1852 wegen der Nachbarschaft zum alten, 1896 abgetragenen Salzstadel in Waaghaus umgetauft. ■ *Kirchstr.* Nr. 7. **Schulhaus.** Neurenaissancebau von 1894. ■ *Seestr.* Nr. 5. **Rose,** erbaut wohl Anfang 18. Jh. Im 2. OG stuckierter Raum mit weissem Steckborner Kachelofen, Ende 18. Jh. – Nr. 11. **Hotel Krone,** 1693. ■ *Seeweg.* Nr. 6. **Gerbe.** Zwiebeldacherker und Vorzeichenerker mit Schweifdach, an einer Felderdecke datiert 1680. Erkerzimmer mit Régencestuck um 1739. Originelle Wendeltreppe. Museum. Bodman-Haus, Am Dorfplatz 1.

Güttingen

Güttingen. Dorf und Sitz eines gleichnamigen, im 13. Jh. bedeutenden Freiherrengeschlechtes. Ursprünglich vier Wehranlagen, von welchen die Oberburg beim Winterlishof südöstlich des Dorfes und der so genannte Mäuseturm am See nicht mehr stehen.

Paritätische Kirche St. Stephan. Im 13. Jh. bezeugt, Neubau 1431, Turm wahrscheinlich 1493, Chorumbau 1749, Turmerhöhung gegen 1840; renov. 1929–30 und 1979 sowie 2002 (Turm). Dem Turmstock mit spitzbogigen Schallöffnungen sitzt etwas eingezogen und terrassengesäumt das Uhrengeschoss auf. Der Polygonalchor öffnet sich durch einen Flachbogen in voller Breite auf das Schiff. Taufstein von 1721. Wertvoller Figurenbestand, rest. 1979: spätgotischer St. Stephan, um 1500, barocke Kreuzigungsgruppe des 17. und 18. Jh., Güttinger Madonna (Kopie nach Original im Schweiz. Landesmuseum).

Profanbauten. *Bahnhofstr.* Nr. 52. **Bahnhof.** Erbaut 1870–71 für die Nordostbahngesellschaft nach abgeändertem Entwurf von Jakob Friedrich Wanner; renov. 1992. ■ *Hörnlistr.* Nr. 2. **Ehem. Schulhaus.** Dem 1844 vollendeten Westbau wurde 1883 ein klassizistischer Walmdachkubus zur Seite gestellt. Rest. 1996–97. ■ *Seeweg.* Nr. 16. **Schloss Moosburg.** Um 1850 aus Steinen der gleichnamigen Burg gebaute klassizistische Villa mit Freitreppe und Portikus; Innenausstattung um 1910. Aussenrest. 1983. – Nr. 22. **Landhaus Schloss.** Errichtet Ende 18. Jh. wahrscheinlich auf Fundamenten der 1359 erstmals erwähnten Burg Kachel. «Klostergarten» mit so genanntem Pla-

Güttingen, Landhaus Schloss. In den Fresken des «Klostergartens» spiegelt sich die Geisteswelt des früheren Schlossbesitzers und Goethe-Verehrers Curt Hoenig: ein Motivreigen aus Mythos, Historie, Familiengeschichte, Religion und Naturwissenschaft.

netarium, vom Schlossbesitzer Curt Hoenig um 1922 angelegt und 1932 mit Wandmalereien versehen; Bronzeplastik «Dädalus» von Hans Trudel, 1925. ■ *Sommeristr.* Nr. 8. **Kath. Pfarrhaus.** Stattliche, 1744–46 erstellte Kreuzlinger Expositur; Innenausbau 1879. Wappenstein. ■ *Unterdorfstr.* Nr. 6. Kernbau 1553–54 mit bemerkenswertem liegendem Dachstuhl.

Güttingen, Landhaus Schloss. Badehaus am Bodenseeufer.

Hauptwil-Gottshaus

Hauptwil. *Wakkerpreis des Schweiz. Heimatschutzes 1999.* Genannt um 1415, damals lediglich Gerichts- und Jagdhaus der Herren zu Blidegg, Mühle und vier Bauernhäuser am Ende («Haupt») von fünf Fischweihern, die das Bischofszeller Pelagistift 1430 angelegt hatte. Die Siedlung wurde 1664–71 durch die Familie Gonzenbach zum Leinwand-Manufakturort mit rund 40 Gebäuden erweitert.

Hauptstr. **Ref. Kirche.** 1885–86 von Emil Kessler erstellter Backsteinbau, umgestaltet und maskiert 1948 durch Emil Hunziker, erneut modernisiert 1994–95. Aus der ehem. Schlosskapelle stammen der prunkvoll geschnitzte Orgelprospekt, gegen 1700, die qualitätvolle, um 1713 von Jakob Ammann geschaffene Kanzel mit Pelikanfuss sowie der Marmortaufstein 1. Viertel 18. Jh. ▪ *Kapellenweg.* **Kath. Kapelle,** erbaut 1967–68 von Franz Bucher.

Profanbauten. *Bahnhofstr.* Nr. 15. **Bahnhof,** erbaut 1914. ▪ *Dorfstr.* Nr. 4. **Bernerhaus.** Bis 1664 Pförtnerhaus des Schlössli, entstanden vermutlich im 16. Jh. in Zusammenhang mit dessen Mauerumfriedung. – Nr. 6. **Ehem. Seidenweberei Honegger.** Lisenengegliederter Flachdachkomplex von 1903. ▪ *Hauptstr.* Nr. 28. **Kaufhaus.** Erbaut 1667 als Lager- und Handelshaus mit ursprünglich sieben Webstühlen im Gewölbekeller. 1783 zum Wohnhaus der Heinrichschen Gonzenbachlinie umgestaltet. Hier wirkte 1801 Friedrich Hölderlin als Hauslehrer der Familie Gonzenbach, die im 18. Jh. einen Mittelpunkt kulturellen Lebens geschaffen hatte. Aussenrest. 1996–97, Innenumbau 1999ff. – Nr. 31. **Alte Seidenweberei,** errichtet 1853 als Jacquardweberei von Johann Jacob Niederer am Standort der abgebrochenen Walke. ▪ *Kapellenweg.* Nr. 2. **Blaufärberei und Garntröckne,** errichtet 1838. Mansardbau mit breiten Quergiebeln. – Nr. 4. **Schlössli.** Im 16. Jh. errichtetes Herrschafts- und Gerichtshaus. Dreistöckiges, in den oberen Teilen in Fachwerk gefügtes, um 1830 westwärts erweitertes und umgebautes Gebäude mit Eckquadern; renov. 1956. ▪ *Langentannen.* Nr. 4. **Ehem. Speicher,** Strickbau des 17. Jh., rest. 1969. ▪ *Oberdorfstr.* Nr. 3. **Obere Farb,** erbaut 1833, seit 1950 Gemeindehaus. – Nr. 4. 1840–42 erbaute Jacquardweberei, deren Räume der Freien evang. Gemeinde ab 1873 als Versammlungsort dienten. – Nr. 7. **Linde.** Ehem. Türkischrot-Färberei von 1825. ▪ *Rotfarbstr.* Nrn. 3–5. **Spittel.** 1735 als Walke erbautes Riegelhaus, 1787 Brunschweilersche Blaufärberei, Umbau 1920–21 und 1996. – Nr. 4. **Rotes Haus,** einst Pfarrhaus des Schlosspredigers. Rocaillegitter der Freitreppe 1757 datiert, im 1. OG vorzügliche Stuckdecke derselben Zeit; Innenrest. 1991–92. ▪ *Schaltegg.* Nr. 6. **Schadegg.** 1666 im Kreuzgiebelverband errichtetes Fachwerkhaus. ▪ *Türmlistr.* Bei Nr. 1. **Tortürmchen.** Dorf- und Schlosstor, erbaut um 1670, rest. 1966 und 1993–94. Reizvoller Bau, dessen asymmetrisches Tonnengewölbe die einstige Durchgangsstrasse zwischen Bischofszell und Gossau überspannt. Der an zeitgenössische Chinoiserien erinnernde Turmaufbau um 1740; über dem Uhrenhaus mit erneuerten Zeittafeln ein offener Rechen mit drei Glocken von Johann Rudolf Schalch 1738–45. Uhrwerk 1672 von Felix Bachofen. – Bei Nr. 1. **Altes Schulhaus** von 1772, seit 1842 Sprit-

Das älteste Arbeiterwohnhaus der Schweiz

Neben Gewerbebauten liessen die Gebr. Hans Jakob und Bartholomae Gonzenbach auch Unterkünfte für Arbeiter ihrer von St. Gallen nach Hauptwil verlegten Leinwandmanufaktur errichten. Während der kurz nach 1670 entstandene Langbau (Dorfstr. 14–18) mit einheitlichen Wohngrundrissen von 7×7 m das älteste bekannte Arbeiterreihenhaus der Schweiz verkörpert, gehören der Kurzbau (Dorfstr. 10–12) und der ursprünglich als Stoffdruckerei genutzte Gelbbau (Hölderlinweg 6–12) zur zweiten Generation der Hauptwiler Arbeiterwohnhäuser; beide wurden um 1780 errichtet.

Hauptwil, ehem. Arbeiterwohnhäuser. Oben der Langbau, um 1670, unten der Gelbbau, um 1780.

zenhaus. – Nr. 3. **Ehem. Schlosstaverne Trauben** (→ Abb. S. 156). Stattlicher Fachwerkbau, am Türsturz datiert 1665. Im Anschluss an die Verschiebung des Gebäudes um 25 m südwärts rest. 1969–71 und 1989. – **Schloss.** Am Südfuss des Bischofsberges auf künstliche Planie gestellter Bau, der, von ergänzenden Ökonomiegebäuden hofartig umstanden, 1664–65 für die Gerichtsherren und Leinwandhändler Gonzenbach von St. Gallen als Woh-

◄ Hauptwil, Tortürmchen. Südfassade.

▲ Hauptwil, Tortürmchen. Offenes Uhrwerk von 1672 mit schmiedeisernem Zierrat und allegorischen Darstellungen.

nung, Gerichtssitz, bis 1667 auch als Kontor und Magazin errichtet wurde. (Johann Jakob Gonzenbach leitete 1798 gemeinsam mit dem Färber Johann Joachim Brunschweiler die Befreiung des Thurgaus ein.) Zum Altersheim umgestaltet 1953 durch Paul Büchi, Teilinnenrest. 1971–72 und 1985–86. Der fünfachsige Spätrenaissancebau mit gemalten Eckquadern und nach originalem Vorbild schwarzweiss geflammten Vollläden erhebt sich über dem Kellergeschoss zum Hochparterre und zu je zwei Haupt- und Dachgeschossen. Aus der Bauzeit geschnitzte Portale, mit Faltintarsien verzierte Türen und Täfer, skulptierte Kaminschürzen und Balkonkonsolen; schmiedeiserne Geländer. In den firstparallel durchlaufenden Gängen gefelderte

Hauptwil, Schloss. Links Westportal von 1664–65 mit Türflügel in der Tradition sanktgallischer Tischlerkunst und reich graviertem Türklopfer, rechts Steckborner Ofen von 1744–49 mit Fantasielandschaften.

Hauptwil, Schloss. Frühbarockes Landhaus, ehem. Sitz der Gonzenbach von St. Gallen.

Stuckdecken mit prallen Rosetten, Blumen- und Fruchtmotiven im Stil der Schaffhauser Höscheller-Werkstatt. In den Eckzimmern des Hochparterres Rokokostuckaturen um 1757, Steckborner Turmofen 1744–49 aus der Meyer-Werkstatt, blau bemalt von Rudolf Kuhn. Der mittlere, kleine Saal klassizistisch: Die Eckurne mit Sockel und entsprechenden Hinterlagen sowie die Nische mit dem Mantel eines Zylinderofens sind Stuckaturwerke von Lorenz Schmid 1786, ebenso die Supraporten und die Decke (Jahreszeitenreliefs). ■ *Waldkircherstr.* Nr. 7. **Ehem. Stickerei Anderegg,** erbaut 1904 in wuchtigen Heimatstilformen.

St. Pelagiberg. Kath. Pfarr- und Wallfahrtskirche. Anstelle einer spätromanischen, 1487 erweiterten Anlage 1888 durch Architekt Studerus aus Augsburg erbaut. 1955–56 modernisiert von Hans Burkard. Kopie des Einsiedler Gnadenbildes um 1663; Sebastiansstatue gegen 1600. Kirchengeräte des 18.–19. Jh.

Die Pisébauten in Hauptwil

Für die Bauweise in Hauptwil charakteristisch ist der Pisébau (von span. *pisar*: stampfen). Lokal vorhandenes Erdmaterial mit einem Tongehalt von 5–10 Prozent wird ähnlich wie beim Bauen mit Beton zwischen 80–100 cm breite Schalungselemente eingefüllt und anschliessend mit Stampfwerkzeugen verdichtet. Im Unterschied etwa zur Fachwerkwand bildet der ungebrannte Lehm in erhärtetem Zustand ein selbstständiges, tragendes Bauglied. Beim Hauptwiler → *Kaufhaus* bereits 1667 angewandt, etablierte sich der Pisébau vorwiegend im Bereich der Fabrik- und Schulhausarchitektur des mittleren 19. Jh., wovon etliche Beispiele heute noch zeugen: *Dorfstr.* Nr. 2, erbaut 1861. ▪ *Freihirtenstr.* Nr. 8, 1844. ▪ *Hauptstr.* Nr. 13, erbaut 1870–71. – Nr. 17. Freihof 1867. – Nr. 27. Rose. Fabrikantenvilla 1853 von schlicht-eleganter Gestalt. ▪ *Oberdorfstr.* Nr. 1. Haus am Weiher, am Standort der Oberen Walke, wohl noch 18. Jh. ▪ *Rotfarbstr.* Nr. 2. Ehem. Schulhaus, erbaut 1842. – Nr. 8. Untere Rotfarb von 1856, mehrfach erweitert. ▪ *Schaltegg.* Nr. 4. Sonnenbühl. Eingreifend modernisiertes Arbeiterwohnhaus von 1871–72. Von Hauptwil aus breitete sich der Pisébau im Thurgau aus (z. B. → *ehem. Schulhaus Mühlebach, Amriswil,* → *Gemeindehaus Thundorf*).

Bereits im 17. Jh. wurde die Pisébauweise beim Hauptwiler Kaufhaus angewandt.

Hefenhofen

Brüschwil. Ass.-Nrn. 114/117. Repräsentative Fachwerkbauten von 1813 bzw. 1827.

Moos. Ass.-Nr. 303. **Ehem. elektr. Zentrale der NOK.** Industriearchitektur, errichtet 1921 im Stil der nationalen Romantik. ■ Ass.-Nr. 183. **Moosmühle,** erwähnt 1412; heutige Gestalt 18.–19. Jh.

Sonnenberg. Ass.-Nr. 142. **Schulhaus,** erbaut 1909–10 als farblich kontrastreicher Massivbau mit übergiebeltem Eingangsrisalit. ■ Ass.-Nr. 145. **Ehem. Gasthaus Roter Öpfel.** Eindrucksvoller Fachwerkbau, errichtet 1811 von Zimmermeister Knup; bemerkenswerte Louis-XVI-Türe.

Juwel in grüner Landschaft: das ehem. Gasthaus Roter Öpfel in Sonnenberg. Gesamtansicht, Schnitzportal und Antrittspfosten im Treppenhaus.

Gasthausschilder

Wo heute vielgestaltige Leuchtreklamen auf sich aufmerksam machen, hingen im Mittelalter ein grüner Kranz oder Buschen (Strauss); sie verwiesen auf den Ausschank von Wein oder Bier im betreffenden Haus. Wo man des frischen Grüns entbehrte, behalf man sich mit einem Strohbüschel oder Besen («Besenbeiz»). Auch die Fahne als Friedenszeichen diente zum Anzeigen von Herberge oder Ausschank. Aus Fahne und Kranz entwickelten sich später das Rundschild und die Rechtecktafel. Diese beiden Grundformen des noch heute geläufigen Gasthausschildes dienen als Träger des bildlich wiedergegebenen Gasthausnamens.

Die frühen aus Holz gefertigten Gasthausschilder wurden im 18. Jh. durch robustere aus Schmiedeisen verdrängt. Ein filigran durchbrochener, häufig vergoldeter und als Adlerhaupt ausgebildeter Ausleger sorgte dafür, dass das Schild mit dem werbenden Zeichen frei vor der Fassade hing und auf weite Distanz sichtbar war. Im Kanton Thurgau trifft man da und dort auf bemerkenswerte Leistungen dieser Handwerkskunst, u. a. an folgenden Häusern: *→ Schiff, Berlingen; → Krone, Diessenhofen; → Adler, Ermatingen; → Schiff, Ermatingen; → Hirschen, Sulgen; → Schäfli, Wigoltingen.* Manchmal wurde das Schild weggelassen, so dass das Motiv rahmenlos am Ausleger hing *(→ Sonne, Lengwil; Sonne, Wiezikon)*, und gelegentlich trat anstelle des Schildes ein Figurenrelief *(→ Löwen, Diessenhofen; → Traube, Horn)* oder eine vollplastische Gestalt *(Ochsen, Frauenfeld; → Roter Öpfel, Sonnenberg)*. Vielgestaltig und teilweise umstritten sind Ursprung und Herkunft der Schildmotive bzw. Gasthausnamen. Die zahlreichen «Adler» und «Löwen» beispielsweise können sowohl als Evangelistensymbole als auch als Teile

Berlingen, Gasthaus Schiff. Im Rahmenfeld des 1781 datierten Schildes die Wappen der bis 1481 der Eidgenossenschaft beigetretenen Orte, wobei der Solothurner Schild nachträglich durch das 1803 neu geschaffene Thurgauer Wappen ersetzt worden sein dürfte.

◀ Ermatingen, Gasthaus Hirschen. Auf dem Ausleger ein Drache, vielleicht zur Abwehr böser Geister.

▲ Ermatingen, Schiff. Rechteckschild mit den Wappen der acht alten Orte.

grundherrlicher Wappen gedeutet werden. Ross, Posthorn und Schiff hingegen verwiesen mit Sicherheit auf Poststationen oder wichtige Anlegestellen am Wasser, und Krone, Stern und Mohr gehen auf den biblischen Motivkreis der Hl. Drei Könige zurück. Einige Sujets wiederum haben ihre ganz eigene Geschichte wie etwa der Kesselring im Schild des ehem. → *«Löwen» in Aadorf,* der als «sprechender» Verweis im Namen des Bauherrn begründet ist, oder der → *«Rote Öpfel» in Sonnenberg,* dessen Wirtin auf hartnäckiger Suche nach einem passenden Gasthausnamen 1939 im «Dörfli» der Schweiz. Landesausstellung fündig wurde.

Aadorf, ehem. Gasthaus Löwen. Löwe und Kesselring weisen auf den Namen des Gasthauses und auf jenen des Bauherrn hin.

▲ Diessenhofen, Gasthaus Krone. Kranzähnlich umflochtenes Rundschild mit Ausleger in Gestalt eines Adlerhauptes.

▲ Diessenhofen, Gasthaus Adler. Doppeladler mit Krone in Ovalschild. Die Bemalung der Einfassung soll echtes Geflecht vortäuschen.

▼ Frauenfeld, Ochsen. Himmelwärts zeigender Ausleger mit vollplastischer Figur auf Sockel.

▲ Sonnenberg, ehem. Gasthaus Roter Öpfel. Vollplastisches Namensemblem, um 1940.

◀ Mammern, Gasthaus Adler. Rechteckschild mit Doppeladler, wohl um 1920.

▲ Sulgen, ehem. Gasthaus Hirschen. Asymmetrisches Rokoko-Rundschild, um 1750–70.

▲ Wigoltingen, Gasthaus Schäfli. Rechteckschild mit Lamm Gottes, 18. Jh.

▼ Wiezikon, Gasthaus Sonne. Die Form des Schildbildes macht das rahmende Rundschild überflüssig.

Herdern

Herdern. Kath. Kirche St. Sebastian. Erste, über älterem Friedhof nachgewiesene Anlage des 10.–11. Jh., abgelöst durch eine spätgotische Anlage. 1716–21 wurde ein neues Schiff gebaut und, über gotischem Mauerwerk, der an den älteren Turm gelehnte Chor erhöht, überwölbt und stuckiert. 1874–76 Neubau des Schiffes nach Projekt von Karl Reichlin. 1907 Romanisierung und Helmaufbau des Käsbissenturmes durch Albert Rimli; renov. aussen 1960–61, innen 1972–73. Im Zentrum der flachen Gipsdecke Auferstehungsbild 1876 von Jost Troxler. Dreiteiliges Altarensemble um 1746 mit Gemälden von Karl Georg und Heinrich Kaiser, 1876; Stationenbilder 1874 von Augustin Müller, Warth.

Profanbauten. *Haldenstr.* Nr. 1. **Schloss.** Als Sitz des reichenauischen Dienstmannengeschlechtes Bettler v. Herdern 1343 nachgewiesen; 1522 Übergang an die v. Landenberg, 1683 Kauf durch das Kloster St. Urban; seit 1895 beherbergt es die Sozialinstitution der «Arbeiterkolonie». An den Bergfried des mittleren 13. Jh. liessen die Breitenlandenberg 1601–10 ostwärts das Wohnhaus bauen; Maurermeister war Giovanni Andreota aus Roveredo, Zimmermann Melchior Beer aus Tobel. Umgestaltung, Bau des Westflügels und oktogonaler Turmaufsatz 1686–87. Durchgreifender Umbau 1975–77 nach Projekt von Rudolf und Esther Guyer. Um einen kleinen Lichthof ostwest gedehnte Vierflügelanlage zu drei Geschossen. Nordflügel mit axial einbezogenem mittelalterlichem Turmstock, Südflügel mit polygonal aus der Front springendem Mittelteil unter Haube und Laterne (ehem. Schlosskapelle), Eckerker mit Zwiebeldächlein. Inneres modernisiert. ■ *Schulstr.* Nr. 11. **Schulhaus.** Flache Anlage in Sichtbackstein 1968–69 von Peter Thomann und Hans Bosshard; Wandrelief von Rudolf Manz. ■ *Spottenbergstr.* **Einstellhalle,** 1999 von Peter Kunz. Das skulpturengleich aus dem Hang tretende Kubus-Quintett mit wortkünstlerisch gestalteten Glasfronten von Oliver Kühn. ■ *Steckbornerstr.* Nr. 2. **Gasthaus Löwen,** 17.–18. Jh. Rest. in Etappen 1978–86.

Herdern, Schloss. Südwestansicht mit Kirchturm.

Lanzenneunform, Schloss Liebenfels. Ansicht von Südwesten mit Turm aus der Zeit um 1300 und Vorderschloss des 16. Jh.

Lanzenneunforn. Kapelle. Erbaut 1739; jüngste Rest. 1998. Altar des mittleren 17. Jh. aus Schloss Liebenfels, mit Blatt 1861 von Josef Alois Eicher. Profanbauten. *Liebenfelserstr.* Nr. 6. **Schulhaus,** erbaut 1900–01 nach Plan von Albert Brenner; rest. 1994–95. – **Schloss Liebenfels.** Turm des gleichnamigen Ortsadels um 1300, gleichzeitig Errichtung eines nördlich angrenzenden Wohntraktes. Weitere Bauten 1488, 1513 und 1533 unter den Lanzen v. Liebenfels, das Vorderschloss (Südtrakt) mit Treppengiebel und weitläufigen, durch komplizierte Treppen und Schächte miteinander verbundenen Kellergewölben 1585 unter den Herren v. Gemmingen weitgehend neu erbaut. 1654–1838 Besitz des Klosters St. Urban. Vollständiger Umbau noch vor 1840; Wiederherstellung nach Brand 1933. Rest. 1992–94 durch Günter Dittmann. – Der aus Feldsteinen gefügte Turm mit Mauerstärken bis 2,5 m erhielt Anfang 16. Jh. anstelle des Fachwerk-Obergadens einen Staffelgiebel; im dritten Geschoss spätgotischer Kamin 1. Drittel 16. Jh. mit Wappen Liebenfels-Muntprat. – **Ehem. Trotten- und Lagergebäude,** mit Wappenstein des St. Urbaner Abtes Robert Balthasar (1726–51). ■ *Schweikhof.* Ass.-Nr. 139. Ehem. Freisitz, 1667–1838 Besitz des Klosters St. Urban, das 1762 den heutigen Giebelbau errichten liess. Wappenstein 1668.

Hohentannen

Heldswil. Kath. Kapelle St. Katharina. Erbaut kurz vor 1489, renov. 1870–80 und 1950. Der dreiseitig schliessende Bau erhielt 1968 einen niedrigeren Westvorbau und einen neuen Dachreiter. Aus Klosterbesitz Ittingen stammen die guten Statuen St. Agatha und St. Barbara um 1760. Ländlich-barocke Kreuzwegstationen. Glocke von 1547. Auferstehungsfenster 1989 von Hans Affeltranger.

Hohentannen. Ort mit sehenswerten Riegelbauten des 17.–19. Jh., zum Teil mit Gittermusteröfen der Hafner Germann aus Bleiken. ■ *Hauptstr.* Nr. 1. **Schloss Heidelberg,** unterhalb der Burgstelle der Herren v. Heidelberg gelegen, deren Feste 1403 in den Appenzellerkriegen zerstört worden war. Das doppelgeschossige Walmdachgebäude 1744–45 durch Jakob Grubenmann

Hohentannen, Schloss Heidelberg. Gartenfassade.

für Leonhard v. Muralt-Egger erstellt; Innenausstattung 1920 von Brenner & Stutz; rest. 1998–99. ■ *Hummelbergstr.* Nr. 24. **Ehem. Kehlhof** des 17. Jh., umgebaut 1835. Im 2. OG des verschindelten Fachwerkhauses bemerkenswertes, rankenbemaltes Stubentäfer Ende 17. Jh. Teilrest. 1991–92. ■ *Schlossweg.* Nr. 2. **Schloss Oettlishausen** nordwestlich des Dorfes. Sitz gleichnamiger Ministerialen, ab etwa 1300 der Schenken v. Castell. 1590 veräusserte Jörg Gabriel Schenk zu Glattburg Oettlishausen seinem Schwager Laurenz Zollikofer v. Altenburg, 1680 Übergang an die Werdmüller, 1726 an die v. Muralt. Ab 1835 wechselnde Besitzer, seit 1953 Hauswirtschaftliche Fortbildungsschule der Stadt Zürich. An den Bergfried des 12.–13. Jh. wurde um 1590 ostwärts ein neues, breiteres, im 18. und 20. Jh. mehrfach umgestaltetes Wohnhaus gefügt; Bandelwerk-Stuckdecken. – **Schlosskapelle St. Michael,** erbaut im 12.–13. Jh., rest. innen 1961, aussen 1988. Der Bau mit romanischen Luziden besteht aus dem firstniedrigeren und eingezogenen quadratischen Chörlein, das ein Rundbogen mit gemaltem romanischem Rankenfragment vom Schiff scheidet. Leistendecke mit Spitzbogenenden und Kerbschnittfriesen, gemalten Sternen und Wappen, um 1500, desgleichen Hans Haggenbergs Fresken im Altarhaus: Muttergottes mit Wappen und Figuren der Stifter (Schenk), hl. Bernhardin vor Stadtansicht, hl. Michael, Ölberg, Christophorus und Taufe Christi. Glocken des 14. und 15. Jh. Gotisierender Taufstein 1657; Fragmente von Epitaphen der Familie v. Muralt, 18.–19. Jh.; kleine Orgel, um 1750. ■ *Schulstr.* Nr. 7. **Schulhaus,** erbaut 1901 durch Albert Brenner. Scharf geschnittener Baublock in klassizistischen Formen, der flache Mittelrisalit überfangen von Uhrengiebel und offenem Glockenträger. ■ *Weiherstr.* Nr. 8. **Altes Schulhaus,** 18.–19. Jh.

Hohentannen, Schloss Oettlishausen mit Kapelle.

Gündelhart. Kath. Kirche St. Mauritius. Kapelle, die 1469 eine eigene Pfründe gestiftet bekam. An den um 1300 entstandenen Rechtecksaal mit neuem Zwiebelturm wurde noch vor Mitte 15. Jh. das Altarhaus angefügt; Barockisierung um 1734 unter Joseph Anton v. Beroldingen; renov. 1903 und 1932 durch Albert Rimli, rest. 1973–74 durch Hermann Schmidt. Im Innern flache Régencedecke mit Wappenmilieu 1734. Wandmalereireste an Chorbogen (1. Drittel 14. Jh.) und Chorstirn (um 1400), freigelegt 1974. Taufstein 1690, Altar aus Wängi, um 1700. An einer Aussenwand heraldisch interessante Grabplatte für Joseph Anton v. Beroldingen (gest. 1776).
Profanbauten. *Gündelharterstr.* Nr. 15. **Schloss.** Unter Wolfgang Friedrich v. Beroldingen 1645–46 erstellt und bis 1871 im Besitz dieser Urner Familie, danach Eigentum des Landwirtschaftspioniers Ludwig Engeler und seiner Nachkommen. Rest. 1987–92 durch Werner Keller, Anbau gleichzeitig. Grosser Giebelbau zu drei Geschossen; Südportal der Bauzeit (Kopie 1990), barockes Nordportal von 1684 mit Wappen des Caspar Conrad v. Berol-

▲◀ Gündelhart, Schloss. Die dem Korridor schrankgleich einverleibte Hauskapelle erhielt 1717 ein Messprivileg.

▲ Gündelhart, Schloss. Steckborner Turmofen mit gemalten Jagdszenen, 1. Hälfte 18. Jh.

◀ Gündelhart, Schloss. Brautwerbungsszene, Deckenstukatur im 2. OG, um 1733.

dingen. Im Innern Treppenaufgang der Louis-Philippe-Zeit. Im 2.OG der um 1730 neu ausgestattete Weisse Saal mit ikonographisch interessanter Stuckdecke, Wappen des Joseph Anton v. Beroldingen und der Maria Barbara Roth v. Schreckenstein; Steckborner Turmofen 1. H. 18. Jh. aus der Werkstatt Hans Heinrich II. Meyers, blau bemalt von Rudolf Kuhn (?). Aus der gleichen Hafnerei Stufenofen im angrenzenden Südzimmer, um 1750–60; im Milieu des Deckenstucks Szene einer Brautwerbung, die wohl im Zusammenhang mit der Heirat Joseph Antons v. Beroldingen (1733) entstanden ist. Bemerkenswerte Hauskapelle mit neugotischen Tapeten. – Nr. 16. **Pfarrhaus,** erwähnt 1620. Neubau wohl 1746, renov. 1965. An der Ostfront des schlichten Zeltdachbaus Wappenstein 1746 mit Allianz v. Beroldingen-v. Roll. ■ *Helmetshauserstr.* Nr. 7. Stämmiger Krüppelwalmdachbau des 16.–17. Jh. Wappenstein 1775; Glocke 1708 aus dem Kloster Feldbach.

Homburg. *Eugerswilerstr.* **Kath. Pfarrkirche St. Peter und Paul.** Ein Anniversar des 15. Jh. nennt den hl. Gebhard v. Konstanz (gest. 996) als Stifter der Kirche; erste Erwähnung 1261. Unter Abt Fridolin II. Kopp von Muri (das Kloster war seit 1651 Kollator) 1753–54 Neubau durch Franz Singer am Ort der ehem. Hochburg. Nach Brand 1784 klassizistisch umgestaltet, rest. 1977–79 unter Hermann Schmidt und Franz Stocker, ferner 2003. Im Winkel von Schiff und eingezogenem Chorpolygon Viereckturm mit gefastem und von Kuppelhelm gekröntem Aufsatz. Im Innern Rokoko-Deckenstuck von 1786 mit Fresken von Karl Manninger, 1977. Am Hochaltarretabel von 1785–86 Wappen des Abtes Gerold II. Meyer von Muri,

Die höchstgelegene Kirche des Kantons Thurgau: kath. Pfarrkirche St. Peter und Paul in Homburg.

Kreuzigungsgemälde von Johann Melchior Wyrsch; die Bilder der Hochaltarpforten schuf Pankraz Müller aus Konstanz. Kanzel 1785–86, Taufstein 1. Hälfte 17. Jh. aus der Kirche Leutmerken. Beachtlicher Kirchenschatz. ■ **St. Nikolauskapelle** in Oberkappel, erwähnt 1270. Schlichter Neubau 1810 mit offenem Glockenträger unter Zwiebeldach; rest. 1992–94. Am reich intarsierten Altar von 1737 ein St.-Nikolaus-Gemälde des nazarenisch geschulten späteren Beuroner Malers Pater Gabriel Wüger, 1867. Glocke 1. Hälfte 14. Jh.

Profanbauten. *Kappelstr.* **Wasserschloss Klingenberg,** nachgewiesen 1220. Stammsitz der Herren v. Klingenberg; ab 1360 wechselnde Besitzer, 1651 bis 1841 Expositur des Klosters Muri, nach der Klosteraufhebung aargauischer Staatsbesitz, seit 1844 in stark wechselnder Privathand. Die mittelalterliche Burg stand auf dem Felskopf nördlich der jetzigen Schlosskapelle. Der Bau des 12.–13. Jh. (Oberes Schloss) wurde 1444 zerstört, neu errichtet, nach Einsturz 1694 renov., nach Brand 1695 wiederhergestellt und 1849 abgebrochen. Die Anlage des Unteren Schlosses geht auf Baukerne von 1446 zurück. – Hufeisenförmig um einen Hof angeordnete Trakte; Westflügel nach Brand 1722, Süd- und Ostflügel 1733–36 erstellt, Wiederaufbau nach erneutem Brand 1772–74. Rest. in Etappen 1961–82. Der Westflügel mit Tordurchgang und Wappenstein des Abtes Plazidus Zurlauben 1694 sowie der Süd-

◀◀ Homburg, kath. Pfarrkirche St. Peter und Paul. Seitliche Portaltüre am Hochaltar von 1786 mit gemalter Bruder-Klaus-Darstellung, darüber Statue des Apostelfürsten und Kirchenpatrons Paulus. Die hierzulande unüblichen Flankenbauten am Hochaltar wie auch die Übereckstellung der Homburger Seitenaltäre stehen in der Tradition innerschweizerischer Landkirchen, was in der Herkunft des damaligen Bauherrn, dem aargauischen Kloster Muri, begründet ist.

◀ Homburg, St. Nikolauskapelle in Oberkappel. Der von einem Vorgängerbau übertragene, 1737 datierte Altar mit figürlichen und Bandelwerk-Intarsien aus eingefärbten Nussbaum-, Ahorn-, Zwetschgen- und Eibenhölzern.

▶ Homburg, Wasserschloss Klingenberg. Wappenmilieu der Stuckdecke in der Gaststube, 1723: gevierter Schild mit steigendem Habsburgerlöwen, Turm der Familie Zurlauben v. Thurn und Gestelnburg, Bindenschild des Hauses Österreich und Löwen mit dem dreiblättrigen Lindenast der Familie Zurlauben. Im Herzschild: die Abtei Muri.

trakt grenzen an den winkelförmigen breiten Wassergraben; vom Ostflügel nur ein Ansatzbau erhalten. Innenhof mit Wappensteinen: über dem Eingang Muri-Klingenberg 1723 und am Südflügel Abt Gerold Haimb 1733. Im südwestlichen Eckraum (Gaststube) Régencestuckdecke 1723 von Johann Schmid mit Wappenmilieu Zurlauben-Muri, im Südwest-Eckzimmer und im Festsaal des OG vorzüglicher, vermutlich durch Andreas Moosbrugger und Lorenz Gassner um 1772 angetragener Rokokostuck. – **Schlosskapelle.** Gedrungenes Rechteckschiff und eingezogenes Polygonchörlein von 1695; auf dem durchgehenden First der 1960–61 rekonstruierte Glockenträger. An der südlichen Chorwand und auf dem Portalgebälk Wappensteine des Abtes Plazidus Zurlauben, 1694 und vor 1701. Innenräume gewölbt. Teilgefasstes Holzretabel Ende 17. Jh., Stipesverkleidung und gemalter Wandvorhang um 1775; zugekaufte Kreuzigungstafel, vielleicht Werk des Hans Ulrich Rysse. In der nördlichen Schiffswand führt ein Stichbogenportal mit Bossenquadersaum zum quadratischen Oratorium, das in den Felsen eingelassen ist und sein Licht einzig vom oktogonalen Tambour des Gewölbes empfängt.

Salen-Reutenen. Beim Heidenhaus Spuren römischer Vergangenheit: Mauerreste, Ziegel, Münzen. ■ **St. Antoniuskapelle,** erbaut 1862, renov. 1992. Klassizistischer Altar aus Arbon.

Horn

Horn. Thurgauische Exklave in sanktgallischem Kantonsgebiet.

Kirchstr. **Kath. Kirche St. Franz Xaver.** Neugotischer Bau mit Heimatstilelementen, erstellt 1910–11 von Albert Rimli, modernisiert 1967–68. Orgel 1936 von Franz Gattringer. ■ *Seestr.* **Ref. Kirche,** erbaut 1929–30 von Emil Schäfer; renov. 1989. Der flach gedeckte Turm von einer eigenwillig feinen Nadel gekrönt.

Profanbauten. *Bahnhofstr.* Nr. 14. **Bahnhof,** erbaut 1864–68. ■ *Seestr.* Nr. 27. **Schloss.** Für Bartholomäus Schobinger in der 2. Hälfte 16. Jh. errichteter Freisitz; umgebaut 1769 für den Bündner Emigranten General Johann Viktor v. Travers. Dreigeschossiger Block unter Walmdach. Uhrtürmchen mit Glocke 1763 von Johann Heinrich Ernst. Gute Innenausstattung: Treppenhaus Ende 18. Jh., Rokokostuck, Deckenmalereien. Das Chorgitter aus der nach 1716 errichteten und 1826 zerstörten Schlosskapelle wurde für das Eingangsportal wiederverwendet. Am Gewächshaus Wandgemälde «Vier Jahreszeiten» von Theo Glinz, um 1930; rest. 2000–01. – Nr. 40. Verputzter Fachwerkbau des 16. Jh., einer der ältesten am Ort. Im Innern spätgotische Riemendecke. – Nr. 44. **Wohnhaus.** Von Pilotis getragener Betonkubus, erstellt 1994–95 durch Beat Consoni. – Nr. 57. **Ehem. Schulhaus,** erbaut 1844. – Nr. 66. **Gasthaus Traube.** Neubau vielleicht 1718. Beim Treppenaufgang Holzrelief mit kanaanäischer Traube. Aushängeschild 18. Jh. – Nr. 76. Markanter Mansardzeltdachbau, erbaut vermutlich 1725. Sandsteinportale mit Tulpenkapitellen und Schlusssteinen. – Nr. 80. **Altes Zollhaus,** 18. Jh. In den Garten versetzter Gemeindegrenzstein, datiert 1677. – Nrn. 119–123. **SAIS-Werke.** Aus monumentalen Massivbauten gebildetes Industrieensemble von 1917 mit vielgestaltiger Turm- und Dachlandschaft. In beabsichtigtem Kontrast dazu kubischer Erweiterungsbau (Verwaltungsgebäude) aus Glas und Metall, erstellt 1962 durch Stäheli & Frehner. ■ *Tübacherstr.* Nr. 11. **Ehem. Schulhaus** von 1890, heute Gemeindehaus. Charaktervoller Vertre-

Ein Baudenkmal von zeitloser Schlichtheit und Eleganz: die ref. Kirche in Horn.

ter eines klassizistisch ausgerichteten Heimatstiles. – Nr. 14. **Schulhaus,** erstellt 1911 nach Plänen von Staerkle & Renfer. – Bei Nr. 26. **Beinhauskapelle.** Zierlicher neugotischer Sichtbacksteinbau von 1877. – Nr. 30. **Gasthaus Feldschlössli.** Reizvoller Kleinbau im Heimatstil, 1905.

▲ Horn, Schloss. Wohnsitz des Künstlers Theo Glinz 1927–62, der u. a. am Gewächshaus ein vierteiliges Wandgemälde anbrachte.

▶ Horn, Wohnhaus von 1994–95 an der Seestrasse 44.

Hüttlingen

Eschikofen. Gedeckte Holzbrücke über die Thur, Sprengwerkkonstruktion 1835–37 von Johann Melchior Kappeler und Zimmermann Müller. – Neue **Betonbrücke** 1954.

Hüttlingen. Ref. Kirche St. Andreas. Gebäude in vorreformatorische Zeit zurückreichend, Frontturm wahrscheinlich von 1496. Barockisierung 1678 bis 1679, 1921 Innen-, 1948 Aussenrenov.; rest. 1998–99. Am Käsbissenturm hölzerne Uhrtafel mit Wappen von 1756. Im Innern gewölbte, neu schablonierte Felderdecke. Decke, Täfer und Gestühle vielleicht wie die Kanzel 1679 von Hans Theobald Stutz. Taufstein 1707.

Profanbauten. *Kirchweg.* Nr. 23. **Schloss,** heute Gemeindehaus. Zu Beginn des 16. Jh. von den Mötteli als spätgotisches Staffelgiebelhaus erbaut. Renov. 1959 und 2002. Zwischen die Schilde zum Teil Fachwerkwände eingespannt.

Eschikofen, Holzbrücke. Blick in die Sprengwerkkonstruktion von 1835–37 (vgl. auch Abb. S. 23).

Hüttwilen

Hüttwilen. *Dorfstr.* Bei Nr. 9. **Ref. Kirche,** erbaut 1962–63 von Adolf Kellermüller; Glaskompositionen von Jacques Schedler. – Bei Nr. 18. **Kath. Kirche St. Franziskus.** Anstelle des paritätischen Gotteshauses neu erbaut 1964–65 durch Justus Dahinden. Charaktervolle Zeltdacharchitektur in Sichtbeton, Holz und Eternit; Ausstattung von Albert Wider, Widnau. Aus dem abgebrochenen Kultraum übertragene Fresken des mittleren 15. Jh.: mit Masswerkbordüren umzogene Darstellungen, u. a. Abendmahl und Fusswaschung, Grablegung, Christus in der Vorhölle, Heilige, Auferstehung. Lebensgrosser Kruzifixus aus der Kartause Ittingen, Mitte 17. Jh.

Profanbauten. *Dorfstr.* Nr. 18. **Kath. Pfarrhaus,** erbaut 1784; Aussenrest. 1986. ■ *Hauptstr.* **Stutheien,** nordwestlich des Ortes. Reste eines 1928 ausgegrabenen römischen Gutshofes (→ Abb. S. 89). Erfasst sind das Herrenhaus mit Halle, zwei Eckrisalite, ein vorgesetzter Portikus und ein Badetrakt;

◄▲ Hüttwilen, kath. Kirche St. Franziskus. Hinter den tiefgezogenen Dachflächen verbirgt sich ein Kultraum, dessen Linien in symbolträchtiger Weise vom Niederen zum Hohen und vom Dunkeln zum Licht streben.

▼ Hüttwilen, kath. Kirche St. Franziskus. Fresken aus dem Vorgängerbau, um 1450. Links: Abendmahl und Fusswaschung. Rechts: Christus erlöst Adam und Eva aus der Vorhölle.

die Funde Ende 1.–3./4. Jh. im Museum für Archäologie, Frauenfeld. – **Oberhofmühle,** südöstlich von Hüttwilen. Gute Riegelbaugruppe des 18.–19. Jh. ▪ *Isenbühl.* **Einfamilienhaus,** erbaut 1962 von Susi Müller-Gehrig. ▪ *Unteres Steimürli.* Nr. 14. **Erdhaus.** Architektonische Kuriosität in Spritzbeton, erbaut 1988 nach Projekt von Peter Vetsch. ▪ *Zehntenstr.* Nr. 8. **Alte Sonne,** mit Baukernen von 1497.

Kalchrain. Ehem. Zisterzienserinnenkloster, gegründet zwischen 1324 und 1331 durch Konrad IV. v. Klingenberg, Bischof von Freising; seit der Aufhebung 1848 Arbeitserziehungsanstalt. Nach dem Brand von 1521 erlosch das klösterliche Leben für Jahrzehnte; Wiederaufbau erst 1564 und 1574–76 (Kirche), neues Hauptgebäude 1624–27. Vollständige Neuanlage 1703–23 nach Plänen von Kaspar Moosbrugger, ausgeführt durch Johannes Moosbrugger, Vater und Sohn, unter Zuzug von Michael II. Rueff. – Streng symmetrische Anlage in der Art des spanischen Eskorial. Die Raumverschleifungen der Kirche (1717–23) mit ursprünglich gebaucht aus der Nordostfassade vortretendem Altarhaus, oktogonalem Vorraum und breitrechteckig in den Hof ausspringendem Schiff sind nach den zerstörenden Eingriffen um 1850 und 1899 kaum noch erkennbar; eingreifende Erneuerung des Klosters 1983–85. Aus der Kirchenbauzeit erhalten die unterirdische Bestattungsanlage mit 28 (ursprünglich 40) Sargnischen; rest. 2000–02. Über dem bergseitigen Nordwesteingang zu den Konventgebäuden Muschelnische mit barocker Marienfigur und Wappenstein der Äbtissin Catharina Reich (1688–1731), beides Kopien. Im Refektorium (Südostflügel) Felderdecke und Täfer 1711 vermutlich von Ulrich Karrer, erneuert 1961; Steckborner Ofen derselben Zeit von Daniel IV. Meyer. Nördliches Eckzimmer des 1. OG mit grisaillebemaltem Hochtäfer und Felderdecke, im

Kalchrain als Arbeitserziehungsanstalt

Im Jahr 1848, als die thurgauischen Klöster (mit Ausnahme von St. Katharinental) aufgehoben wurden, stellte sich die Frage nach einer sinnvollen Umnutzung der Räumlichkeiten. Während Münsterlingen fortan als Spital und Kreuzlingen als Schule dienten, in Fischingen eine Fabrik eingerichtet wurde und Ittingen in Privatbesitz überging, nutzte man Kalchrain ab 1852 als Zwangsarbeitsanstalt, deren Umbenennung in «Arbeitserziehungsanstalt» mit der Einführung des neuen Strafgesetzbuches 1942 erfolgte. Nachdem 1972 die Frauenabteilung geschlossen worden war, erhielt die Anstalt ein neues Erziehungskonzept, das die Resozialisierung und Ausbildung junger Männer im Alter von 18 bis 25 Jahren zum Ziel hat. In Anpassung an die neuen Erfordernisse wurde die Anlage 1983–85 eingreifend umgestaltet und durch den Frauenfelder Architekten Jan Gundlach um eine Neubaugruppe (Werkstätten, Personalsiedlung, Externenhaus) erweitert. Das Hauptgebäude beherbergt seither vier Wohngruppen mit insgesamt 60 Plätzen.

▲ Kalchrain, ehem. Zisterzienserinnenkloster. Gesamtansicht von Westen.

▶ Kalchrain, ehem. Zisterzienserinnenkloster. Zentrales Decken-Stuckmedaillon im nördlichen Eckzimmer des 2. OG mit dem gevierten Wappen des Wettinger Abtes Franz Baumgartner (1 Cîteaux, 2 und 3 Baumgartner, 4 Wettingen). Die umlaufenden zehn kleinen Schilde bezeichnen die Dorfschaften, in denen das Kloster Wettingen seit 1541 die Gerichtsgewalt innehatte.

darüber gelegenen Raum Stuckdecke sowie ein 1712 von Hans Othmar Vogler in Elgg angefertigter Ofen, beide mit Wappen des Wettinger Abtes Franz Baumgartner (gest. 1721). Zwei Zimmer des Südwestflügels mit Wappen der Rüpplin. Im Hof mehrfach erneuerter und versetzter Achteckbrunnen; die 1999 kopierte, figurenbesetzte Säule mit Wappen der Äbtissin Catharina Reich.

Nussbaumen. Ref. Kirche. Der Westteil um das Jahr 1000, ausgemalt im 1. Viertel 14. Jh. Verlängerungen nach Osten um Mitte 15. Jh. und, nach Umbauten von 1668, in den Jahren 1828–29 durch Kantonsbaumeister David Müller. Neuer Turmhelm 1858. Renov. und Erhöhung des Gotteshauses 1951–52. Die Wandmalerei des frühen 14. Jh. schildert die Passionsgeschichte vom Ölberg bis zur Kreuzabnahme in gedrängter, formelhaft knapper, aber von Volksfrömmigkeit getragener Weise. Glasgemälde im Chor 1952 von Willy Bärtschi.

Nussbaumen, ref. Kirche. Ausschnitt aus dem Passionszyklus des 14. Jh.: Dornenkrönung, Kreuztragung, Christus am Kreuz.

Profanbauten. *Dorfstr.* Nrn. 8/9. Orts- und platzbildprägende Fachwerkbauten. Nr. 8 eingreifend umgestaltet 1859, rest. und erweitert 1996–98; Nr. 9 das 1790 errichtete Schul- und Gemeindehaus, letztmals renov. 1987. – Nr. 24. **Pfarrhaus,** erbaut 1828–29 von David Müller. ■ *Im Chloster.* Nr. 1. **Mühle.** Als einstiges Zürcher Lehen zeigt der 1798 neu erstellte Riegelbau im südlichen Giebelfeld das entsprechende Wappen zwischen schildhaltenden Löwen. – Nrn. 5–9. **Klösterli St. Bläsi,** vermutlich ehem. Sitz des zürcherisch-steineggischen Untervogtes. Die ältesten, 1653 datierbaren Baukerne sind im Ostflügel enthalten. Rest. 1974–76. ■ *Steineggerstr.* **Schloss Steinegg.** Ersterwähnung 1357. Im Südwestflügel des stumpfwinkligen Baugefüges stecken noch Reste der im 13. Jh. von gleichnamigen Rittern erbauten Burg, die zwischen 1517 und 1520 ausbrannte. Ab 1584 Sitz eines zürcherischen Obervogtes. 1624–26 Bau von Südostflügel und Rondelle. Umgestaltung im Stil der Neurenaissance 1886–87 durch Christian Friedrich Hahn; seit 1901 Kurbetrieb. ■ *Uf Bürgle.* Nr. 14. **Katharinenberg.** Herrschaftliche Villa 1894–95 mit Eckturmpolygon von 1905.

Uerschhausen. Burgruine Helfenberg auf schmalem Landrücken zwischen Hüttwiler- und Hasensee. Von der 1331 genannten und seit Anfang des 15. Jh. zerfallenen Anlage sind ein Mauergeviert von 20×20 m sowie die Reste eines Eckturmes erhalten.

Uerschhausen, Burgruine Helfenberg. In der Bildmitte der noch rund 10 m hoch erhaltene Turmstock.

Kemmental

Alterswilen. Ref. Kirche, genannt 1275. Im Kern mittelalterliche Chorturmkirche, erweitert 1843–44 und 1943–44, renov. 1965–66. Silvesterglocke von 1362.

Dippishausen. Ass.-Nr. 22. **Lindenhof.** Historistische Villa, erbaut um 1900.

Dotnacht. Ass.-Nr. 18. **Ehem. Kemmenmühle,** erwähnt 1327. Neubau 1698, der symmetrische Zierriegel gegen 1800.

Hugelshofen. Ref. Kirche, erwähnt 1381. Romanische Kerne; umgebaut in spätgotischer Zeit und erneuert 1899–1900 durch August Keller. Der Käsbissenturm erhielt damals den hohen Spitzhelm, der Kirchenraum neue Fenster von Friedrich Berbig. Renov. 1947 und 1966, Aussenrest. 1985–86. Gotische Kirchenlade, 2. Drittel 15. Jh. ▪ Westlich des Dorfes Reste der **Burg Schleifenrain,** dem im 13.–14. Jh. nachweisbaren gleichnamigen Rittergeschlecht gehörig. 1969 ausgegraben.

Neuwilen. *Ober-Neuwilen.* Ass.-Nr. 62. **Altes Schulhaus,** erbaut 1846, renov. 1978.

Schwaderloh. Ass.-Nr. 13. **Gasthaus Löwen.** Ehem. Pilgerherberge am Schwabenweg Konstanz–Einsiedeln.

Kesswil

Kesswil. Ref. Kirche. Erbaut 1429, erweitert 1644; jüngste Renov. 1927 und 1957. Der Spitzhelmturm, der dem Rechteckbau östlich aufsitzt, seit 1970 eternitverkleidet. Klassizistische Kanzel, Chorstirnfenster 1959 von Carl Roesch.

Profanbauten. *Bahnhofstr.* Nr. 1. **Ehem. Gasthaus Bären,** heute Gemeindehaus (→ Abb. S. 156). Entstanden um 1700, nach Umbau 1767 Riegel blau gefasst und reiche Ausmalung des Innern in Blautönen; verschoben und rest. 1972–76 sowie 1992. ▪ *Dozwilerstr.* Nr. 1. **Ehem. Schulhaus,** 1821 neu ausgebaut. Geburtshaus des Philosophen und Pädagogen Paul Häberlin (1878–1960). – Nr. 3. **Pfarrhaus,** erbaut um 1852. Geburtshaus des Psychoanalytikers Carl Gustav Jung (1875–1961). – Nr. 7. **Ehem. Pfarrhaus.** Bohlenständer- und Riegelbau mehrerer Bauetappen, 16.–18. Jh. Rest. 1979 bis 1980. Im Innern Ranken- und Rocaillenmalereien. ▪ *Güttingerstr.* Nr. 2. Erbaut 1704, an den heutigen Standort versetzt 1972. Riegelhaus mit säulengestützter Laube. – Nr. 3. **Gasthaus Traube,** 1743. – Nr. 4. **Schulhaus,** erbaut 1885–86 von August Keller, Aussenrest. 1994. Durch Mittelrisalit betonte Schaufront von monumentaler Wirkung. ▪ *Uttwilerstr.* Nr. 2. **Ehem. Mühle,** 18.–19. Jh. Innenausstattung zum Teil erhalten. – Nr. 22. **Rosenhof,** erbaut 1909 durch Büeler & Gilg. Walmdachvilla mit flankierenden Gartenpavillons.

Riegelbauten im Thurgau

Riegelhäuser mit Giebeldach und dekorativer Fassadengestaltung prägen die ländlichen Ortsbilder des Kantons Thurgau ausserordentlich. Diese Art Hauskonstruktion setzte sich jedoch erst im 18. Jh. gegenüber dem herkömmlichen und mehrheitlich schmucklosen Ganzholzbau (Bohlenständerbau, seltener Strickbau) vehement durch. Der Vorteil der Riegel- gegenüber der Bohlenständerbauweise besteht hauptsächlich in einer Holzersparnis, denn beim Fachwerkbau werden die zwischen den Gerüsthölzern liegenden Flächen mit Mauer- oder Flechtwerk statt mit liegenden Hölzern geschlossen. Um 1810 machten die Riegelbauten in den Bezirken Diessenhofen, Kreuzlingen und Steckborn bereits mehr als 75 Prozent aller Bauten aus, während sich in den östlichen und vor allem in den südlichen Kantonsteilen der Bohlenständerbau wesentlich länger behaupten konnte.
Neben rein konstruktiven Veränderungen wandelt sich das äussere Erscheinungsbild des Thurgauer Fachwerkhauses im Laufe der Jahrhunderte beträchtlich. Während die frühen Bauten des 15.–16. Jh. durch besonders grosse Gefachfelder auffallen, wird das Netz der Konstruktionshölzer an Riegelhäusern des 17.–19. Jh. zunehmend engmaschiger. Damit verbunden ist eine Steigerung der Schmuckfreudigkeit, die im 18. Jh. ihren Höhepunkt erreichte und am Bau selbst besonders in den Feldern unter den Fensterbrüstungen zum Ausdruck kommt. Weit verbreitete Zierformen sind die geschweifte Strebe, das Andreaskreuz und die Raute oder eine Kombination der beiden letzteren. Ferner umfasst das Repertoire Wellenbänder, Viertel- und Halbkreise sowie fischgräteartig angeordnete Riegelmuster. Auch regional begrenzte Spezialitäten treten gelegentlich auf, etwa das einer Lilie ähnliche Dreiblatt im Gebiet zwischen Thur und Rhein oder das vorwiegend im

Buhwil, Hintermühle. Zierriegel als Informationsträger: Das Baudatum 1773 ist im Brüstungsfeld eines Erdgeschossfensters erkennbar.

Giebelfeld verwendete sonnenradgleiche Strahlenmotiv in der Gegend um Oberneunforn. Das «Formen» von Konstruktionshölzern entspringt jedoch nicht einzig einem Hang zur Dekoration, sondern kann mitunter auch – so z. B. bei der → *Hintermühle in Buhwil* oder am Haus → *Dorfstr. 12 in Thundorf* – Träger von Informationen sein: In äusserst geschichtsbewusster und plakativer Weise wurde in beiden Fällen das Entstehungsjahr gleich in die Wandkonstruktion miteinbezogen und damit eine bleibende Erinnerung an die Errichtung des Gebäudes geschaffen.

Doch auch durch Farbe erhielten Riegelbauten belebende Akzente. Am geläufigsten ist «Ochsenblut», wobei die Bezeichnung entgegen eines weit verbreiteten Irrtums den Farbton, und nicht echtes Tierblut meint. (Als Farbe benutzt wäre letzteres bereits nach einem Jahr kaum mehr zu erkennen). Zur Herstellung von «Ochsenblut» dienten Eisenoxid-Erdfarben. Sie waren erschwinglich und fanden entsprechend häufig Verwendung. Rar und teuer waren blaue Farbpigmente (Smalte oder das so genannte Preussischblau). Nur selten trifft man daher im Thurgau auf Bauten mit blau gefasstem Riegelwerk, unter ihnen das → *Blaue Haus in Kreuzlingen*, der → *Bären in Kesswil* und der → *Ochsen in Arbon*. Grau gestrichenes Riegelwerk wiederum verlieh dem Bau ein vornehmes Aussehen.

Paradies, Doppelbauernhaus. Aufgeblattete Kopf- und Fussstreben als Merkmale des spätmittelalterlichen Fachwerkbaus.

▲ Hauptwil, ehem. Schlosstaverne Trauben. Der 1665 datierte Prachtsriegelbau konnte durch eine Verschiebungsaktion im Jahr 1968 vor dem Abbruch bewahrt werden.

◀ Riegelbaujuwel an verkehrsbelasteter Strasse: Das ehem. Gasthaus Bären in Kesswil, das in den 1970er-Jahren an seinen heutigen Standort verschoben wurde.

Die nachfolgende Aufzählung umfasst ein Dutzend der sehenswertesten und interessantesten Fachwerkhäuser im Kanton Thurgau: → *Doppelbauernhaus Paradies* (15.–16. Jh.); → *Hohes Haus, Märstetten* (1613); → *Pfarrhaus Sitterdorf* (1633 und jünger); → *ehem. Schlosstaverne Trauben, Hauptwil* (1665); → *Wohnhaus Landschlacht* (1692); → *Kehlhof Ermatingen* (1694); → *Bären Kesswil* (um 1700); → *Ochsen Arbon* (1718); → *Gerichtshaus Zihlschlacht* (1740); → *Lydiaheim Stettfurt* (2. Hälfte 18. Jh.); → *Hintermühle Buhwil* (1773); → *ehem. Gasthaus Roter Öpfel, Sonnenberg* (1811).

Neben Einzelbauten sind es oft auch ganze Riegelbaureihen oder -gruppen, die einem Ort eine festliche Wirkung verleihen. Mit Rheinklingen, Mammern, Steckborn, Berlingen, Ermatingen, Triboltingen, Gottlieben und Tägerwilen drängt sich eine besonders malerische Folge solcher Flecken entlang den Uferstrichen von Rhein und Untersee. Am Bodensee verdienen Kesswil und Altnau Erwähnung, im Hinterland zwischen Thur und Rhein Nussbaumen und Oberneunforn, im zentralen sowie östlichen Kantonsteil Märstetten, Ottoberg und Hohentannen.

▶ Zihlschlacht, ehem. Gerichtshaus von 1740.

▼ Bischofszell, Gasthaus Muggensturm. Der ungewöhnliche Name geht auf Hans Muckensturm zurück, der 1515 die Rechte am bischofszellischen Katzensteig erwarb.

Kradolf-Schönenberg

Buhwil. *Guggenbühl.* Nr. 5. **Schulhaus.** Walmdachbau mit Uhrtürmchen, erbaut 1911–12. ■ *Hintermühle.* Nr. 1. **Hintermühle** (→ Abb. S. 154), genannt 1387. Das Baudatum (1773) des heutigen Prachtsriegelhauses im Zierfachwerk enthalten; rest. 1991–92. – Nr. 2. **Gasthaus Hintermühle,** ehem. Löwen, 18. Jh. ■ Südwestlich des Dorfes die **Burgruine Anwil,** 13.–14. Jh.

Kradolf. **Ref. Kirche,** erbaut 1975 durch Benedikt Huber. Buntverglasung 1994 von Rudolf Küenzi.

Profanbauten. *Hauptstr.* Nr. 57. **Bahnhof,** erbaut 1918. ■ *Heldswilerstr.* Nr. 10. Walmdachbau klassizistischen Zuschnitts, um 1850. Geburtshaus des Erwachsenenbildungs-Pioniers Fritz Wartenweiler (1889–1985).

Museum. Feuerwehrmuseum, Bahnhofstr. 19.

Neukirch an der Thur. **Ref. Kirche.** Erbaut 1485, erneuert 1817–19, nach Westen verlängert 1910 und gesamthaft renov. 1959–61. Auf dem dreiseitig geschlossenen Predigtraum Dachreiter von 1863. Sakramentsnische datiert 1485, Taufstein 1713, Chorfenster 1968 von Max Hunziker und Karl Ganz.

Profanbauten. *Aspenreuti.* Fachwerkbau mit bemalter Dachuntersicht, errichtet im 18. Jh., erneuert um 1823; Aussenrest. 1998–99. ■ *Hinterdorf.* Nrn. 13/15. Herrschaftshaus und ehem. Leinenmanufaktur (ab 1925 Volksbildungsheim), Mitte 19. Jh. ■ *Hub.* **Ehem. Kehlhof** (?), 1. Hälfte 18. Jh. Das gute Riegelwerk 1998 freigelegt. ■ *Mühletobel.* **Tobelmühle.** Eindrückliche, 1416 erstmals erwähnte Baugruppe mit Sägegebäude von 1673. Anlässlich Rest. 1995–96 Einbau eines Schwarzwälder Sägewerks aus dem 19. Jh.

Schönenberg. *Hauptstr.* Nr. 4. **Ehem. Seidenstoffweberei,** gegründet 1863 durch Gustav Siber-Gysi, modernisiert 1909. Die ursprünglich 140 Webstühle wurden durch ein eigenes Kraftwerk angetrieben. – Nr. 31. **Klein Rigi.** Unter Johannes Bürgis 1886 im Kurhausstil errichteter Hotelkomplex an prominenter Lage; umgebaut und mit zweitem Erkerturm versehen 1988.

Neukirch an der Thur, Tobelmühle. Wohnhaus mit Sägegebäude von 1673, das 1995–96 abgetragen und unter Verwendung der alten Substanz wieder aufgerichtet wurde.

▲ Schönenberg, ehem. Seidenstoffweberei. Die älteste erhaltene Turbine des betriebseigenen Kleinkraftwerks stammt aus dem Jahr 1882.

▶ «Landi-Nostalgie» im Thurgau: das «Weitenau-Dörfli» in Schönenberg, begonnen 1942.

▼ In den Appenzellerkriegen 1407 zerstört und nicht wieder hergestellt: die Turmruine Last in Schönenberg aus der 1. Hälfte des 13. Jh.

■ *Neukircherstr.* Nr. 1. **Obermühle.** Riegelhaus mit Tavernenschild, 1813–14.
■ *Weitenaustr.* **«Weitenau-Dörfli».** Umfangreiche Serie einfachster Riegelhäuschen, erstellt ab 1942 in Anlehnung an Max Kopps «Dörfli»-Architektur der Schweiz. Landesausstellung 1939. – Südwestlich des Ortes **Turmruine Last** (1. Hälfte 13. Jh.) der ehem. Burg Schönenberg, erwähnt 1159; rest. 1975 ff.

Kreuzlingen

Kreuzlingen. Aus der klösterlichen Siedlung beim Ort «crucelin» vor den Toren der Stadt Konstanz entwickelte sich durch Verwachsen mit den Dörfern der näheren Umgebung die heutige Grenzstadt (1921 Zusammenschluss von Emmishofen-Bernrain, Kurzrickenbach und Kreuzlingen-Egelshofen).

Hauptstr. Nrn. 85–87. **Ehem. Augustiner-Chorherrenstift.** *Bedeutende Anlage aus dem 3. Viertel 17. Jh., nach Mitte 18. Jh. im Rokokostil ausgestattet.* 1125 durch Bischof Ulrich I. gegründet zur Wiederbelebung des abgegangenen Hospiziums des hl. Konrad, das St. Gebhard nach Münsterlingen verlegt hatte, wo es sich ebenfalls nicht zu halten vermochte. Ulrich vereinte die Stiftung am Ort «crucelin» mit der dort bestehenden Ulrichskirche und ihrer Cella zu einer unter Augustinerregel stehenden kirchlichen Einrichtung. Nach der Niederlage im Schwabenkrieg 1499 zerstörten die Konstanzer das Kloster, ebenso ein zweites Mal nach der Belagerung der Stadt 1633 durch die Schweden. Diesmal, nach Jahren des Exils, erstand die Klosteranlage etwa 1 km von der Brandruine entfernt am heutigen Standort: 1650–53 erbauten Stadtwerkmeister Stephan Gunertsrainer und Steinmetz Melchior Gruber nach Plänen eines unbekannten Baumeisters die Kirche, sodann erst ein Jahrzehnt später die Vorarlberger Michael I. Beer von Au und Jakob I. Sailer die Konventbauten, deren erster Flügel 1668 bezogen wurde. 1760 Bau der Ölbergkapelle, ab 1764 Umgestaltung der Kirche und von Teilen des Klosters im Rokokostil. Aufhebung 1848; seit 1850 in den Konventgebäuden das thurgauische Lehrerseminar. Bald nach 1848 Abbruch des Flügels mit der Bibliothek, 1854 ebenso der südwestlich der Kirche stehenden, 1672 geweihten Gruftkapelle. Renov. der Seminar- bzw.

Kreuzlingen, ehem. Klosterkirche. Nordwestfassade mit Turm und Ölbergkapelle.

Kreuzlingen, ehem. Klosterkirche. Innenansicht gegen den Chor.

Konventgebäude 1924–29 und ab 1933, Renov. der Kirche 1959–63. Brand des Gesamtkomplexes am 19.–20. Juli 1963. Wiederaufbau in rekonstruktivem Sinne 1963–67 durch Hans Burkard und Denkmalpfleger Albert Knoepfli, Aussenrenov. der Kirche 2002. Im Folgenden sind die originalen Ausstattungsteile mit * gekennzeichnet. – **Basilika minor und ehem. Klosterkirche St. Ulrich und St. Afra.** Vom Mauerwerk, seiner Gliederung und Ornamentik blieben die Umfassung des Schiffes erhalten, die nördlich angefügte Ölbergkapelle und der stark eingezogene dreiseitig schliessende Chor, ferner der Turmstock im Nordwinkel der Haupttrakte, dessen Flachhaube in den Originalformen anstelle der neubarocken Krönung von 1896 rekonstruiert wurde. – Im Innern gliedern stuckierte Pilaster* die Wände; ihren Gebälken entsprosst ein krustig vielfältiges, aber elegant geformtes Rocaillenwerk, das die Kartuschen und die Hauptspiegel der Gewölbe von Chor* und Schiff umspielt und sich über den Bogenscheiteln zur Kapelle und zum Chor (Doppelwappen Kloster und Abt Donderer, reg. 1760–79) besonders reich darbietet*. Deckengemälde von Franz Ludwig Herrmann. Illusionistisch geweitete Bühnenräume dienen den geschickt inszenierten Darstellungen aus dem Ordensleben des hl. Augustinus: am backsteinernen Chorgewölbe die Verehrung des hl. Augustinus unter dem Symbol seines Herzens, das in einem goldenen Gefäss verwahrt ist*; am Gipsgewölbe des Schiffes Übergabe der Ordensregel der Augustiner-Chorherren durch Papst Gregor VII.; als Hauptbild die Erhebung des hl. Augustinus zum Kirchenlehrer, die hier Papst Gregor zugeschrieben wird. In den Kartuschen Gestalten aus dem Ordensleben und der Missionstätigkeit (Kopien von Karl Manninger nach Franz Ludwig Herrmann). Das prachtvolle, im Elfenbeinton und in Gold gefasste Chorgitter* von Jakob Hoffner 1737 führt das Auge in die Tiefe des Altarhauses durch raffinierte Scheinperspektiven dreier Portale, deren Stabwerk aufgelockert wird durch gegossene Büsten, Ranken- und Spiraleinsätze sowie durch das motivisch vielfältige Krönungswerk. Diesem Crescendo von geometrischer Gebundenheit zu kadenzierendem Formenjubel antworten im Westen Orgelbühne und -prospekt. Das Schnitzwerk der Balustrade trägt musizierende Putten; es wurde ebenso wie die gleichartigen Beichtstühle genau den Josef Raindlschen Originalen von 1769 nachgeformt. Zusammen mit dem Chorgitter* Jakob Hoffners und seinem sich stärker dem Rokoko nähernden Gitterwerk zur Ölbergkapelle* umfasst es das Schiff gleich einem elfenbeinernen Spitzenwerk. Der Grundklang wird in den Chor weitergetragen durch die nach dem Brand aus der Kirche Pfyn zurückgekaufte Chororgel*, deren Prospekt ebenfalls Josef Raindl 1764 schuf. Kanzel aus rötlich marmoriertem, reich profiliertem Holz. Der Hochaltar wurde nach der 1765 dem Deckenspiegel angepassten Anlage von 1705 rekonstruiert: viersäuliger Fensterumbau, in den Nischen die überlebensgrossen Statuen der Kirchenpatrone St. Ulrich* und St. Afra von bzw. nach Hans Christoph Schenck. Das Altarblatt ist eine Kopie (Karl Manninger) des 1824 aus Petershausen hergebrachten Kreuzigungsbildes von Johann Christoph Storer 1663. Die Seitenaltäre, Pendants von 1737, in Stuckmarmor rekonstruiert. Priestersitze (zum Teil*) und das Chorgestühl samt Abts- und Priorsitz*, Werke der Klosterschreinerei, bald nach 1765. – **Ölbergkapelle** mit Gnadenkreuz und Kalvarienberg. Deckenbild 1761 von Franz Ludwig Herrmann: Moses mit der ehernen Schlange (Manfred Leitenmeier). Stuck und Fassung des aus Buchenstöcken zu Grottenwerk aufgeschichteten Ölberges von Innozenz Beck. Die noch ca. 250 originalen, ungefassten Arvenholzstatuetten entstanden um 1720–30 in einer südostalpenländischen Werkstatt; einige Nachbildungen und Ergänzungen von Hermann Kohler. Von denselben Meistern herrliche Krippenfiguren*. Die Statuetten bilden in gefühlsbetont heftig agierender Weise Stationen der Passion Christi und durchschreiten in beinahe tänzerischer Bewegung über Serpentinen und Terrassen ein Labyrinth von Landschaften und Architekturen. Diese affektgeladenen Gruppen des leidenden und, davon getrennt, des triumphierenden Herrn laden ein zum mitbetenden Kreuzweg. Am Fuss der Anlage Grabchristus* des 17. Jh. In der Gloriole das Gnadenkreuz* des späten 14. Jh. mit so genanntem «echtem» Haupthaar, ein kostbares Bildwerk, das 1499, 1633 und 1963 den Flammen entrann. Zum dritten Mal überdauerten den Brand auch ein neu gefasstes Vesperbild* des weichen Stils aus der Zeit des Konstanzer Konzils (frühes 15. Jh.) und die Kreuzholzreliquie, die seit der Klosteraufhebung in einem modernen Kreuz aufgehoben ist. – Untere Sakristei. Qualitätvolle Schrank- und Kredenzeinbauten*,

▲ Kleinplastische Inszenierung im Landschaftslabyrinth: Ausschnitt aus der Ölbergkapelle in der ehem. Klosterkirche in Kreuzlingen.

▶ Kreuzlingen, ehem. Klosterkirche. Gnadenkreuz des späten 14. Jh. in der Ölbergkapelle, das bei den Feuerkatastrophen 1499, 1633 und 1963 kaum zu Schaden kam.

geschaffen 1669 in der Klosterschreinerei von Br. Josef Hartmann. – Obere Sakristei. Hausmuseum mit Klostergeschichte, Bildergalerie und Branddokumentation. – Kirchenschatz. Kelch von Heinrich Hamma 1586 mit Teilen des frühen 14. Jh. Augsburger Arbeiten des 18. Jh.; Einzelstücke aus Ulm (Kienlein 1660–70) und Biberach (Meister F. S., um 1720). – **Ehem. Konventgebäude,** heute Konvikt. Direktions- und Konviktleiterwohnung sowie Schultrakt des thurgauischen Lehrerseminars. Die dreigeschossigen, heute in z-förmigem Grundriss der Kirche anschliessenden Flügel von Steildächern gekrönt. Neues Westportal im Mittelflügel mit Bronzerelief «Galaxis» 1966 von Robert Lienhard; vom gleichen die Monumentalplastik «Leuchtfeuer» im Hof, um 1968. Im Südhof achtseitiger Brunnentrog Ende 18. Jh., nach Vorgänger kopiert. Bronzegruppe «Flötenspieler», 1954 von Henri König. Auf den Südhof öffnet sich auch der Hauptzugang zur ehem. Prälatur, Rokokoportal von 1761 mit sparsamen Verkröpfungen, Gebälkvasen und grossem Wappenstück (Original im Kreuzgangflügel gegen die Kirche). – Inneres. Im EG des Ost- und des Mittelflügels hofseitig der von Kreuzgewölben abgeschlossene Kreuzgang*; gegen die Innenseite Türen mit Steingewänden von 1665–68 in regelmässiger Abfolge, noch im 17. Jh. durch hölzerne Portalverkleidungen mit Flankensäulen und geradem Gebälk bereichert (zum Teil*; Fassung erneuert). Räume mit Kreuzgewölben*, nördlich des Treppenhauses zum Konvikt das alte Refektorium mit guter Rokokostuckdecke*. Von den al fresco gemalten Heiligenporträts (Modelle: Kreuzlinger Chorherren) sind die aussenseitigen Originale, die gangseitigen Kopien (Karl Haaga, Karl Manninger). An den Schmalwänden Reste von Zimmerpanneaux*: treffliche, dem Augsburger Akademiestil des 18. Jh. nahe stehende Bilder zur Geschichte des Verlorenen Sohnes. Im modern ausgestatteten Konvikttreppenhaus Wandteppiche 1959 und 1963 von Mario Prassinos. Vom Haupteingang des Südfügels führt eine Balustertreppe mit doppelläufigem Ansatz in die beiden Längsgänge der ehem. Prälatur. Im Treppenhaus Rokokostuck*, ebenso in den Gängen bei den Broschen über den Bilderrahmen und in der dekorativen Portalarchitektur um die beiden im Régencestil geschnitzten Flügeltüren* der Schmalseiten. Fünf Türen aus dem 17. Jh.* mit gelb-rot getigerter, erneuerter Fassung; versetzte Stücke aus dem Konvikttrakt. Eingesetzte Leinwandbilder*: Serie von Bildnissen römischer Kaiser, in Supraporten Allegorien auf Künste und Wissenschaften, Ordensheilige, Abt- und Wohltäterporträts, religiöse Szenen, u.a. von Jakob Karl Stauder. Unter den wenigen erhaltenen historischen Räumen ein Kreuzgewölbe mit Versatzstuck des 17. Jh., ferner ein Klostergewölbe mit feinem Rokokostuck. Moderne Zimmer mit zeitgenössischer Grafik und Werken von Adolf Dietrich, Carl Roesch, Anton Bernhardsgrütter u.a. – Seminarneubau von Rudolf und Esther Guyer 1969–72; Plastiken von Raffael Benazzi, Bernard Schorderet und Ed Sommer. ■ *Bernrainstr.* Nr. 71. **Wallfahrtskapelle Heiligkreuz**. Stiftung des Konstanzer Leinenwebers Johann Kräntzli 1388. Gemäss Legende soll der Bau an einen Knaben erinnern, der das Gnadenkreuz spottend betastet hatte und nicht mehr von ihm losgekommen war. Der Chor und ein kurzes Schiff 1460 südwärts erweitert um die Sakristei, Innenumgestaltung und Westanbau 1838; rest. 1987–88. Im Einheitsraum Barockaltar aus der St. Annakapelle Gottlieben; das Gnadenkreuz um 1355 verkörpert den Spätstil der Konstanzer Heinrichswerkstatt. Vorzügliche Josefsstatue 1683 von Christoph Daniel Schenck; Kreuzigungsbild 1764 von Franz Ludwig Herrmann. In der **Marienkapelle** Altärchen mit Plastiken von Payer & Wipplinger, Anfang 20. Jh. ■ *Bleichestr.* Nr. 7. **Ref. Kirche Kurzrickenbach**. Teile der ehem. spätromanischen St. Peterskapelle im Südwestabschnitt des heutigen, 1603 und 1695 erweiterten Baues erhalten. Dachreiterturm 1966 völlig neu gestaltet. Renov. 1921 und, mit Erweiterung nach Osten, 1966 durch Ernst Oberhänsli. Grisaillebemalte Kanzel 1698 von Abraham Stauder; Taufstein 1593 mit Deckel von 1673. Zwei Evangelistenfenster 1966 von Gian Casty; Wandteppich «Kreuzgarten» 1986 von Hans Rudolf Strupler. ■ *Bärenstr.* Nr. 9. **Ref. Kirche Egelshofen,** erbaut 1724 nach Plänen von Johann Heinrich Nötzli. Erweiterung und Turmneubau 1898 durch August Keller, Innenrenov. 1969. Wappenscheiben der Stände Bern und Zürich, der Stadt St. Gallen sowie von Regimentsgeschlechtern. Kanzel und Taufstein von 1724. Zugekaufter Teppich um 1600, Moses vor der ehernen Schlange. Pendeluhrwerk 1898 von Mäder, Andelfingen. Auf dem Friedhof weibliche Bronzefigur 1954 von Henri König. ■ *Bernrainstr.* Nr. 10. **Kath. Kirche St. Stephan.** Neubarockbau von Albert Rimli 1902; rest. 1981–82 durch Hermann Schmidt. Kanzel, Taufstein, Altar- und Stationenreliefs nach Modellen des Kölners C. Schmitz in Majolikatechnik ausgeführt durch die einheimische Ofenfabrik Burkart; Hochaltarstatuen von Carl Joseph Leuch.

▲ Kreuzlingen, Wallfahrtskapelle Heiligkreuz. Hochgotisches Kruzifix am Altar, um 1355.

▶ Kreuzlingen, kath. Kirche St. Stephan. Neubarocke Keramikkanzel von 1902, ein ebenso ehrgeiziges wie ungewöhnliches Erzeugnis aus der lokalen Ofenfabrik Burkart.

Profanbauten. *Bahnhofstr.* Nr. 15. **Ehem. Tricotfabrik,** gegründet 1905 von Pius Wieler, heute Schulhaus. – Nr. 39. Backstein-Gewerbebau von 1902. ■ *Bärenhölzli.* **Forsthof.** Neubau 2002 von Imhof & Roth. ■ *Bärenstr.* Nr. 2, erbaut 1913 von Weideli & Kressibuch im engl. Landhausstil. – Nr. 6. **Rosenegg.** Geburtshaus der Malerin Helen Dahm, heute Schulhaus und Museum. Das geriegelte Hinterhaus noch 17. Jh., der Mittel- und Verbindungsbau nach 1750, das im Louis-XVI-Stil gehaltene Vorderhaus für Johann Jakob Bächler 1774–84 neu erbaut; rest. 1974–77. Der dreiachsige Mittelteil mit Freitreppe und vasenbestandenem Portal ist durch Lisenen von den schmaleren Flügeln geschieden und durchstösst das Mansarddach in einem aufge-

Kreuzlingen, Rosenegg. Portalfront im Louis-XVI-Stil, um 1780, rechts Ausschnitt aus der Stuckdecke im Saal mit personifizierter Darstellung des asiatischen Kontinentes.

schwungenen Giebel. Gutes Gartenportal. Im OG Stuckaturen von Lorenz Schmid. – Nr. 12. **Ehem. Schuhfabrik Kreuzlingen AG.** Mehrfach erweitertes Industrieensemble von 1890. – Nr. 38. **Gasthaus Bären.** Fachwerkbau Mitte 18. Jh. Rest. 1988–90. ▪ *Bergstr.* Nr. 21. **Sandbühl.** Riegelhaus 1543, am Eckständer so genannte Neidköpfe zur Abwehr böser Geister. ▪ *Bernegg-str.* Nr. 6. **Schloss Bernegg.** Freisitz ab 1623, seit 1702 Besitz der Familie v. Merhart. Dem kleinen Stammhaus Häldeli wurde 1795 ein vierstöckiger Neubau angefügt, der um Mitte 19. Jh. ein Türmchen erhielt; jüngste Renov. 1970. ▪ *Bernrainstr.* Nr. 1. **Adler.** Ehem. Herberge «zum Englischen Gruss» am alten Pilgerweg Konstanz–Einsiedeln; rest. 2002 ff. Qualitätvolle Innenausstattung des mittleren 18. Jh., u. a. stuckierter hl. Georg mit Drache. – Nr. 3. **Hirschen,** ehem. Gasthaus, erbaut 1796–97, renov. 1986. – Nr. 8. **Kath. Pfarrhaus.** Flachdachkomplex, errichtet 1963 von Annemarie und Hugo Hartmann. – Nr. 12. **Schulhaus Emmishofen,** erbaut 1916–17 nach Projekt von Weideli & Kressibuch. Neuklassizistischer Fassadenschmuck. ▪ *Bleiche-str.* Nr. 9. **Ref. Kirchgemeindehaus Kurzrickenbach.** Riegelbau des 18. Jh. mit bemalter Balkendecke; renov. 1984–85. ▪ *Breitenrainstr.* Nr. 21. **Sternwarte,** erbaut 1976 durch Scherrer & Hartung; neues Planetarium anlässlich Renov. 2000–02. ▪ *Brunneggstr.* **Schloss Brunnegg,** bis 1874 Unter- oder Altgirsberg. Landsitz des Klosters Obermarchtal, erstellt 1680 anstelle einer angeblich den Girsbergern gehörenden Burg. In historisierenden Formen umgebaut 1874 nach Plänen des Stuttgarters Otto Tafel für den Psychiater Ludwig Binswanger; Sanierung und Ausbau zum Gasthaus ab 1996 durch Zeljko Berger. ▪ *Döbelistr.* Nr. 13. **Empfangsstelle für Asylbewerber,** erbaut 2002 von Beat Consoni. ▪ *Finkernstr.* Nr. 28. **R. V. Neher AG.** Walzwerk für Aluminiumfolien, erbaut 1911 nach Plänen von Architekt Heinrichs. Gewinkelte Zweiflügelanlage, deren Rasterfassaden von früher franz. Betonarchitektur beeinflusst sind. ▪ *Fohrenhölzlistr.* **Schützenhaus,** erbaut 1912. ▪ *Gaissbergstr.* Nr. 1. **Kath. Kirchgemeindehaus.** Flachdachkomplex 1960–61 von Alois Müggler. – Nrn. 6–8. **Schulzentrum Egelsee.** Erbaut 1960–62 durch Edwin Schoch; Betongusskomposition 1963 von Max Oertli. Erweiterungsbau Realschule 1972–75 von Scherrer & Hartung; Aluminiumrelief von Marcello Morandini. – Nr. 34. **Felsenburg.** Neubau nach 1754 auf Veranlassung der «Gottes Augustiner in Constanz». Breit gelagerter Walmdachbau biedermeierlichen Zuschnitts, renov. 1847 und 1933. ▪ *Gemeindeplatz.* Nr. 1. **Ehem. Gemeindehaus Egelshofen,** erbaut 1733, nach 1862 Schulhaus; rest. 1982–83. ▪ *Girsbergstr.* Nr. 1. **Schloss Girsberg,** seit 1582 Freisitz. Neubau 1790, ab 1869 Besitz des Flugpioniers Graf Ferdinand v. Zeppelin; renov. 1953 und 1985. ▪ *Hafenstr.* Nr. 25. **Hafen-Bahnhof,** erbaut 1870–71 von Friedrich Seitz für die Nordostbahngesellschaft. – Nr. 50. **Ehem. Stromeyer-Fabrik.** 1912 als Filiale der Konstanzer Zelt- und Deckenfabrik durch den Stuttgarter Philipp Jakob Manz in historisierenden Formen errichtet. ▪ *Hauptstr.* Nr. 3. Mosaik «Freundlicher Empfang» 1958 von Emil Josef Mehr. – Nr. 5. **Bezirksgebäude,** ehedem Thurgauer Kantonalbank.

Das Bellevue-Areal zwischen Konstanzerstrasse, Bahnlinie und See
1843 liess Ignaz Vanotti aus Konstanz auf dem Gelände des alten Klosters ein Wohn- und Geschäftshaus für die bedeutende dt. Emigrantendruckerei «Bellevue» erbauen. 1857 erwarb der Münsterlinger Irrenarzt Ludwig Binswanger das Areal und gründete darauf eine moderne Privatklinik für Nerven- und Gemütskranke (u.a. Aufenthaltsort von Ernst Ludwig Kirchner 1917). Von den zahlreichen Bauten der 1980 geschlossenen Klinik entgingen nur zwei Villen der Rodungs- und Abbruchaktion von 1990: *Hauptstr.* Nr. 14. *Belle-Vue,* erbaut 1843 als zweigeschossiges Biedermeierhaus, aufgestockt 1863. – Nr. 16. *Roberta,* erbaut 1893 von Wilhelm Martin. – Das 1907 errichtete Parkhaus, Brückenstr. 9, erstand nach seinem Einsturz 1990 mit rekonstruierter Fassade wieder.

Quasi-Neubau 1929–30 durch Weideli & Eberli. – Nr. 33. **Credit Suisse.** Historistischer Monumentalbau mit gehaltvoll instrumentierten Fassaden und wuchtigem Säulenportikus, erbaut 1903 für die Thurgauische Hypothekenbank, rest. 1978. – Nr. 74. **Sallmannsches Haus.** Das Vorderhaus in vornehmen Louis-XVI-Formen liess Johann Ulrich Bächler 1815–16 an ein bestehendes Fachwerkgebäude von 1748 anfügen; Gartenportal von Lukas Ahorn; beachtliche Innenausstattung. Rest. gesamthaft 1975–79, aussen 2002. – Nordöstlich davon die ursprünglich zugehörige **Parkanlage Dreispitz** mit bronzenen Brunnenfiguren von Henri König (1933) und Friedel Grieder (1935). – Nr. 96. **Kath. Pfarrhaus.** Scharf geschnittener Baublock unter Walmdach, erbaut 1893. – Nr. 112. **Post,** 1918–19. Markanter Verputzbau mit Schweifgiebeln und qualitätvollen bauplastischen Elementen. – Nr. 138. **Blaues Haus.** Prunkriegelbau des 18. Jh.; rest. 1982–83 und 2002. ■ *Irseeweg.* Nr. 6. **Schlösschen Irsee.** Neubau 1683 für das Benediktiner-

Kreuzlingen, Sallmannsches Haus. Hauptgebäude aus den Jahren 1815–16 und Rückgebäude.

Reichskloster Irsee bei Kaufbeuren, umgestaltet 1943–44, rest. 1981. Wappenstein aus der Bauzeit. ■ *Kirchstr.* Nr. 17. **Alterszentrum.** Mehrflügeliger Raster- und Stelzenbau in Beton 1971–73 von Antoniol & Huber; erweitert 2001. ■ *Konstanzerstr.* Nr. 32. **Kino Apollo.** Neubau 1932 von Gottlieb Kugler. – Nr. 39. **Alte Post Emmishofen.** Heutiges Fassadengepräge um 1900. – Nrn. 52/54. **Mon Bijou und Salve.** Villen von 1895 und 1896 mit originell bemalten Fassaden; Nr. 52 aussen rest. 2000. – Nr. 58. **Gasthaus Grödeli,** Fachwerkbau von 1610; rest. Mitte der 1990er-Jahre. ■ *Lohstr.* Nrn. 20/22. **Ebersberg,** ehem. Obergirsberg, im 17.–18. Jh. Kunzenhof. Nach Brand 1848 Wiederaufbau in Spätbiedermeierformen, entstellende Renov. in den 1950er-Jahren. Nr. 22 Trotte und Pächterhaus, datiert 1798. ■ *Löwenstr.* Nr. 7. **Rathaus.** 1885–86 als Feuerwehrgebäude neu erstellt und 1891 mit einem Gerichtssaal ausgestattet; rest. 2001. ■ *Marktweg.* Nr. 12. **Wehrli-Schulhaus,** erbaut 1950–52 durch Edwin Schoch; Bronzeplastik von Friedel Grieder, Foyer-Mosaik von Carl Roesch. ■ *Mühlestr.* Nr. 1. **Vordere oder Bühlermühle.** Riegelbau mit Mansarddach, 18.–19. Jh. – Nr. 16. **Alte Mühle** am Saubach. Heutiger Bau des schon im 15. Jh. erwähnten Anwesens vermutlich 1703 entstanden; jüngste Renov. 1985. ■ *Nationalstr.* Nr. 1. **Ehem. Hauptpost,** erbaut 1930 von Heinz Albert Schellenberg nach den Gestaltungsprinzipien des Neuen Bauens. ■ *Pestalozzistr.* Nr. 7. **Kantonsschule** (→ Abb. S. 31), ursprünglich Primar-, ab 1885 Sekundarschule. Altbau 1881–82 in klassizistischer Manier aufgeführt. Nach Erweiterung 1972 und Aufstockung 1980 klärten die Zürcher Architekten Marc Ryf und Kristin Müller die heterogene Situation 1998–2000 mit einem winkelförmigen Ergänzungsbau. Volumetrisch differenzierte Architektur mit zentralem Lichtkörper, der gleichzeitig als riesige Vitrine dient. – Südostwärts anschliessend Nr. 9, **Sekundarschule,** erbaut 1938 von Heinz Albert Schellenberg; Wandgemälde im Entrée von Carl Roesch, 1945. – Nr. 11. Holzbau im Chaletstil mit filigraner Sägezier, 1892. ■ *Promenadenstr.* Nr. 7. **Cécile,** ursprünglich Villa Hörnliberg, erbaut 1896 durch Wilhelm Martin, heute Jugendherberge. ■ *Remisbergstr.* Nr. 31. **Römerburg,** ursprünglich Remisberg. Neubau vermutlich vor 1552 für Hans Kaspar Morell, Umbauten Ende 16. Jh., um 1750 unter den Leinern und 1880. Um 1840 Standort der 1843 ins Bellevue verlegten Emigrantendruckerei. Massiges Staffelgiebelhaus mit Eckerkertürmchen. Unter der reichhaltigen Ausstattung eine Fenstersäule, datiert 1596, und ein Winterthurer Ofen, vermutlich von Hans Heinrich I. Pfau. ■ *Romanshornerstr.* Nr. 63. **Schulanlage Kurzrickenbach.** Der Altbau 1911–13 durch Weideli & Kressibuch, der zurückgestaffelte Erweiterungsbau 1966–67 durch Gottlieb Gremli erstellt; Bronzeplastik «Equinoxe» 1969 von André Ramseyer, im Foyer Wandteppich von Mario Prassinos, um 1965. ■ *Rosgartenstr.* Nr. 8. **Gasthaus Traube.** Wahrscheinlich ehem. Gerichtshaus der Vogtei Eggen. Spätgotischer Treppengiebelbau, um 1727 nach Osten erweitert und mit zwei zwiebelbeschirmten Eckerkern versehen; renov. nach Brand 1977. ■ *Schulstr.* Nr. 20. **Schreiberschulhaus.** Walmge-

Kreuzlingen, Römerburg. Ansicht von Norden und datierte Fenstersäule.

deckter Betonbau, errichtet 1907–09 von Weideli & Kressibuch. ▪ *Schützenstr.* Nr. 37. Neuklassizistische Villa mit prunkvoller Ausstattung, erbaut 1915–16 von Weideli & Kressibuch für den Schuhfabrikanten Louis Raichle. ▪ *Seeblickstr.* Nr. 20. **Elektrizitätswerk.** Fassadenbild «Energie» 1957 von Hermann Knecht. ▪ *Seestr.* **Hafenanlage.** Im Park figürliche Plastiken von Friedel Grieder (um 1930), Emil Burkhard (1954) und Henri König (1980); Neugestaltung des Hafens 2003 durch Paolo Bürgi. ▪ *Seeweg.* **Gasthaus Schloss Seeburg,** ehem. Neuhorn. Als Freisitz der Atzenhorn erbaut 1598, 1633 durch die Schweden ausgebrannt, Wiederaufbau 1664 durch das Kloster Kreuzlingen, dessen Äbte das Haus als Sommersitz nutzten. 1833–50 erstes thurgauisches Lehrerseminar. In den 1870er-Jahren nach Süden erweitert und im historisierenden Villenstil umgestaltet durch Ernst Georg Jung und Wilhelm Martin; rest. 1982–83 durch Ernst Oberhänsli. Staffelgiebelhaus mit Rustikasockel und Eckerkertürmen. Wappensteine von Kreuzlinger Äbten 1604/09, 1617 und 1619 (Strassburger), 2. Viertel 17. Jh. (Denkinger), 1718 (Fichtel), 1725/60 (Dannegger) u. a. Zugekaufte Steckborner Öfen von Daniel IV. Meyer 1715, der Meyer-Werkstatt um Mitte 18. Jh. (aus dem Haus Rosgartenstr. 8) und von Daniel IV. oder V. Meyer 1738 (aus dem Kloster Feldbach?). Interessante Einzelkacheln. Im Park Bronzeplastik 1936 von Friedel Grieder. – Am einstigen Getreidehafen östlich der Seeburg die ehem. klösterliche **Kornschütte,** ein Staffelgiebelhaus des 16.–17. Jh., heute Seemuseum; rest. 1990–93 durch Peter Hartung. ▪ *Sonnenhof.* Nr. 9. Erstes Hochhaus von Kreuzlingen, zehngeschossig erbaut 1957. ▪ *Sonnenplatz.* Brunnenplastik 1953 von Arnold Huggler. ▪ *Wasenstr.*

Historistisch eingekleideter Herrschaftssitz mit reichem Innenleben: die Seeburg in Kreuzlingen.

Nr. 4. **Felsenschlössli.** Erbaut kurz nach 1567 durch Heinrich Hagen, Frauenfeld, bis 1711 Besitz der Familie Fels, später des Stifts. Umbau zu Schulhaus 1895. Purifizierter Treppengiebelbau mit Zugankern. – Nr. 22. **Ehem. Schuhfabrik Weill AG,** erbaut 1911 von Philipp Jakob Manz. Viergeschossige, von Neuklassizismus und nationaler Romantik geprägte Rasterfassaden.
Museen. Heimatmuseum, Bärenstr. 6. – Puppenmuseum, Girsbergstr. 2. – Hausmuseum des Klosters, Hauptstr. 85. – Feuerwehrmuseum, Löwenstr. 7. – Seemuseum, Seeweg 3.

Langrickenbach

Eggethof. Ass.-Nr. 134. **Ehem. Gasthaus Rössli,** 17.–18. Jh., renov. 1995. Säulenunterfangener Quergiebeltrakt in Fachwerk.
Herrenhof. Ass.-Nr. 208. Vermutlich 1819 zur heutigen Gestalt veränderter Bau mit fischgräteartiger Riegelzeichnung. ▪ Ass.-Nr. 223. **Altwegghaus.** Grosser Bau mit Mansarddach, errichtet 1811–13.
Langrickenbach. **Ref. Kirche.** Gedrungener Rechteckbau von 1728–31; Umbau des östlichen Frontturmes 1897–99. Innenrest. 1996–97.
Profanbauten. Ass.-Nr. 2. **Ehem. Pfarrhaus** von 1817.
Zuben. Ass.-Nr. 272. **Gasthaus Kreuzstrasse,** Riegelhaus des 18.–19. Jh., im Aussenbau rest. 1991. ▪ Ass.-Nr. 292. **Schulhaus.** Kraftvoll gegliederter Gebäudekomplex, errichtet 1905–06 von Albert Brenner.

Lengwil

Illighausen. Ref. Kirche, erwähnt 1312, umgebaut 1512. Neubau 1863–64 durch Baumeister Raggenbass und Joachim Wellauer. Völlige Neugestaltung des Rechtecksaales 1969–70 durch Peter Hartung; Glasgemälde, Taufe Christi, von Hans Affeltranger.

Profanbauten. *Kirchstr.* Nr. 3. **Primarschulhaus.** Zinkblechverschindelter Winkelbau 1998–99 von Astrid Staufer und Thomas Hasler. – Nr. 6. Riegelbau des frühen 19. Jh. mit Mansarddach und neuem Rundtürmchen. ▪ *Wilenstr.* Nr. 2. **Ehem. Schulhaus,** erbaut 1843–44 in ausgewogenen Proportionen, nordostwärts erweitert 1949.

Lengwil. *Bahnhofstr.* Nr. 1. **Gasthaus Sternen.** Fachwerkbau, 18. Jh. – **Bahnhof,** errichtet 1911 für die Mittel-Thurgau-Bahn. ▪ *Dettighoferstr.* Nr. 1. **Gasthaus Sonne,** 18. Jh., mehrfach renov., zuletzt 1992.

Oberhofen bei Kreuzlingen. **Paritätische Kirche,** früher Filiale von St. Stephan in Konstanz. Schiff und flachwinklig gebrochener Polygonalchor von 1519; Baudatum über dem Durchgang vom Chor in den wohl gleichzeitigen Turm, der 1899 seinen buntzieglig gemusterten Aufsatz erhielt. Renov. 1802 und 1874; Innenumgestaltung 1965–66 durch Hugo Bertet. Taufstein 1712, Kanzel 1723, Chorfenster 1965 nach Entwürfen von Hans Affeltranger.

Profanbauten. *Hauptstr.* Nr. 7. **Schulhaus.** Majolika-Wandbild «Die vier Rassen» von Hans Affeltranger, 1963. ▪ *Schmittenstr.* Nr. 8. **Altes Schulhaus,** erbaut 1839. ▪ **Schloss Liebburg,** nordöstlich des Dorfes. Neubau in der 2. Hälfte 18. Jh., angeblich nach einem Erdbeben, das die ca. 200 m entfernte alte Burg unbewohnbar gemacht haben soll. Ausbau nach 1899, Rechteckbau mit schmalem Quergiebeltrakt, alles zinnengekrönt. Walmdach mit Uhrtürmchen.

Oberhofen bei Kreuzlingen, Schloss Liebburg.

Lommis

Lommis. *Kirchstr.* **Kath. Pfarrkirche St. Jakob.** Die vorromanische Kapelle mit eingezogenem Rechteckchor im 12.–13. Jh. vergrössert und unter den Muntprat in der 2. Hälfte 15. Jh. umgebaut; renov. 1840 und 1892–93 (August Hardegger), 1943 Vergrösserung der Empore, rest. 1983–84 durch Felix Schmid und Oskar Pekarek. Die zweischiffige Anlage besteht aus dem mittelalterlichen Hauptschiff, das sich südlich durch Arkaden auf das Seitenschiff von 1504 öffnet, sowie aus dem gleichzeitigen Polygonalchor und der Muntprat-Grabkapelle, die südlich des Chors anstelle der 1479 gebauten Marienkapelle trat. An der Westfront der unverputzte Turm von 1495 mit neugotischem Treppengiebel von 1876; südlich anschliessend die Iddakapelle von 1701, die die Stelle einer älteren Michaelskapelle einnimmt. Im Schiff Gipstonne von 1840, im Chor und in der Muntprat-Grabkapelle Kreuzgewölbe mit je einem Muntprat-Wappen im Schlussstein. In der Nordwand des Chors ein spätgotisches Sakramentshaus mit Fischblasenmasswerk. Historisierende Dekorationsmalerei 1892–93 von Josef Traub. Neugotische Altäre 1864 der Gebr. Müller aus Wil, Blätter von Melchior Paul Deschwanden, ferner vier Heiligenfiguren des 17. Jh. In der Grabkapelle Gedächtnistafel für Wilhelm Muntprat v. Spiegelberg, 1579. In der Iddakapelle Federrankenaltar um 1701, wahrscheinlich Werk der Marx-Fröhli-Werkstatt. Der Fischinger Wappenstein von 1624 (Abt Plazidus Brunschweiler) stammt aus dem 1853 abgetragenen Schloss Lommis. Im Kirchenschatz Muntprat-Kelch 1517. ■ *Matzingerstr.* **Ref. Kirche,** 1965–66 von Kräher & Jenni. Taufstein 1693–95 aus der ehem. paritätischen St. Jakobskirche. Glasgemälde von Paul Stöckli, Türplastik von Margarethe Stettler-Burgermeister.

Profanbauten. *Flurstr.* Nr. 2. **Neuhüsli,** erbaut 1834 als Ruhesitz der Fabrikantenfamilie Fröhlich. ■ *Kirchstr.* Nr. 3. **Kehlhof,** 1716. – Nr. 13. **Zweites kath. Schulhaus,** 1847. – Nr. 14. **Erstes kath. Schulhaus,** 1750. – Nrn. 17/19. **Ehem. Pfarrhaus und Kaplanei mit Waschhaus.** Geschlossene Baugruppe des mittleren 19. Jh. – **Schlössli.** Baulicher Restbestand des 1853 abgebrochenen Schlosses. ■ *Sägestr.* Nr. 2. **Ehem. Stickerei Wellauer & Müller.** 1910 erstellter Flachdachbau, der seit den 1930er-Jahren als Schuhfabrik diente. ■ **Ehem. Baumwollspinnerei Lauchetal,** nordwestlich des Dorfes. Gegründet 1817 von Kaspar Fröhlich und Konrad Wellauer, nach 1834 Mühlebetrieb.

Lommis, kath. Pfarrkirche St. Jakob. Mittelalterliches Hauptschiff mit historistischer Ausstattung und Ausmalung von 1892–93.

Mammern

Klingenzell. Pfarr- und Wallfahrtskirche Mariahilf, gelegen südwestlich von Mammern an einem der schönsten Aussichtspunkte mit Blick auf Untersee und Rhein. Die Vorgängerin der Wallfahrtskirche war durch den Stifter Walter V. v. Hohenklingen dem Kloster St. Georgen zu Stein am Rhein übergeben worden, mit der Bedingung, dass dieses hier eine Propstei einrichte. 1581–1803 dem Kloster Petershausen bei Konstanz einverleibt. Brand der Propsteigebäude 1957. Der Bau der jetzigen Kapelle erfolgte 1704–05 etwas weiter vom Hang weg unter Abt Franz Oederlin von Petershausen; Bauausführung durch Johann Dobler. Rest.aussen 1985–87, innen 1992–94. Anlage von kreuzförmigem Grundriss, bestehend aus Schiff, Querhaus von geringerer Firsthöhe und dreiseitig geschlossenem Chor. Dachreiter mit Zwiebel; am südlichen Quergiebel Sonnenuhr mit Benediktskreuz, gemalt 1956 nach wahrscheinlich barockem Vorbild; über dem Westportal Wappenstein des Bauherrn Franz Oederlin 1705. Im Schiff stuckierte Flachdecke mit Gemälde 1899 von Augustin Müller, Warth. Das Querschiff unten durch eingebaute Sakristeien geschlossen, oben loggienartig als Gesangsemporen geöffnet. Überwölbter Chor. Hochaltar von 1737, Seitenaltäre von 1742 mit guten Statuen; epistelseitig das Gnadenbild, eine Pietà aus dem 2. Viertel 14. Jh. Altarblätter von Melchior Paul Deschwanden und Josef Alois Eicher 1863–64. Orgel 1874 von Johann Heinrich Schaefer aus Heilbronn. – Im Grottenwald Kreuzweg 1988 von Bruno Pfyl.

Mammern. Anstelle der 1909 abgebrannten paritätischen Kirche im Dorf baute jede Konfession ein eigenes Gotteshaus. *Störenbergstr.* **Ref. Kirche.** 1910–11 in Formen des Heimatstiles errichtet durch Büeler & Gilg; Glasge-

Klingenzell, Pfarr- und Wallfahrtskirche Mariahilf. Ansicht von Südosten; rechts das Gnadenbild, eine gotische Schnitzfigur aus der Gründungszeit der Propstei, 2. Viertel 14. Jh.

mälde nach Entwürfen von Carl Roesch. Ausmalung der Apsis 1994 durch Heinrich Stäubli. ▪ *Hauptstr.* **Kath. Kirche St. Blasius.** Neugotische Anlage 1911–13 von Albert Rimli, ausgestattet durch Johann Evangelist Ploner, Glasfenster von Lütz & Elmpt; Pietà 17. Jh. Neugestaltung des Altarbereiches durch Fredi Thalmann anlässlich Innenrest. 1991–92. Beachtlicher Kirchenschatz. Profanbauten. *Bahnhofstr.* Nr. 6. **Bahnhof.** Landstation-Normtyp mit vertikaler Verbretterung, erbaut 1874 nach Entwurf von Conrad Bär, später aufgestockt. Rest. und umgenutzt 1994. ▪ *Hauptstr.* Nr. 2. Ehem. Dependance der Kuranstalt, heute Personalhaus. Heimatstilvilla mit Dachreiter, erbaut 1901–02 von Otto Bridler. – Nr. 4. **Gasthaus Adler** (→ Abb. S. 137). Riegelbau mit Mansarddach, um 1780; Gartenpavillon von 1908. – Nrn. 44–46. **Einfamilienhaus mit Atelier,** 1998–99 von Joachim Marx. Höhenversetzte Sichtbetonriegel mit verbindendem Innenhof. ▪ *Ringstr.* Nr. 2. **Ehem. kath. Pfarrhaus,** erbaut 1839–40 durch Felix Wilhelm Kubly. Flacher klassizistischer Walmdachbau mit rautenförmigen Kniestocköffnungen. – Nr. 3. **Schloss.** Das ehem., 1621 schon mauerumschlossene Amtshaus wurde bald darauf durch einen ital. Baumeister zum Schloss umgestaltet für die aus Uri stammenden Herren v. Roll, die 1620 die Herrschaft Mammern und Neuburg übernommen hatten. Ab 1687 Besitz des Klosters Rheinau. 1772–73 Umbau nach Brand sowie neuer Südflügel. Ab 1866 Kuranstalt, heute Klinik. Erweiterungsbau 1990f. von Rudolf und Esther Guyer. – Bei Nr. 3. **Schlosskapelle.** *Ausgezeichnet durch eine der gelungensten illusionistischen Ausmalungen des frühen Rokoko.* Im Auftrag des Klosters Rheinau erbaut 1749–50 durch Michael I. Beer von Bildstein. Ausmalung von Franz Ludwig Herrmann; Übermalung der Fresken 1822 durch dessen Sohn Franz Xaver (1946–49 entfernt). Rest. 1979–92. Die Raumfolge ist von der Kuppel aus entwickelt, die sich über der verschliffenen Kreuzungsstelle des Längsbaues mit dem firstniedrigeren Querschiff erhebt. Auf eine weitergehende realarchitektonische Gliederung wird mit Ausnahme der in den Querarmen

Mammern, kath. Kirche St. Blasius. Innenraum mit stimmungsvoller neugotischer Ausstattung.

Mammern, Einfamilienhaus mit Atelier. Gelungene Gebäudedisposition zwischen stark befahrener Strasse und Seeufer.

vorgewölbten Emporen verzichtet. Alle Akzentuierungen durch illusionistisch gemalte Altarbauten, Stuckzierden und Gewölbebilder. Die Deckengemälde zeigen im Hauptspiegel Maria als Patronin der Christenheit, in der Kuppel die unbefleckte Empfängnis, am Chorgewölbe die hl. Dreifaltigkeit; in den Lünetten Kirchenväter und Evangelisten. Stationen von 1768; intarsierter Beichtstuhl 1757. Grabmal mit Liegefigur des Komturs Johann Walter v. Roll (gest. 1639), Werk in drei Steinarten 1640–41 von Hans Conrad Asper aus der abgebrannten paritätischen Pfarrkirche. – Auf der Ufermauer des Schlossparks sandsteinerne Doppelfigur des hl. Nepomuk, vermutlich Arbeit des Johann Georg Spengler I. oder II., um 1750. ■ *Seehaldestr.* Nr. 3. **Ein-**

◀ Mammern, Schlosskapelle. Orgel von Johann Jakob Bommer (?), um 1750, rekonstruiert 1986.

▲ Mammern, Schlosskapelle. Für das Grabmal des 1639 verstorbenen Komturs Johann Walter v. Roll wurden drei Steinsorten verwendet: Rorschacher Sandstein, Oehninger Süsswasserkalkstein und Glarner Schiefer.

Mammern, Schlosskapelle. Verschlüsselte Anspielung auf die Bauherrschaft der Kapelle: die gemalte Scheinarchitektur am Hochaltar mit Motivzitaten vom Hochaltar des Klosters Rheinau.

familienhaus, erbaut 1972 von Gerold Dietrich. ■ *Seestr.* Nr. 3. **Gasthaus Schiff.** Fachwerkbau mit schöner Täferstube 1788. – Bei Nr. 3. **Ehem. Schulhaus,** hervorgegangen 1834 aus dem einstigen Schneiderhäusli. ■ *Störenbergstr.* Nr. 2. **Ref.Pfarrhaus,** erbaut um 1850. Ursprünglicher Fassadenschmuck entfernt. ■ Zeugnisse des Neuen Bauens im Uferbereich westlich und nordöstlich von Mammern: **Wochenendhaus** 1932 von Scherrer & Meyer. – **Sommerhaus B.** 1936 von Alfred Altherr; Treppenhausturm 1997. – **Wochenendhaus** 1936 von Alfred Roth. ■ Nordöstlich von Mammern: **Ruine Neuburg.** *Bedeutende Burganlage am Untersee mit vorzüglich erhalte-*

Eine der unverfälschten alten Gaststuben im Kanton Thurgau: das Interieur des Gasthauses Schiff in Mammern mit strahlenförmig gegliederter Decke, Wandtäfer, Buffet und Kachelofen von 1788.

nem Bergfried. Der einst stattliche Baukomplex errichtet um 1270 wohl durch Ulrich III. v. Klingen; Teilabbruch 1742 durch das Kloster Rheinau als damaliger Besitzerin der Herrschaft. Bautechnische Sanierung 2001f. Während der Bergfried stellenweise bis zur Mauerkrone erhalten ist, stehen vom nördlich vorgelagerten Palas und dem dazwischenliegenden Burghof nur noch spärliche Mauerreste.

Mammern, Ruine Neuburg. Bergfried um 1270.

Märstetten

Boltshausen. Weitgehend unverfälschtes Dorfbild mit etlichen guten Einzelbauten.

Märstetten. **Ref. Kirche St. Jakob,** gelegen am ehem. Pilgerweg Konstanz–Einsiedeln. Erstmals belegt 1155, möglicherweise auf dem Burgstal der Herren v. Märstetten erstellt. Turmchor frühestens 13.–14. Jh., ausgebaut um 1465 (?), Verlängerung des Schiffes nach Westen und Turmoberbau 1487–89, Sakristei 1505. Rest. des Innern 1975, des Äussern 1993. Stämmiger Ostturm, unter dessen Pyramidenhelm 1954 die Schallarkaden verdoppelt worden sind. Die 1808 von Conrad Boltshauser aufgemalte Sonnenuhr rest. 1954. Im Turmchor Tuffrippen-Kreuzgewölbe (1465?), im Schiff zum Teil erneuerter Stuck 1791 von Conrad Fink und (Fidelis?) Sporer. Spätgotische Chorbogenbemalung (Jüngstes Gericht), 1975 freigelegt. Taufstein 1590, Kanzel 1790 von Jakob Heer. Grabplatte 1624 für Margaretha, Barbara und Anna Buchhorn. Auf dem Friedhof Glocke 1683 von Leonhard II. Rosenlecher.

Profanbauten. *Dorfstr.* Nr. 10. **Alter Löwen.** Stattlicher, 1805 errichteter Riegelbau mit Mansarddach. – Nr. 17. **Gemeindehaus,** ehem. Schulhaus. Erbaut 1887, rest. 1998–99. ■ *Dümpfelstr.* Bei Nr. 1. **Speicher,** als Bohlenständerbau errichtet 1526–28. ■ *Gartenstr.* Nr. 12. **Schulhaus.** Erbaut 1963 durch Jakob Strasser; Bronzeplastik von Robert Lienhard. ■ *Kirchgasse.* Nr. 3. **Lindenhof.** Das gute Riegelwerk von 1786 anlässlich Rest. 1990 freigelegt. Täferstuben. ■ *Kreuzlingerstr.* Nr. 9. **Hohes Haus.** Als Zehnthaus erbaut 1613 durch den Konstanzer Domherrn Salomon Buchhorner. Charaktervoller Riegelbau; Gerichtsstube 1620 mit schönem Spätrenaissancetäfer, rest. 1972. – Nr. 15. **Pfarrhaus.** Verschachtelter Heimatstilbau 1906 von Albert Brenner. ■ *Weinfelderstr.* Nr. 2. **Bahnhof.** Neubau 1866–67 nach Entwurf von Jakob Friedrich Wanner.

Ottoberg. *Dorf.* Nrn. 2–6. Reizvolle Riegelbaugruppe, 18.–19. Jh. ■ *Schlösslistr.* Nrn. 1–3. Stattlicher Mansardbau um 1800. – Nr. 2. **Schlössli** mit zwiebelbeschirmtem offenem Glockenträger, errichtet 1794. ■ *Unterholzstr.* Nr. 2. **Sonnegg,** erbaut 1790.

▲ Märstetten, Hohes Haus. Ehem. Zehnthaus von 1613.

▶ Märstetten, ref. Kirche St. Jakob. Spätgotische Chorbogenbemalung mit Jüngstem Gericht. Im Ausschnitt dargestellt sind fünf von zwölf Aposteln, unten ein Ungeheuer, dessen geöffneter Rachen die zur Hölle verdammten Seelen verschlingt. Am linken unteren Bildrand ansatzweise erkennbar die 1476 verstorbene Stifterin des Freskos, Gräfin Kunigunde v. Schwarzenberg, geborene v. Nellenburg, auf Griesenberg.

Matzingen

Matzingen. Ortschaft am Zusammenfluss von Lauche und Murg. Auf frühmittelalterliche Besiedlung verweist ein Gräberfeld nördlich des Bahnhofs. *Kirchstr.* **Ref. Kirche, ehem. St. Verena.** Vom erstmals 894 erwähnten Bau keine Spuren. Das spätromanische Gotteshaus besass einen eingezogenen quadratischen Chor. Nach spätgotischen Änderungen 1668 zu wellenbrecherartig vorprellendem Beschluss und heutigem Turm, 1835 zum asymmetrischen Schiff ergänzt. Die durch August Keller vorgenommene Renov. von 1885 am Turm noch spürbar. Neugestaltung 1967–68. Kanzelkorb 1666, Pfingstfenster 1969 von Hans Affeltranger. ■ *Altholzstr.* **Kath. Kirche,** erbaut 1972 von Alfons Weisser.

Profanbauten. *Alte Poststr.* Nrn. 23–25. **Mühle.** Das aktuelle Erscheinungsbild der schon 1150 erwähnten Mühle geht auf den Umbau 1904 zurück. Zweiflügelanlage mit neubarocken Blendgiebelfassaden, deren ursprüngliche Symmetrie durch den Bau zweier Silotürme (1931/1956) verloren ging. ■ *Altholzstr.* Nr. 3. **Gemeindekanzlei,** ehem. Pfarrhaus. Erbaut 1820–21 durch Kantonsbaumeister David Müller. Wohn- und Arbeitsort von Thomas Bornhauser 1824–30. – Nr. 12. **Kehlhof.** Fachwerkbau mit behäbigem Mansarddach, 1829 weitgehend neu erbaut. ■ *Frauenfelderstr.* Nrn. 41–43, 49–51. **Neuhof.** Arbeiterwohnhäuser der ehem. Weberei, erbaut 1864–65. – Nrn. 57–59. **Kosthaus** der ehem. Weberei, 1905–06, mit hofseitigem Waschhaus von 1920. – Nrn. 95–97. **Weberei.** Erbaut 1864–65 als Spinnerei; nach Brand 1899 Neuerrichtung als Weberei. Stark verbautes Ensemble mit ehem. Spinnerei- bzw. Webereigebäude, «Butzerei», Dampfkesselhaus, Wasserstube und Magazin. Südostwärts erweitert um die Kammgarnspinnerei: geduckter Sheddachbau von 1928.

Müllheim

Müllheim. *Kreuzlingerstr.* **Ref. Kirche,** ehem. St. Verena, erwähnt 1275. Um- oder Neubau zwischen 1473 und 1489. Renov. 1759, 1863 (Turmnadel statt Käsbissen), 1902, 1929 und 1977–78. Südlich des Polygonalchors stämmiger Turm mit Wimpergen und Helm, westlich asymmetrisch angefügt das 1902 verlängerte Schiff. An dessen Südwand Grabstein für den Schriftsteller und Politiker Thomas Bornhauser (1799–1856). ■ *Storenberg.* **Kath. Muttergotteskirche,** erbaut 1966–68 durch Bächtold & Baumgartner; renov. 1991. Im Chor Barockkruzifix, hervorragende Assistenzfiguren 1761 von Joseph Anton Feuchtmayer, vielleicht unter Mitwirkung von Franz Anton Dirr, ferner Marienstatue, gegen 1700. – Auf dem Friedhof Grabmalbronze von Henri König.

Profanbauten. *Frauenfelderstr.* Nr. 25. **Felsenau,** erbaut 1898 in herrschaftlichem Villenstil. ■ *Grüneckstr.* **Arbeitersiedlung Grüneck,** eine der ältesten Arbeitersiedlungen der Schweiz. Aufgrund eines Strassenrasters und zeitlich gestaffelt angelegt in Zusammenhang mit der 1857 gegründeten Weberei im Süden, an deren Ostflanke die Unternehmervilla anschliesst. Neben Wohnhäusern in Form von eingeschossigen verschindelten Normbauten verfügte das «Dörfli» einst über eine weitgehend autonome Infrastruktur (Gasthaus, Einkaufsladen, Post). ■ *Kreuzlingerstr.* Nr. 2. **Unteres Schulhaus.** Klassizistischer Bau mit übergiebelten Seitenrisaliten, errichtet 1889 nach Plänen von

▲ Wohnen im einstigen «Weberdörfli»: Normhäuschen als Bestandteile der planmässig angelegten Fabriksiedlung Grüneck westlich von Müllheim.

▶ Müllheim, kath. Muttergotteskirche. Ansicht von Nordwesten.

Müllheim, kath. Muttergotteskirche. Barocke Marienfigur vom Hochaltar der alten paritätischen Kirche.

August Keller. – Nr. 43. Geburtshaus von Johannes Wepf (1810–1890), dem Komponisten des Thurgauerliedes. – Nr. 43a. **Kehlhof,** erwähnt 1362; heutiger Bau 18. Jh. – Nr. 45. **Oberes Schulhaus.** Das einstige Gemeindehaus prägend umgebaut 1842. – Nr. 56. **Ehem. ref. Pfarrhaus,** 18. Jh. ■ *Maltbach.* **Ehem. Mühle,** eingreifender Um- oder Neubau 1815; renov. 1996. ■ *Rosenbergstr.* Nr. 6. **Alte Gerbe,** ehem. Feldbacher Lehen. Altertümliches Fachwerkgefüge unter Krüppelwalmdach, datiert 1621.

Münchwilen

Münchwilen. *Trungerstr.* **Kapelle St. Margaretha.** Erbaut 1641 unter Abt Plazidus Brunschweiler von Fischingen, dessen Wappen über dem Eingang (Kopie) und am Chorschlussstein prangt. Rest. 1985–87 durch Hermann Schmidt, gleichzeitig Rekonstruktion von Aussentreppe, Empore und Pilgerschranke. Im dreiseitig geschlossenen Chor ein Sakramentshäuschen mit gemalter Rahmenarchitektur. Qualitätvolle figürliche Chorbogenbemalung, Anna selbdritt und die Hl. Benedikt und Placidus darstellend. Drei Barockaltäre der Bauzeit mit Kreuzigungs-, Nothelfer- und St. Iddabild; Rokoko-Antependien. ■ **Bildstöckli,** gestiftet 1715 am ehem. Einsiedler Pilgerweg; Kruzifix der Gründungszeit. Rest. 1995. ■ *Kirchstr.* **Ref. Kirche,** erbaut 1936

«unser leben ist ein bilgerfahrt»

Der Schwabenweg, der den Kanton Thurgau zwischen Kreuzlingen und Fischingen fast geradlinig durchquert, bildet eine zentrale Vene im Pilgerwegnetz nach Santiago de Compostela. Konstanz war das Sammelbecken für die Wallfahrer aus den verschiedensten Gebieten Nord- und Nordosteuropas, vor allem aber aus Schwaben – daher der Name Schwabenweg.

In der Vorhalle der Kapelle St. Margaretha bedecken zahlreiche Monogramme, Signete, Jahreszahlen und kleine Zeichnungen die Wände. Es sind Zeugnisse von Wallfahrern, die sich an den Stationen ihrer Reise verewigen wollten. Die Schranke beim Hauptportal verhinderte dabei ein Bekritzeln des übrigen Kapellenraumes.

Weitere wichtige Stationen am Schwabenweg sind die → *Heiligkreuzkapelle in Kreuzlingen,* die → *St. Jakobskirche in Märstetten,* die → *St. Jakobuskapelle in Kaltenbrunnen,* die → *Komturei Tobel,* die → *St. Martinskapelle in Oberwangen,* das → *Kloster Fischingen* und die → *St. Annakapelle in Au.*

◀ Münchwilen, Kapelle St. Margaretha. Nordostansicht.

▲ Münchwilen, Kapelle St. Margaretha. Innenraum mit Ausschnitt aus der Chorbogenbemalung (Anna selbdritt, hl. Benedikt) und evangelienseitigem Altar.

▶ Münchwilen, Kapelle St. Margaretha. Rötelinschriften im Pilgerraum; unten Chorschlussstein mit dem Wappen des Erbauerabtes Plazidus Brunschweiler von Fischingen (1616–1672).

bis 1937 von Paul Gutersohn. ■ *Waldeggstr.* **Kath. Kirche St. Antonius.** Erbaut 1968 von Karl Higi, Decke von Paul Stöckli, ebenso die Entwürfe für die Fenstergitter.

Profanbauten. *Eschlikonerstr.* Nr. 5. **Schulhaus.** Klassizistischer Walmdachbau 1887 von Johann Joachim Brenner. ■ *Frauenfelderstr.* Nr. 3. **Strumpffabrik Thomann,** errichtet 1884 als Musselinweberei; Umbau zur heutigen Gestalt 1906–07. Walmdachbau mit repräsentativer Eingangsfront. – Nr. 18. **Ehem. Schifflistickerei Ammann,** erbaut 1906 in rustikalem Heimatstil. – Nr. 20. **Ehem. Aktienstickerei.** Backsteinbau von 1899. ■ *Freudenberg.* **Ehem. Gasthaus Freudenberg.** Ursprünglich Doppelwohnhaus für Industriearbeiter, erbaut 1820–21, rest. 1971. ■ *Murgtalstr.* Nr. 4. **Ehem. Weberei Heitz,** später Mädchenheim. Uniform befensterter Pisébau mit Dachreiter, 3. Viertel 19. Jh. ■ *Säntisstr.* Nr. 4. **Altes Schulhaus,** erbaut 1838–40. ■ *Trungerstr.* Nr. 10. Verwaltungsgebäude der 1913 gegründeten Tüllindustrie AG. Markanter Rechteckbau mit klassizistischem Fassadenschmuck. ■ *Waldeggstr.* **Oberstufenzentrum,** erbaut 1964 f. durch Ernest Brantschen, Wandbild von Ferdinand Gehr; Bronzekomposition 1970 von Max Oertli, Eisenplastik «Wasserwaage» 1996–97 von Toni Calzaferri. ■ *Weinfelderstr.* Nr. 92. **Schulhaus,** erbaut 1897. ■ *Wilerstr.* Nr. 2. **Gerichtsgebäude,** erbaut 1906 im neugotischen Burgenstil durch Albert Brenner. – Nr. 20. **Gasthaus Engel,** im 18.–19. Jh. wichtige Post-Umschlagstation.

Münsterlingen

Landschlacht. Kapelle St. Leonhard. *Rechteckbau mit hervorragender gotischer Ausmalung,* errichtet anstelle einer 1944 ausgegrabenen Kultstätte vielleicht des ersten Jahrtausends. Westteil des jetzigen Baues spätestens 11. Jh. Dessen wahrscheinlich eingezogenes Altarhaus wurde um 1400 auf die Breite des Langhauses erweitert. Rest. 1944. – Wandmalereien: An der Nordwand des Schiffes Mäanderrest 11. Jh., ferner Jakobusfigur des späten 14. Jh.; an der Südwand sieben Passionsszenen eines Konstanzer Meisters aus dem 1. Viertel 14. Jh. Der völlig undramatisch erzählte Leidensweg Christi ist mit den innig liebenden Augen mystischer Versenkung gesehen und in schönlinigen Formen des so genannten schwebenden Stiles dargestellt. An der Westwand die Anfänge einer zweiten Passionsfolge aus dem späten 15. Jh. Im Chorabschnitt 20 Bilder einer 1432 datierten Leonhards-Vita, durchsetzt mit Propheten- und Heiligenbildern sowie einer Kreuzi-

◀ Landschlacht. Kapelle St. Leonhard. Ansicht von Südwesten.

▲ Kapelle St. Leonhard. Inneres gegen den Chor; unten links hl. Jakobus, Malereifragment des späten 14. Jh. beim Seitenportal; unten rechts Kreuzigung Christi, Wandgemälde von 1432 im Chor.

gung. In den figurenreichen Szenen kommt das Bemühen um eine korrekte räumliche Perspektive und um eine neue Auffassung des menschlichen Körpers deutlich zum Ausdruck. Wandnischenverkleidung und Decke 1644.
Profanbauten. *Oberer Seeweg.* Nr. 9. **Einfamilienhaus,** erbaut 2003 von Beat Consoni. ■ *Schulstr.* Nr. 10. Prachtsriegelhaus mit Fensterwagen, 1692. In der Stube Kachelofen aus der Germann-Werkstatt in Bleiken, um 1800. ■ *Seestr.* Nr. 10. **Gasthaus Rotes Haus,** erbaut 1811. – Nr. 30. **Gasthaus Sonne**. Heutige Gesamtform wohl von 1787; jüngste Renov. 1987.

Münsterlingen. Ehem. Benediktinerinnenkonvent St. Remigius, St. Walburga und St. Scholastika. *Die Klosterkirche ist ein bemerkenswertes, typologisch wichtiges Beispiel der Vorarlberger Barockarchitektur.* Gemäss Legende wurde das Kloster von Angela, der Tochter des engl. Königs Eduard I. gestiftet. Auf der Reise zu ihrem Bruder Abt Gregor von Einsiedeln (964–996) geriet sie in Seenot und gelobte, am Ort des wiedergewonnenen Ufers einen Hort frommer Frauen zu bauen. Geschichtlich belegt ist die Verlegung des abgegangenen konstanzischen St. Konradsspitals nach Münsterlingen (zwischen 1084 und 1100). Es bestand hier nur kurze Zeit, da 1125 schon eine nicht mehr mit ihm zusammenhängende Augustinerinnengemeinschaft genannt wird. Nach der Reformation Übernahme des Klosters am Seeufer durch Benediktinerinnen aus Engelberg. 1709–16 Neubau von Konventgebäude und Kirche am heutigen Standort nach Plänen von Franz Beer. 1838 wurden Teile der Konventbauten, nach der Klosteraufhebung 1848 die ganze Anlage durch das Kantonsspital belegt. Rest. 1963–79. – **Klosterkirche.** Gut gegliederte Turmfront aus Sandsteinquadern, freier Turmteil zum Achtkant abgefast und zwiebelgekrönt. Schiff und Vorchor unter demselben First, etwas niedriger die Kehrgiebel des Querschiffes und das eingezogene Altarhaus. Beim Eingang Sandsteinfiguren der Kirchenpatrone, An-

Münsterlingen, ehem. Benediktinerinnenkonvent. Hofansicht und Blick gegen den Chor in der Klosterkirche.

fang 18. Jh. (Kopien in den Fassadennischen über dem Eingang). – Inneres. Die westöstlich gerichtete Tonne des Schiffes wird von Quertonnen begleitet, die sich zwischen die eingezogenen Wandstreben spannen. Richtung und Rhythmus wechseln im Querschiff, in der kreisförmigen Kuppel des unteren Chors und beim Kreuzgewölbe des querrechteckigen Altarhauses. Auf dem Weg vom gleich segmentierten zum zentralisierenden Längsbau bildet Münsterlingen architektonisch eine wichtige Stufe. An den Gewölben massvoller weisser Régencestuck, den wohl Wessobrunner Meister 1719–22 angetragen haben. Deckenbilder 1719–22 von Jakob Karl Stauder. Über dem Hochaltar die Anbetung des Lammes, Abraham, Isaak und David; über dem Chor eine von stämmigen Säulen getragene Rundkuppel, basierend auf Stichen von Andrea Pozzo. Als Eckzwickel ovale Scheinfenster, ebenso um das Bild Maria Verkündigung im Querhaus. Über Schiff und Psallierchor der Kirchenpatron St. Remigius und andere Heilige. Trotz den schweren Farbklängen erscheinen die flachen Kuppeln illusionistisch hochgewölbt, ohne dass die gemalten Architekturen im wirklichen Raum vorgebildet wären. Mehr als die oft etwas unübersichtlich zusammengeballte Komposition vermögen ungemein frisch gemalte Einzelheiten, wie Putten, Blumengewinde usw. zu überzeugen. Fünf Altäre von Johann Georg Greising 1736 unter Verwendung von Statuen des Christoph Daniel Schenck um 1678. Die Originalpolychromie des Hauptaltars und der Querhausaltäre stimmt naturhafte Imitation (z.B. Frucht- und Blumengebinde) herrlich zusammen mit marmorierten und über Silber und Gold bunt lasierten Teilen. Hochaltarblatt von Franz Karl Stauder, Gemälde des linken Querhausaltares von Jakob Karl Stauder, datiert 1722, die übrigen Altarblätter von Johann Balthasar Riepp, 1725 und 1736. Auf dem rechten Chorseitenaltar eine Nachbildung (17. Jh.) des Altöttinger Gnadenbildes aus dem 1. Drittel 14. Jh., auf dem linken Chorseitenaltar der Schrein des hl. Vinzenz. Im Chorgitterwerk verband Jakob Hoffner 1736 wohl ältere Schnurzugteile mit scheinperspektivischer Régence-Ornamentik. Darüber ausgezeichnete, 1722 datierte Kreuzigungsgruppe mit Kruzifix aus der Zeit um 1600. Im Chor das Fastentuch von 1565 mit gemalten Leidenswerkzeugen Christi. Nussbaumkanzel 1711–16, der Schalldeckel gekrönt von einer Guthirtfigur. An der Südwand Serie von Apostelbildern, eines davon datiert 1731. Auf der Empore Chorgestühl mit St.-Verena-Relief und dem Wappen der Äbtissin Gertrud Schenck; Werkstatt des Christoph Daniel Schenck, 1678. Neue Orgel von Späth, 1981 (Kopie nach Abbrederis-Orgel des 18. Jh.); Gitter unter der Empore derselben Zeit. – **Ehem. Konventgebäude.** Stattliches Geviert, geplant schon 1683, weiter landeinwärts erbaut 1709–13 durch Franz Beer unter Verwendung von Baumaterial des abgebrochenen Altklosters am See. Rest. 1970–75. – Südostwärts anschliessender **Spitalneubau** 1967–72 von Edwin Bosshardt. Plastiken von Ödön Koch, Erwin Rehmann und Ursula Weber, Glasgemälde von Robert Wehrlin.

Scherzingen. Ref. Kirche. Erbaut als erste ref. Kirche im Thurgau 1617–18 von Joachim Wirth; renov. 1724. Hoher neugotischer Nadelturm anstelle des vorherigen Dachreiters und neugotischer Umbau des Predigtraumes

Die Eisprozession über den Bodensee

Münsterlingen birgt ein spätgotisches Johannesbrustbildnis aus dem 1. Viertel des 16. Jh., das bei «überfrohrnem See» prozessionsweise über das Eis getragen wird und deshalb seinen Standort zwischen Hagnau (D) und Münsterlingen (CH) wechselt. Insgesamt fünfmal fand das Ereignis bisher statt (1573, 1695, 1796, 1830 und 1963), und seit dem 12. Februar der letzten «Seegfrörni» weilt die Skulptur wiederum als befristetes Eigentum auf Thurgauer Boden.

1886 durch August Keller. Innenrenov. 1923 unter Leitung von Eduard Scherrer, Turmumbau 1949–50. Durchgreifende Umgestaltung des Inneren 2002–03, Buntfenster von Hans Affeltranger.
Profanbauten. *Buregass.* Nr. 6. **Ehem. Kehlhof** (?), am Türgericht der unteren Täferstube datiert 1746; rest. 1983–84. ■ *Dorfstr.* Nr. 10. **Kirchgemeindehaus.** Neubau vermutlich 1717 als Ersatz für das alte, baufällige Pfarrhaus. ■ *Schulstr.* Nr. 8. **Schulhaus.** Walmdachbau von 1844–45. ■ *Seestr.* **Psychiatrische Klinik.** 1838–40 im alten, 1665 erbauten Gästehaus des Altklosters am See eingerichtet. Weitere Bauten 1847, vor allem 1892–95 sowie 1911–12, 1927–32, 1971–73 (Eberli, Weber & Braun) und 1992–94 (Antoniol & Huber).

Neunforn

Fahrhof. Nr. 4. **Altes Schulhaus,** errichtet zum Teil in Riegelwerk, zum Teil als Bohlenständerbau; Uhr 1769, im Türmchen von 1849–50 eine Glocke von 1545, ursprünglich im Kloster Kalchrain.
Niederneunforn. Ref. Kapelle. Schlichter Rechteckbau des 15., möglicherweise des 14. Jh. Barockfenster; 1838 Umgestaltung: Dachreiter (Buntziegel 1900) und geriegelter Ostanbau. Rest. 1968–69 und 2002. Im Innern Felderdecke des 17.–18. Jh. Kanzel frühes 19. Jh. Von den Pfarr-, Vorsteher- und Vogtstühlen die älteren des 17. Jh. aus Oberneunforn.
Profanbauten. *Altikerstr.* Nrn. 30–32. **Schulhaus.** Erbaut 1834, aufgestockt 1859. ■ *Kirchgasse.* Nr. 2. **Gasthaus Engel,** 1849 umgebaut. In der Gaststube Kachelofen mit Wirtesprüchen und Jahreszeitenfiguren, um 1800.
Oberneunforn. Ref. Kirche. Das zum Breitraum tendierende, in einen dreiseitig geschlossenen Chor mündende Schiff 1695 erbaut; Bauleitung durch Heinrich Bleuler nach Plänen, die der Stand Zürich besorgt hatte, wobei der in die Südflanke eingreifende alte Käsbissenturm von 1556 stehen blieb. Westvorbau um 1850; Umgestaltung des Chors durch Pfleghard & Haefeli 1912, gleichzeitig Ausmalung im Heimatstil durch Wilhelm Hartung; rest. 1987–88 unter Leitung von Peter Hartung. Der Einheitsraum überwölbt von polygonaler Felderdecke; sie, die Täfer und die Kanzel das Werk von Felix Gnehm, alles aus der Bauzeit, desgleichen der Taufstein, die von Hans Heinrich III. Pfau über den Chor gemalte Wappentafel und die Kirchenuhr von Hans Ulrich Liechti. Epitaphe Stockar-Peyer 1651 und Peyer-Im Thurn 1642.
Profanbauten. *Bachstr.* Nr. 4. Kachelofen 1803 von Hans Heinrich Friedrich in Müllheim. ■ *Hauptstr.* Nr. 11a. **Gasthaus Hirschen.** Lang gestrecktes Riegelhaus, Teilneubau 1816; renov. 1977. Südöstlich davon zwei einst zugehörige Kleinbauten: Waschhaus, um 1830–40; Wagenschopf mit Getreidespeicher, 1861. – Nrn. 12–14. **Altes und neues Schloss.** Spätgotisches Steinhaus, umgestaltet 1652 und nach 1784; stark modernisiert. – Nr. 18.

◀ Oberneunforn, ref. Kirche. Chorpartie mit hölzerner Decke, Täfer und Taufstein aus der Bauzeit des Gotteshauses, 1695. Das Stirnfeld der Decke wurde vom Winterthurer Hafner und Ofenmaler Hans Heinrich III. Pfau mit einer heraldischen Malerei versehen, die sich nahezu identisch auf einer Ofenkachel findet. Dargestellt ist das doppelte Zürcher Standeswappen nebst den Wappen dreier zürcherischer Amtsträger, Caspar Muralt, Johannes Lavater und Hartmann Escher.

▼ Oberneunforn, Gasthaus Hirschen.

Ehem. untere Schlosstrotte. Gedrungener Fachwerkbau unter Walmdach, 17. Jh. ▪ *Herrengasse.* Nr. 4a. **Ochsen,** ehem. Gasthaus. Fachwerkbau des 18. bis 19. Jh. mit ortsunüblicher Giebelbetonung. ▪ *Im Vogelsang.* **Altes Schulhaus,** erbaut 1857. ▪ *Waltalingerstr.* Nr. 11. **Ehem. Keller- und Speichergebäude** unter weit ausladendem Giebeldach, rest. und zu Wohnzwecken ausgebaut 1981–82. – Nr. 15. **Gasthaus Krone,** erbaut 1826, renov. 1978. Reizvoller Zierriegel an den Fensterbrüstungen, Giebelflanke mit lokaltypischem Strahlenmotiv.

Pfyn

Pfyn. Im Breitenloo spätneolithische Siedlungsreste, die der so genannten «Pfyner-Kultur» ihren Namen gab. Gegen Ende des 3. Jh. neu ausgebauter römischer Platz (Ad fines) an der Grenze von Rätien und Gallien und an den Routen nach Arbon (Arbor felix) am Bodensee und Eschenz am Ausfluss des Rheins aus dem Untersee. Von der 220 × 68 m messenden Anlage säumt die etwa 220 cm starke Umfassungsmauer die Nordflanke des **«Städtli»**. Geschlossene bauliche Entwicklung bis zum «Städtli»-Brand von 1478 (oder 1479?).

Paritätische Pfarrkirche St. Bartholomäus, gelegen auf der Ostseite des ehem. Römerkastells. Möglicherweise von Dagobert I. um 630 dem Bistum Konstanz geschenkt; erste urkundliche Erwähnung 1155. Teile des in der 1. Hälfte 12. Jh. errichteten Vorgängerbaus mit Rechtecksaal und eingezogenem, niedrigerem Chor sind im heutigen Schiff enthalten. In gotischer Erweiterungsphase zwischen 1321 und 1370 Ausbau zu heutiger Grösse und Anbau der querschiffartig ausfahrenden «Küchen» (Konchen). Das Gotteshaus nahm beim Brand 1478/79 kaum Schaden. Renov. des Langhauses 1749–51, 1873–74 und, mit romanisierenden Arkaden auf die Seitentrakte, 1929–30. Neuromanischer Betonturm 1937–38 von Karl Akeret anstelle eines Dachreiters errichtet. Rest. 1979–81 durch Hermann Schmidt, Turmrenov. 2002. Sakramentsnische 1484–88 mit gezinnten Flankentürmchen und Zwei- bzw. Vierpass-Masswerkblenden. Epitaphe von Wolff Wanboldt v. Umstadt 1598, Reding v. Biberegg 1756, Franz Ignaz Schoepfer 1775 und Anna Barbara Keller-Waser 2. Hälfte 18. Jh. Taufstein 1634, Kanzel 1751,

Pfyn, «Städtli». Flugaufnahme von 1995.

filigraner neugotischer Hochaltar von 1898. Beim torähnlichen Westzugang eingemauert ein romanisches Epitaph mit Radkreuz, Kelchen und eingekerbten Sternen, wohl 12. Jh.

Profanbauten. *Fabrikstr.* **Ehem. Spinnerei.** Im Zentrum das 1863 errichtete und 1888 nach Brand wieder aufgebaute Fabrikationsgebäude (Nr. 17). Die zugehörige Villa (Austr. 2) erstellt 1869–70 für Fabrikbegründer Heinrich Bertschinger. ■ *Hauptstr.* Nr. 44. **Gasthaus Krone,** erbaut 1773; Saalanbau 1817. ■ *Städtli.* Nr. 1a. **Ehem. Schloss.** Anfang 16. Jh. von Joachim Mötteli v. Rappenstein neu erbaut und unter Peter v. Guntelfingen um 1565 erweitert. Gänzlich umgestaltet; seit 1861 Schulhaus. – Nrn. 1/1b. **Ehem. Schlosstrotte,** gelegen an der Nordwestecke des spätrömischen Kastells, von dem noch ein rund 5 m hoher Mauerrest mit Fundamenten eines Rundturmes sichtbar ist (→ Abb. S. 88). Ostteil im Dachbereich datiert 1549, Westteil errichtet 1609–10. Innenausbau sowie südlicher Ergänzungsbau (Nr. 2) 1992–94 von Werner Keller. ■ *Steckbornerstr.* Nr. 32. Intakter Vertreter des im Thurgau seltenen Mehrreihen-Ständerbautypus, erstellt 1618–20 im Auftrag der Schlossherrschaft Zürich.

Raperswilen

Raperswilen. Ref. Kirche. Anstelle einer Nikolauskapelle mit Ausnahme weniger Mauerreste 1766 neu erbaut. Renov. 1888 und 1965–66. Schlichte, dreiseitig geschlossene Anlage mit spitzhelmigem Dachreiter. Weihnachtsfenster 1950 von Willy Fries, zwei weitere Glasgemälde von Willi Hartung, 1984. Chorgestühl aus der Bauzeit. ■ Westlich des Weilers Müllberg frühmittelalterlicher **Riesenwall** in der Flur «Schanz».

Rickenbach

Rickenbach. Kath. Kirche St. Verena. Das lang gezogene Schiff und der eingezogene Rechteckchor 1840–45 neu errichtet; der ältere, 1644 und 1874 umgebaute Turm kam dabei an die nördliche Chorflanke zu stehen. Ausräumung, Umgestaltung und Verlängerung des Schiffes durch Hermann Schmidt, Emporen- und Orgelneubau 1968–69. Im Langhaus Decke aus der Bauzeit mit Stuckaturen im ionischen Stil von Peter Nussbaumer. Frühbarocker Taufstein mit Wappen des Fürstabtes Gallus II. Altarbild mit hl. Verena um 1700. Vor der Kirche aufgestellt wertvolles Geläute von Gérard de Lamotte, 1638.

Profanbauten. *Kirchstr.* Nr. 16. **Altes Schulhaus,** erbaut 1892. – Nr. 20. **Schulhaus,** erbaut 1911. ■ An der *Toggenburgerstr.* eine Reihe klassizistischer Wohnhäuser und Fabrikantenvillen: Nr. 27 (1873), Nr. 28 (1906), Nr. 29 (1867), Nr. 30 (1906), Nr. 31 (1888).

Roggwil

Freidorf. Bildstock in Roggenbühl mit gotischem Kruzifix.
Profanbauten. *Bahnhofstr.* Nr. 11. **Bahnhof.** Zweigeschossiger Massivbau, errichtet 1909–10 nach Entwurf von Salomon Schlatter für die Bodensee-Toggenburg-Bahn. – Nr. 28. **Gasthaus Mammertsberg.** Heimatstilarchitektur von 1911. ■ *Dorfstr.* Nr. 13. **Schloss Freidorf.** Anfang 17. Jh. von den Högger ab Höggersberg erbauter Landsitz, wohl im 18. Jh. mit Mansarddach umgestaltet.
Mallisdorf. Ass.-Nr. 423. **Ehem. Kehlhof.** Stattlicher Riegelbau des 18. Jh., rest. 1986–87.
Riedern. Ass.-Nr. 384. **Wohnhaus mit Obstpressraum,** erbaut 1743; die Gerüsthölzer des Fachwerks dekorativ bearbeitet.
Roggwil. *St. Gallerstr.* **Ref. Kirche.** 1746 erbaut von Hans Jakob Fisch; renov. 1899 und 1951, Aussenrest. 1995–96. Entsprechend dem Grubenmannschen Schema, z. B. von Neukirch, saalförmiges Schiff mit östlichem spitzhelmigem Frontturm. Glasfenster 1881 von Friedrich Berbig. ■ *Kirchweg.* **Kath. Kirche St. Otmar,** erbaut 1963 von Ernest Brantschen und Alfons Weisser.
Profanbauten. *Betenwilerstr.* Nr. 4. **Schloss Roggwil.** Ursprünglich Stammsitz gleichnamiger Edlen, 1735–1806 Expositur (Erholungsstätte) des Klosters

Roggwil, Schloss. Im firsthöchsten Gebäudetrakt steckt der mittelalterliche Bergfried.

Roggwil, Burg Mammertshofen. Gesamtanlage und Details: gemalte Scheinarchitektur an einem Portal, Wehrgang und Sitznische.

St. Gallen. Verkappter Bergfried; ornamentale Deckenmalerei des 17. Jh. In die spätgotische Zeit der Mötteli v. Rappenstein datieren der Treppenturm und der dem Wehrturm angebaute Flügel; in Kapelle und Saal Régencestuck von 1746. Rest. gesamthaft 1976–84, aussen 1994–95. ■ *St. Gallerstr.* Nr. 58. **Schulhaus** (→ Abb. S. 30), erbaut 1909 durch Ulrich Akeret. Massiger Baukörper mit Heimatstilelementen; Aussenrest. 2000. – Nr. 68. **Gasthaus Traube,** erbaut 1759 von Hans Jakob Fisch für Hauptmann Johann Soller. Fachwerkbau mit Mansardgiebeldach; renov. 1811–13 und 1967. ■ Südlich des Dorfes: **Burg Mammertshofen.** *Einer der gewaltigsten Bergfriede der Schweiz.* Sitz der sanktgallischen Marschalken gleichen Namens, deren Geschlecht um 1360 ausstarb. Unter den Schenken v. Castell wurde die Burg in den Appenzellerkriegen eingenommen; sie verblieb jedoch diesem Geschlecht bis 1645. Seit 1922 Besitz der Familie v. Planta. Im Mauerwerk des Bergfrieds aus dem 13. Jh. bis zur Höhe von 13,5 m Findlinge, deren grösste bis zu 225 cm lang und 60 cm hoch sind und bis zu 90 cm vorspringen. Der vorkragend aufgestockte, hölzerne Obergaden frühes 16. Jh.; letzte Umbauten 1591 und 1655, seither unverändert. Riemendecken mit Herzblattenden. Wohnhaus von 1694 mit originaler Ausstattung; im quergiebelartig eingefügten Vorbau die ehem. Kapelle. Nordostgebäude 1852 durch Johann Christoph Kunkler errichtet, ebenso die Brücke und die burgenromantisch ein Spitzbogentor überkletternde Zinnenmauer. Innenrest. 1986 ff.

Romanshorn

Romanshorn. Mit dem Tod des Tribuns Waltram 739 hatte der Bischof von Konstanz nicht nur dessen Amtserbe, sondern auch Familienbesitz, u.a. Romanshorn, und das Gebiet beansprucht, auf dem das Kloster St. Gallen lag. Seit sich dieses dem bischöflichen Zugriff zu entwinden verstand, bildete die Herrschaft Romanshorn einen st.-gallischen Keil zwischen Konstanz und dem bischöflichen Arbon. Bis ins 19. Jh. bescheidenes Fischerdorf. Nach Bränden, die den alten Dorfkern weitgehend zerstörten, entstand unter Einfluss der Bodenseeschifffahrt seit 1842 die heutige, durch Bahn- und Hafenbau geprägte Ortschaft.

Schlossbergstr. Nr. 28. **Paritätische Alte Kirche.** Die Ausgrabungen von 1964ff. stiessen auf die Mauerreste des 779 genannten Gründungsbaues; Rechteckraum mit gerade hintermauerter Apsis, seitlichen Annexen und einer Vor-

Romanshorn, paritätische Alte Kirche. Ansicht von Nordwesten, am rechten Bildrand die Fassade des Schlosses.

halle, in der vermutlich der Stifter Waltram begraben lag. Umbauten des 10. Jh. brachten ein gerade schliessendes Altarhaus, das im 14. Jh. verlängert und mit Fresken geschmückt wurde. In der 1. Hälfte 15. Jh. Sakristeianbau, erneuerte Vorhalle, Südannex-Vorraum. Turmbau derselben Zeit, sein Riegelaufsatz 1670. Weitere Umgestaltungen 1505–10. Schiff nach Westen bis zum Turm verlängert und um die Nordannexe vergrössert. Abbruch der südlichen Nebenbauten. Renov. 1660, 1829 (neue westliche Verlängerung, Abbruch des Chorbogens, neue Fenster, Gipstonne, Ostsakristei, Emporeneinbau), 1874 und 1888; ab 1913 leer stehend, 1966–69 zum Teil rest., zum Teil neu gestaltet (Jörg Affolter) und seither von beiden Konfessionen benützt. – Rechteckbau aus Mauerwerk aller Epochen, mit rekonstruiertem asymmetrischem gotischem Chorbogen und ergänzten romanischen und gotischen Fenstern. Neue Holzdecken, Glasfenster 1973–74 von Walter Burger. Im Chorhaupt Freskoreste des 14. und 15. Jh., u. a. Kreuzigung, Christus in der Kelter (?), Christus in der Vorhölle. An der einspringenden Turmwand der versetzte gute Biedermeieraltar von Jost Meinrad Birchler 1832. ■ *Friedhofallee.* **Ref. Kirche.** 1906–11 in Hausteinen errichtet durch Pfleghard & Haefeli. Zentraler Kreuzbau mit seitlichem Spitzturm. An der Kanzelwand Bergpredigt, Gemälde von Elisabeth Altenburger; Evangelistenfenster von Rudolf Mülli. – Auf dem Friedhof Plastik von Fredi Thalmann. ■ *Schlossbergstr.* Nr. 22. **Kath. Kirche St. Johannes der Täufer.** Neuromanischer Bau 1911–13 in Quaderwerk durch Adolf Gaudy erstellt; rest. 1991–92. Turm in Anlehnung an San Marco, Venedig. Bauplastik von Alois Payer; Ausmalung und Glasgemälde nach Kartons von Fritz Kunz. St. Anna

Qualitätvoller Sakralbau des frühen 20. Jh.: die kath. Kirche St. Johannes der Täufer in Romanshorn.

Romanshorn, kath. Kirche St. Johannes der Täufer. Inneres mit Blick gegen die Westempore.

selbdritt und Immakulata 2. Hälfte 17. Jh., spätbarock-klassizistisches Vesperbild. Monstranz von Johann Zeckel, um 1700, Kelche von Franz Conrad Mittnacht (1739–41) und Franz Xaver Stippeldey (1781–83), alle Augsburg. Profanbauten. *Alleestr.* Zwischen den Neubauten vereinzelt Wohn- und Gewerbehäuser mit beachtlichem Bauschmuck des Neuklassizismus und Jugendstils: Nr. 1 (1894); Nr. 2, **ehem. Strumpffabrik Rohrer** (1926); Nr. 6 (1904); Nr. 20 (1899); Nr. 61 (1877). ▪ *Amriswilerstr.* Nr. 91. **Altes Schulhaus Spitz**. Kehrgiebelbau von 1908–09. ▪ *Bahnhofstr.* Nr. 1. **Hotel Bodan,** erbaut 1855. – Nr. 2. **Post,** erstellt 1897 als Sitz der Thurgauischen Hypothekenbank. Dreigeschossiger Verputzbau über quaderbetontem Sockel. – Nr. 13. **Kantonalbank,** erbaut 1914 von Brenner & Stutz; Aussenrest. 1999–2000. Der spitzwinkligen Strassengabelung eingepasster Heimatstilbau mit opulent ornamentiertem Erkerpolygon. – Nr. 26. **Rebsamenschulhaus.** Klassizistischer Baukubus mit Mittelrisalit, erstellt 1841, vergrössert 1868. Kalksteinbrunnen von 1871. – Nr. 28. **Oberschulhaus,** errichtet 1880 in klassizistischen Formen. ▪ *Bankstr.* Nr. 6. Erbaut 1922–23 von Oskar Mörikofer als Verwaltungsgebäude der Wasser- und Elektrizitätswerke. ▪ *Egnacherweg.* Nr. 5. **Ehem. Schweiz. Alkoholverwaltung.** Unter den zahlreichen Backsteingebäuden beachtenswert das polygonale Schutzgebäude des Reservoirs, entstanden 1902 in formaler Anlehnung an Baptisteriumsbauten. Umnutzung 2003 ff. ▪ *Friedhofallee.* Nr. 9. **Ref. Pfarrhaus,** erbaut 1873. ▪ *Friedhofstr.* Nr. 2b. **Pestalozzischulhaus,** erstellt 1908. Stämmiger Baukörper mit gedrungenem Uhrtürmchen. ▪ *Gottfried-Keller-Str.* Nr. 23. **Sekundarschulhaus Weitenzelg,** erbaut 1955–56 durch Bruno Sartori. Wandbild von Walter Burger, Mosaik von Emil Josef Mehr, Brunnenplastik von Henri

▲ Romanshorn, Kantonalbank. Heimatstilerker mit Sandsteinreliefs, deren eines ganz im Sinne des Hauses ermahnt: «Spare in der Zeit, so hast du in der Not».

▲▶ Romanshorn, ehem. Schweiz. Alkoholverwaltung. Polygonales Schutzgebäude des Reservoirs.

▶ Burgenromantik im Romanshorner Wald: die Blendfassade des Wasserreservoirs von 1894.

König. Erweiterungstrakt in Sichtbeton, erstellt 2000 von Hubert Bischoff. ▪ *Hafenstr.* Nr. 25. **Gasthaus Schiff.** Kernbau vor 1760, um 1820 umgestaltet und nach Brand 1840 verschiedentlich renov., so um 1900, als das Gebäude sein Heimatstilkleid erhielt. Aussenrest. 1984–85. ▪ *Kindergartenstr.* Nr. 6. **Kindergarten.** Kleinbaute 1880 mit klassizistischem Fassadengepräge. Daneben Spielhalle, 1914. ▪ *Neuhofstr.* Nr. 69. **Daheim.** Backsteinvilla 1892 mit filigraner Holzzier. – Nr. 70. Neurenaissancebau von 1899, die Risalitfassaden durch stuckierte Girlanden belebt. ▪ *Neustr.* Nr. 18. **Polizeigebäude,** 1906. Verschachteltes Baugefüge mit stämmigem Säulenportikus. ▪ *Reckholdernstr.* Nr. 8. Erbaut 1907 für die Schifflistickerei Doob & Cie., ab 1920 Strickwarenfabrik Rohrer-Bolliger. Farbkontrastreicher Backsteinkubus mit flach anschliessender Produktionshalle. – Nr. 25. **Reckholdernschulhaus,** erbaut 1968 von Jörg Affolter; Plastik «Jakobsleiter» von Charlotte Germann-Jahn, Holzrelief von Jürg Schoop. ▪ *Rislenstr.* Nrn. 2/4. Doppelhäuser in Bohlenständerbauweise mit Fensterwagen. ▪ *Salmsacherstr.* Nr. 14. **Unterschulhaus,** erstellt 1895–96. Die Strassenfront des klassizistischen Gebäudes dreiteilig gegliedert. ▪ *Schlossbergstr.* Nr. 24. **Kath. Pfarrhaus,** erbaut 1961 von Ernest Brantschen. – Nr. 26. **Schloss,** 1919–2002 Gasthaus. 1367–1798 Sitz des äbtisch-sanktgallischen Obervogtes. Neubau 1617–18, mit Wappenstein des Abtes Bernhard II. Müller. Renov. 1670, Umbau (Mansarddach) im 18. Jh., Abbruch des Verbindungsganges zur paritätischen Alten Kirche 1829.

Hafenanlage und Bahnhof

Der Romanshorner Hafen wurde 1842 nach Plänen von Johann Jakob Sulzberger gebaut und 1853–55 durch Adam Meyer von 11'500 m² auf 74'000 m² zum grössten Hafen am Bodensee erweitert. Mit der bahnmässigen Erschliessung Romanshorn–Winterthur (1855), Romanshorn–Rorschach (1869) und Romanshorn–Konstanz (1871) entwickelte sich die Ortschaft zu einer Drehscheibe des öffentlichen Verkehrs. Unter den noch bestehenden Gebäuden am Hafen sind beachtenswert: *Bankstr.* Bahnhof, *einer der ältesten der Schweiz.* Erbaut 1855 nach Plänen von Johann Jakob Breitinger für die Nordostbahngesellschaft. Arkadengeöffneter Monumentalbau mit einst zinnengekrönten Flankentürmen; rest. 1988–89. ■ *Egnacherweg. Lokomotivhalle.* Paralleldachbau in Sichtbackstein, 1898. ■ *Friedrichshafnerstr. Lagerhäuser der SBB.* Fünfgliedriger Paralleldachbau, erstellt 1887–88. – *Bootswerft,* erbaut 1888, erweitert 1904. ■ *Hafenstr.* Nr. 31. *Ehem. Zollgebäude,* erbaut um 1855, heute Museum. – *Hafenglocke,* ehem. Leuchtturm. Erbaut wohl Ende 19. Jh., mit 1844 datierter Glocke.

Das einst gut proportionierte Gebäude erhöht und völlig modernisiert 1931 durch Weideli & Eberli; neues Mansarddach 1988; illusionistische Fassadenmalerei 2003. ■ *Schulstr.* Nr. 1. **Turnhalle,** erbaut 1901–02. Lisenengegliederter Giebelbau mit glockenbetontem Eckpavillon. ■ *Seepromenade.* Reiherplastik von Rudolf Wening, Brunnen 1933 von Wilhelm Meier und grosse Bronze 1968 von Franz Fischer. ■ *Seeweg.* Nr. 2. Herrschaftlicher Walmdachbau von 1923 mit Säulenportikus. ■ *Tobelmühle.* Nr. 2. Bäuerliches Vielzweckgebäude des 18. Jh. mit prachtvoll geriegeltem Wohnteil. ■ *Zelgstr.* Nr. 14, erbaut 1920–21. Klassizistisch gegliederter Walmdachbau von blockhafter Strenge und imposanter Kubatur. ■ **Wasserreservoir** im Romanshorner Wald (beim Forsthaus). Historistische Burgenarchitektur von 1894. Museum. Kleines Museum am Hafen, Hafenstr. 31.

Salenstein

Fruthwilen. *Hubstr.* Nr. 13. **Schloss Hubberg.** Von Gabriel Reichlin v. Meldegg um 1596 erbauter Freisitz; Innenrest. 1982. Staffelgiebelhaus mit Fachwerk-OG. Im ersten Stock Stuckwappen Breitenlandenberg-Wildenberg, die im 18. Jh. auf dem Hubberg sassen. Im Milieu der stuckierten Stubendecke Darstellung der Versuchung Christi. Bilderofen.

Mannenbach. Wallfahrtskapelle St. Aloysius, bis 1692 Hl. Kreuz. Nach der Legende Stiftung eines Kreuzritters von Salenstein, Weihe angeblich 1155. Einst wegen der Kreuzpartikelreliquie viel besuchter Wallfahrtsort. Polygonaler Chorschluss 1488, Neuausstattung 1694–95. Rest. 1993–95. Wandmalereien von 1488 in fünf Zyklen: Passion (Nordwand), Heilige (Choransatz und Fensterleibungen), Apostel und Propheten (Chor), Legende von der Kreuzfindung durch die Kaiserin Helena (Südwand), Leben Jesu (Westwand). Altar um 1695 mit nachträglich eingesetztem Kreuzigungsbild. Votivbilder des 18. Jh. Reich marmorierte Orgel um 1779, vielleicht Überlinger Schule. Turmuhr aus Ermatingen, Werk des Hans Luterer, 1533.

Profanbauten. *Hauptstr.* Nr. 2. **Ehem. Mühle,** ab 1350 bezeugt als Lehen der Reichenauer Abtei. Stattlicher Fachwerkbau des 18. Jh. – Nr. 21. **Bahnhof.** Landstation, erstellt in schlichten Formen 1875 nach Projekt von Conrad Bär. ■ *Louisenbergstr.* Nr. 13. **Kaplanei,** um 1852. – **Louisenberg.** 1835–36 für den franz. General Marquis de Crenay gebaut anstelle des alten Kaplaneigebäudes, das die Grossherzogin Stéphanie von Baden, geborene Beauharnais, 1825 gekauft hatte. Klassizistischer dreigeschossiger Sitz über Hochparterre; Terrassenanbau Ende 19. Jh.

Salenstein. *Arenenbergstr.* Nr. 1. **Schulhaus,** erstellt 1874 nach Plänen von Johann Joachim Brenner; Uhrtürmchen von 1917–18. – **Schloss Arenenberg.** *Exilsitz der Familie Louis Napoleons mit hervorragender Ausstattung im Stil des ersten und zweiten Kaiserreiches.* Der Kernbau 1543 vom späteren Konstanzer Bürgermeister Sebastian Gaisberg erstellt und 1585 zum Freisitz

Mannenbach, Bahnhof. Eine der wenigen unveränderten Thurgauer Landstationen aus der 2. Hälfte 19. Jh.

Fluchtburg des französischen Adels zu Zeiten Napoleons: das Schloss Arenenberg bei Salenstein.

erhoben. 1817 durch die Exkönigin von Holland und Stieftochter Napoleons I., Hortense de Beauharnais, erworben und zur Exilresidenz umgestaltet; anstelle der Staffelgiebel trat ein Zeltdach, gegen Süden ein Parterreanbau. Hortenses Sohn Prinz Louis, der nachmalige Kaiser Napoleon III., wurde hier erzogen, erhielt 1832 das thurgauische Ehrenbürgerrecht, bewohnte das Schloss bis 1837, musste es 1843 veräussern und kaufte es 1855 zurück. Nach dem Tod des Kaisers 1873 Wohnsitz seiner Witwe Eugénie, die im folgenden Jahr den Südanbau erhöhen liess. 1906 Schenkung an den Kanton Thurgau. Heute Museum und Napoleon-Gedenkstätte mit Interieurs aus der Zeit der Exkönigin Hortense, des Prinzen Louis und der Exkaiserin Eugénie. Kostbares Mobiliar und historische Dokumente; wertvolle Gemälde und Plastiken. – Die freistehende **Schlosskapelle** von 1831–32, umgestaltet 1855 und 1873, wurde 1949 auf die ursprüngliche frühneugotische Gestalt zurückgeführt und 1981–86 renov. Als Altarbild dient ein Jacopo di Paolo zugeschriebenes Triptychon des 15. Jh. Von Paris hierher übertragen das Grabmal der Königin Hortense, ein Marmorbildwerk des Lorenzo Bartolini 1845. In den nach 1817 errichteten Nebengebäuden seit

1906 das landwirtschaftliche Bildungs- und Beratungszentrum mit neuem Unterrichtshaus 1969 ff. von Adolf Ilg; Metallplastik 1973 von Werner Ignaz Jans. ▪ *Eugensbergerstr.* **Schloss Eugensberg**. Erbaut 1821 für den ehem. Vizekönig von Italien und Bruder der Exkönigin Hortense, Eugène de Beauharnais. Der Bauplatz befand sich nahe der mittelalterlichen Burg Sandegg, die 1833 ein Opfer der Flammen wurde. Edler Empirebau mit Mittelrisaliten, im Auftrag des Arboner Industriellen Hippolyt Saurer 1916 bis 1918 zwei Flügelanbauten durch die Zürcher Architekten Streiff & Schindler dazugefügt, ferner im Park ein Rundtempelchen nach Projekt von German Bestelmeyer, München. Aus derselben Zeit kunstvolle Innenausstattung. 1949–88 Erholungsheim des Diakonieverbandes Ländli. Rest. und Umgestaltung des Parkes 1990–92. ▪ *Fruthwilerstr.* Nrn. 1/10. Schöne Fachwerkhäuser des 18. Jh. ▪ *Hintergasse.* Nr. 5. **Hinterburg,** am Ort der abgegangenen Burg Niedersalenstein. Die altertümliche Fachwerkkonstruktion lässt auf einen Bau des 16. Jh. schliessen. ▪ *Schlossgasse.* Nr. 17. **Von-Herder-Haus,** erbaut 1672. Im Innern Steckborner Kachelofen um 1760. – **Schloss Salenstein**. Ursprünglich Stammburg der gleichnamigen, 1092 genannten reichenauischen Schenken. Von ehemals zwei Festen ist die Altburg Obersalenstein erhalten, eine malerisch dominierende Anlage über fünfseitigem Umfriedungsgrundriss. Älteste Teile vielleicht 11. Jh., Umbauten 1516–17 durch Sebastian Muntprat, turmartiger Vorbau mit Kapelle 1592 unter Walter v. Hallwil. Oberst Charles Parquin liess 1826 den Südtrakt, das so genannte Neuschloss, abbrechen. Das von diesem durch einen kleinen Hof getrennt gewesene Altschloss, dem zum Teil neuere Torbauten und Annexe vorgelagert sind, wurde 1841, 1869 und nochmals 1960 tiefgreifend, zum Teil im Sinne der engl. Neugotik verändert. Wesentliches zum neuen Gesicht trug Alexander v. Herder, ein Enkel des Weimarer Philosophen, bei. 1968 wurde die abgewinkelte Staffelgiebelgruppe um einen neuen Halbrundturm (Lift) vergrössert.

Museum. Napoleonmuseum Arenenberg, Arenenbergstr.

Schloss Salenstein

Salmsach

Fehlwies. Ass.-Nr. 27. Fachwerkbau des 18.–19. Jh. Beachtliche Innenausstattung, Napoleonstube um 1860–70.

Salmsach. Ref. Kirche. Vermutlich gotischer Kernbau, stark verändert 1752, 1808, 1923 und 1951; renov. 1997. Schlichter Hallenbau mit spitzhelmigem Dachreiter; klassizistischer Taufstein von 1808, Glasfenster 1998 von Ute Klein.

Profanbauten. *Arbonerstr.* Nr. 11. **Altes Schulhaus,** erbaut 1900, heute Kindergarten. Wandbild von Jürg Schoop. ▪ *Schulstr.* Nr. 23. **Schulanlage Bergli.** Erbaut 1967–69 von Jörg Affolter; Wandbild von Rolf Meyer, Wandteppich von Josep Grau Garriga.

Schlatt

Mettschlatt. *Türmlistr.* **Glockenturm.** Im Neubau von 1814 zwei Glocken der 1812 abgetragenen St. Nikolauskapelle.

Profanbauten. *Dorfstr.* Nr. 2. Fachwerkbau von 1813. ▪ *Hauptstr.* Nr. 17. Giebelbetonter Fachwerkbau, 17.–19. Jh. – Nr. 18. **Schulhaus mit Gemeindesaal,** erbaut 1886 nach Plänen von Sebastian Schmid und Ulrich Pfeiffer; renov. 1985.

Paradies. Ehem. Klarissenkloster, aufgehoben 1837, seit 1948 Ausbildungszentrum und *Sitz der berühmten Georg-Fischer-Fachbibliothek zur Geschich-*

te der Eisenverwertung. Stifter des Klosters am heutigen Ort war Graf Hartmann d. Ä. v. Kyburg, der mit der schon 1253 erfolgten Schenkung ausgedehnter Güter östlich von Schaffhausen im Jahr 1257 die Verlegung des Frauenkonventes Paradies bei Konstanz hierher erreichte. Der gesamte Grundbesitz und die im 15. Jh. zerfallene St. Peterskirche des Dorfes Schwarzach gingen im Klosterbesitz auf. Die Schirmherrschaft hatten die Habsburger den Truchsessen von Diessenhofen übertragen; die Nonnen selbst wurden Schaffhauser Bürgerinnen, weshalb es der Stadt gelang, Schirmpflichten und Gerichtsrechte an sich zu ziehen, bis beides von der Stadt Diessenhofen als Nachfolgerin der Truchsessen reklamiert wurde: Erstmals vergeblich 1510, dann 1567 mit Erfolg, da die kath. Orte der Stadt Schaffhausen mit der Rückgabe des Bundesbriefes drohten. Der von Schaffhausen in der Reformation zur Lehre Zwinglis gezwungene Konvent existierte jahrelang als protestantisches «Kloster»; er rekonstituierte sich erst 1578. Brand 1587, Neubau in den folgenden Jahren unter Leitung von Guardian Rochus Nachbaur aus Luzern. Weihe der Kirche 1602, Bezug der Konventflügel 1604. Barockisierung der Kirche unter Leitung von Eusebius Moosbrugger 1726–27; renov. 1873, 1926 (Dachturm) und 1933, rest. 2000–02. – Das Kloster selbst birgt Fundamente, Mauerkerne und Spolien des ausgebrannten Vorgängerbaues und der als Steinbruch benützten Dorfkirche St. Peter. Die Gebäude sind um einen Kreuzgang von quadratischem Grundriss angeordnet. Die Kirche stösst mit dem flach dreiseitig geschlos-

Paradies, ehem. Klosterkirche. Südfassade; rechts Inneres mit Blick gegen die Nonnenempore.

▲ Paradies, ehem. Klosterkirche. Gemäldespiegel der Stuckdecke mit einer Darstellung aus dem Ordensleben der Klarissen: Die hl. Klara schützt das Kloster St. Damian.

▶ Seit 2002 wieder am ursprünglichen Standort: der blau gelüsterte Drehtabernakel auf dem Hochaltar der ehem. Klosterkirche Paradies.

senen Chor über den Ostflügel der Konventbauten hinaus. Der Westflügel umschliesst zusammen mit dem südlichen Verwaltertrakt, der erst um 1600 an die giebelgleichen Vorbauten der Kirche angeschlossen worden ist, sowie einem zu diesem senkrecht stehenden Gästehaus einen kleinen Hof. Rückgrat dieses äusseren Westflügels bildet die ehem. Klostermauer. – **Klosterkirche St. Michael.** Äusserlich nüchterner Bau, in Schiff und Chor durch Rundbogenfenster geöffnet. Ein verschindelter Schaft trägt den Spitzhelm des Dachreiters. Im lang gestreckten Saalraum schiebt sich die Nonnenempore weit nach Osten vor; dem einst gitter- bzw. durch eine Wand geschiedenen Laienraum darunter westlich vorgestellt das Beichtoratorium, 1951–2002 Bauarchiv, seither Sakristei; zwei Masswerkfenster um 1600, Buntscheiben 1953 von Werner Schaad. Im Kirchenraum vorzügliche fünffeldrige Stuckdecke mit zwei Gemäldespiegeln: Stigmatisation des hl. Franz; hl. Klara, die vor S. Damiano mit dem Allerheiligsten die Sarazenen zur Umkehr zwingt. Altäre und Kanzel in schwarzweissem Stuckmarmor bilden durch Anordnung und Querbezüge ein raumprägendes fünfteiliges Ensemble. Hochaltar mit Wappen der Äbtissin Serafina Baron (1704–30) und St. Michaelsgemälde. Am rechten Seitenaltar Nischenfigur der hl. Klara, 1726, als Oberbild hl. Franziskus mit musizierendem Engel von Jakob Karl Stauder, 1736; vom gleichen das Kanzelbild mit der Fischpredigt des hl. Antonius von Padua 1737. Einzelbilder: Verzückung der hl. Margaretha von Cortona, um 1690; büssende Magdalena 1690; Christus vor Kaiphas,

1. Hälfte 17. Jh. u. a.; Bildepitaph für Veronica Klufftiger 1635. Zweierlei Chorgestühl, 1695 und um 1726; Taufstein 1961 kopiert nach Original von 1580; Orgel 1776 von Johann Konrad I. oder II. Scharf, 1943 weitgehend erneuert; Glasmalereien 1881 aus der Zürcher Manufaktur Karl Wehrli. – In der Sakristei Augsburger Monstranz 3. Viertel 17. Jh. von Johann Baptist Ernst; Kelch von Lukas Keller, Anfang 17. Jh. – **Konventbauten.** Geviert gedrungener Gebäude, die Eckquader markiert, die Stockwerke durch kräftig profilierte Gesimse abgeschlossen; Flucht regelmässig eingekerbter Fenster, gegen Norden ein Kastenerker auf Konsolen. Inneres nach 1948 zum Teil eingreifend modernisiert (Martin Risch). Im EG des Ostflügels folgen sich Sakristei und Kapitelsaal, beide mit Gewölben, ferner das flach gedeckte Refektorium. Im Nordflügel überwölbte Keller-, Treppenanlagen und Nebenräume, einer davon zur Klosterzeit als Bäckerei genutzt. Zu ebener Erde des symmetrisch zum Ostflügel aufgegliederten Westflügels die Konventstube. In den OG des Nord- und Ostflügels Zellen, im Westflügel die Wohnung der Äbtissin. Im Rietmannzimmer (Nordflügel) aus dem Generalengut in Schaffhausen (ehem. Mühlentalstr. 58) übertragene Rokoko-Stuckdecke mit allegorischem Gemälde; Umkreis Johann Jakob Schärer und Johann Ulrich Schnetzler, um 1750. – **Kreuzgang.** Eindrückliches Beispiel franziskanischer Schlichtheit. Aus drei Himmelsrichtungen laufen enge überwölbte Gänge auf ihn zu, Gratgewölbe auf Konsolen, die Spitzbogenfenster durch karges Masswerk unterteilt. Im Kreuzgarten Rundbrunnen 1950 von Walter Knecht, allegorische Reliefs der vier Elemente. – **Wirtschafts- und Verwaltungsbauten.** *Chrüzbuckstr.* Nrn. 2–6. **Doppelbauernhaus** (→ Abb. S. 155). Zwei kraftvolle, mauerausgefachte Ständerbauten des späten 15. und 16. Jh., die seit 1775–80 mittels Riegelwänden zu einem langen Trakt verbunden sind. In den Stuben gewölbte Bohlen-Balken-Decken; Kachelofen 1844 von Hans Konrad Monhart. Aussenrenov. 1976, Rest. des Westteiles 1991. – Nr. 8. **Ehem. Hofmeister- und Pfarrhaus.** Eleganter Mansarddachbau von 1750–70. ▪ *Klostergutstr.* Nr. 2. **Torhaus.** Kernbau 1286–87, Erweiterungen 15.–17. Jh. Rest. 1970. Fachwerkhaus mit flach gedecktem Durchgang, gegen aussen die erneuerten Wappen der Äbtissin und der sechs an der Wiedereinrichtung des Klosters (nach 1587) beteiligten kath. Orte. – Nr. 4. **Verwaltertrakt (Südflügel).** Treppengiebelbau, an der Südwestkante ein Erker unter Barockhaube. – Nr. 4. **Gästehaus (Westflügel).** Langer, durch Staffelgiebel abgeschlossener Trakt von 1675; 1950–51 vollständige Innenumgestaltung durch Martin Risch zur Aufnahme der Eisenbibliothek. Treppenhaus mit reichen schmiedeisernen Geländern 1951 von Anton Mooser. Bibliothekarenzimmer mit Doppelarkade, getragen von Säule in Spätrenaissanceformen, gleichzeitige Rankenmalerei. Im Sitzungszimmer neue Kassettendecke; zugekauft vorzüglicher Winterthurer Ofen 1653 von Hans Heinrich III. Graf. Bibliothek mit Deckenstuck 1951 von Walter Knecht. – Nr. 10. **Gasthaus Paradies,** ehem. zum Kreuz. Der Fachwerkbau des späten 18. Jh. letztmals renov. 1974–78. ▪ Nördlich des Klosters neugotischer **Brunnen**

Militärgeschichtlicher Lehrpfad im Schaarenwald (östlich von Paradies)
Zwischen Diessenhofen und Feuerthalen bot der Rhein seit jeher gute Möglichkeiten zum Übersetzen; bereits in römischer Zeit wurde die Uferlinie mit einer Reihe von Wachttürmen gesichert. Von der Anlage, die Erzherzog Karl von Österreich 1799 errichten liess, haben sich Spuren einer Schanze zur Brückenkopfbefestigung erhalten, aus dem Zweiten Weltkrieg zwei Bunker mit Originalausstattung. Daselbst kleines Museum.

(ehem. Freier Platz, Schaffhausen), gegossen 1847 im zürcherischen Eisenwerk Laufen.

Unterschlatt. Ref. Kirche, erbaut 1714 anstelle einer St. Margarethenkapelle. Eingreifend renov. 1922–23 durch Brenner & Stutz, Aussenrest. 1991. Taufstein 1594, Glasgemälde, Gleichnisse Jesu, 1922 von Carl Roesch.

Profanbauten. *Breitestr.* Nr. 5. Fachwerkbau von 1827. ■ *Brunnenhofstr.* Nr. 24. Stattlicher Riegelbau, 1. Hälfte 19. Jh. ■ *Frauenfelderstr.* Nr. 2. **Gasthaus Bahnhof.** Mächtiges Backsteingebäude mit angebautem Konzertsaal, um 1900. – Nr. 53. **Schulhaus.** Erbaut 1881 von Sebastian Schmid; purifizierende Aussenrenov. 1972. – Nrn. 69/73. **Menzihaus (ehem. Post) und Lamm.** Gute Fachwerkhäuser, 2. Hälfte 18. Jh. ■ *Pfarrhausstr.* Nr. 12. **Pfarrhaus.** Neubau 1836 von Jean Ruch. ■ *Schmittweg.* Nrn. 11–13. Erbaut 1844; im Innern ein 184(9?) datierter Ofen des einheimischen Hafners Hans Konrad Monhart. – Nr. 16. Fachwerkhaus, 18. Jh. ■ Im Ortszentrum zwei doppeltrogige **Brunnen,** datiert 1828 bzw. 1832.

Schönholzerswilen

Laachen. Ass.-Nr. 165. **Käserei.** Der 1906 erstellte Sichtbacksteinbau durch Treppengiebelfront ausgezeichnet.

Schönholzerswilen. *Kirchgasse.* **Kath. Kirche St. Markus.** Langhaus mit eingezogenem, dreiseitig geschlossenem und durch einen Rundbogen geöffnetem Chor. Schiff 13. Jh., Chor 15. Jh. (1417?), Vorgängerbau mit Apsis 12. Jh. Neugestaltung 1971–72 durch Hermann Schmidt (neuer Dachturm), Markus-Fenster von Albin Engeler. Im Chor grosses Kruzifix 16. Jh. Neugotischer Taufstein 1855. ▪ *Mettlenstr.* **Ref. Kirche,** erbaut 1714 nach Plänen von Ulrich Grubenmann; rest. 1975–76. Schlichter Saalbau; auf dem Ostende des steilen Satteldaches der 1867 umgebaute Spitzhelmturm. Kanzel und Taufstein aus der Bauzeit, desgleichen die Decke, deren Felder 1785 ausgemalt worden sind.

Profanbauten. *Hagenwilerstr.* **Altes Schweizerhaus.** Kernbau 1667 mit Fachwerkanteilen und Anbau um 1800. – **Neues Schweizerhaus** von 1844. ▪ *Mettlenstr.* **Ref. Pfarrhaus.** Stattlicher Fachwerkbau 1718; Johannes-Germann-Ofen von 1840. ▪ *Oberdorfstr.* **Felsenhof.** Klassizistische Villa Ende 19. Jh. mit guter schmiedeiserner Einfriedung.

Toos. Ass.-Nr. 33. Schindelbeschirmter Strickbau des 17. Jh. ▪ Nordöstlich des Ortes, bei Waldi: Befestigte, im 3. Jh. als Fluchtburg genutzte **Höhensiedlung** der frühen und mittleren Bronzezeit; kantonsältestes Zeugnis eines Steinbaues (Trockenmauer).

Sirnach

Sirnach. *Kirchplatz.* **Kath. Kirche St. Remigius.** Neubau 1874 von Johann Joachim Brenner, völlig modernisiert 1938–39 durch Karl Zöllig; gleichzeitig Plastiken von Alfons Magg und Josef Eduard Büsser, Glasgemälde von Albin Schweri; Josefs- und Bruder-Klaus-Fenster von Yoki, 1964. ▪ *Hochwachtstr.* **Ref. Kirche,** erbaut 1936–37 durch Weideli & Eberli.

Profanbauten. *Fischingerstr.,* ehem. Neugasse. Nr. 2. **Gasthaus Engel** am alten Pilgerweg nach Fischingen und Einsiedeln. Fachwerkbau von 1812–14 mit klassizistischem Schild; rest. 1976 unter Hermann Schmidt. – Nr. 66. **Ehem. Weberei,** gegründet 1859, stillgelegt 1982. – Nr. 67. **Obere Mühle,** erwähnt 1381, prägend umgestaltet 1794. An der lebhaft geriegelten Nordfront das geschnitzte Wappen des Fischinger Abtes Augustin Bloch. ▪ *Frauenfelderstr.* Nr. 3. **Gemeindezentrum,** ehem. Turnhalle, errichtet 1912 durch Albert Rimli. – Nr. 7. **Ehem. ref. Pfarrhaus,** heute Altersheim. Erbaut 1900 bis 1901 in klassizistischen Formen, aufgestockt 1937. ▪ *Grünaustr.* Nr. 24. **Schulhaus Grünau,** erbaut 1955 durch Karl Zöllig und Hermann Schmidt. Mosaik von Emil Josef Mehr. ▪ *Rütihofstr.* Nr. 8. **Betriebsgebäude STS AG,** 1999–2000 von Marcel Olbrecht. Teilweise auf Stützen gestellter Bau mit grossem Innenlichthof. ▪ *Wilerstr.* Nr. 3. **Schulhaus,** erstellt 1900 nach Plänen von Albert Rimli. Die risalitbesetzte Eingangsfront ausgezeichnet durch

das Wechselspiel verschiedener Steinarten. – Nr. 19. **Wohnhaus** von 1904 bis 1905 mit eigenwilligem Fassadenschmuck zwischen Historismus und Jugendstil. ▪ *Winterthurerstr.* Nr. 13. **Schulhaus Breite**. Wuchtiger Baublock 1911–12 mit monotoner Befensterung.
Wiezikon. *Schulhausstr.* Nr. 1. **Schulhaus Egg**, erstellt 1908 von Büeler & Gilg.

Sommeri

Niedersommeri. Paritätische Kirche St. Mauritius. Heutige Anlage 1. Hälfte 15. Jh. Schiff 1414 (?), Altarweihe 1439, Sakristeibau 1442, Chor Ende 15. Jh. Renov. 1761 (Chor), 1806 (Fenster, Gipsdiele im Schiff), 1858–64, 1908–09, 1912–13 (Deckenersatz) und 1932; Gesamtrest. 1977–79 durch Hermann Schmidt. Stämmiger, spätgotischer Turm, 1858 ff. im Oberbau und Spitzhelm modernisiert. An das Schiff fügt sich der eingezogene erhöhte Chor; Sterngewölbe mit Zwickelornamentik. Vorzügliche Innenausstattung 1858–64 in Wiler «Schreinergotik», u. a. Altäre, Kanzel, Chorgestühl, Täfer, Beichtstühle, z. T. verändert oder neu angefertigt um 1908.
Obersommeri. *Aspenstr.* Nr. 8. **Ehem. Gasthaus Kreuz**. Stattlicher, um 1800 errichteter Mansardbau mit figürlich beschnitzten Konstruktionshölzern und jüngerer Portallaube. ▪ *Förstergasse.* Nr. 8. **Heimetli**. Eng geriegelter Kehrgiebelbau, Ende 18. Jh.

Niedersommeri, paritätische Kirche St. Mauritius. Hervorragend erhaltene neugotische Innenausstattung.

Steckborn

Steckborn. Blick vom Turm der ref. Kirche auf die Altstadt.

Steckborn. Neolithische Ufersiedlungen westlich und östlich des Bachdeltas; frühmittelalterliche Gräberfelder im Obertor und beim Chilestigli. Der Stadt des 13.–14. Jh. voraus ging ein zu Füssen des reichenauischen Kehlhofes angelegtes Dorf, das im Vorgelände des Herrenhofes Mitte 9. Jh. eine Kirche erhalten hatte. 1313 bewilligte Kaiser Heinrich VII. einen Wochenmarkt; der Marktbezirk wurde, vielleicht im Anschluss an einen älteren befestigten Platz, beidseits der heutigen Seestrasse angelegt und genoss den Schutz des um 1282 errichteten äbtischen Turmhofes, der den Stadtherren aber auch Kontrolle erlaubte und Zuflucht bot. Die frühestens um 1300 vollendete Befestigungsmauer läuft stumpfwinklig von Kirche und Kehlhof aus und erreicht in zwei langen, grossteils erhaltenen Schenkeln den See. Sie blieb weitgehend selbstständig, da sie nur in den nördlichen Abschnitten geschlossen Häuser aufgestockt erhielt. Von den Türmen haben sich je einer an der Nordwest- und an der Nordostecke sowie der Pulverturm in der Mitte des östlichen Mauerschenkels erhalten. Die Seestrasse folgt mit ihren giebelseitigen Häuserfronten dem Bogen der Uferlinie und weitet sich am Mündungspunkt der Kirchgasse zum kleinen Rathausplatz, der durch einen schmalen Durchgang mit der Schiffl ände verbunden ist. Die kleinstädtische Bevölkerung betrieb Handwerk, Fischerei und Weinbau; im 18. Jh. berühmte Ofenbauer und Ofenmaler (Meyer, Düringer) sowie tüchtige Zinngiesser (Basler, Wüger).

Seestr. **Ehem. Zisterzienserinnenkloster Feldbach,** südwestlich der Stadt. Von der 1895 brandzerstörten Anlage blieb einzig das «Altkloster» erhalten, ein Giebelbau von 1613 mit Treppenturm unter 1923–24 erneuerter Zwiebelhaube. Renov. und zum Hotelbetrieb umgestaltet 1985–87, Neubauten nach Plänen von Peter und Jörg Quarella. ■ *Kirchgasse.* **Ref. Kirche,** ur-

Steckborn, ehem. Kloster Feldbach. Ansicht von Südosten auf das so genannte «Altkloster», das heute Teil eines Hotelbetriebes mit Tagungszentrum ist.

sprünglich St. Jakob, 1535–1962 paritätisch. Die erste Kirche des mittleren 9. Jh. belegte die Südosthälfte des heutigen Gotteshauses und bestand aus Rechteckschiff und gestelzter Apsis. Eine spätere Vorhalle wurde anlässlich der ersten Erweiterung zum Kirchenschiff geschlagen, jedoch im 10.–11. Jh. weiter westlich wieder errichtet. Im 12.–13. Jh. Ausweitung gegen Süden und Bau eines Turmchores, im 15. Jh. Anbau einer nördlichen Seitenkapelle. Später Kirchenerweiterung auf zwei Drittel der heutigen Grundfläche. Renov. 1641–42 durch Michael Husse, ferner 1734–36. Neubau 1766–68 durch den bischöflichen Baudirektor Franz Anton Bagnato. 1833–34 Abbruch des östlichen Chorflankenturmes und Bau eines westlichen klassizistischen Frontturmes durch Rudolf Hofmann aus Islikon nach Plänen von Gustav Albert Wegmann. Renov. innen 1923–24, aussen 1934; Gesamtrest. der Anlage 1968–70 unter Ernst Oberhänsli. Verbindung eines breiten lichten Predigtquerraumes in protestantischem Sinne mit – entsprechend der zur Bauzeit geringen Anzahl Katholiken – kleinem Altarraum für den kath. Kultus. Flachdecke über breiter Kehle und geschwungene, auf neuen Sandsteinsäulen ruhende Empore; raumprägende Ausstuckierung 1766 von Andreas Moosbrugger und Lorenz Gassner. Kanzel der Bauzeit von den einheimischen Schreinern Heinrich Füllemann und Dietrich Düringer. An der Nordwand Epitaph des Daniel Hanhart (gest. 1786). Grosse Glocke von Niclaus Oberacker, 1524. ■ *Alemannenweg.* **Kath. Kirche St. Jakobus.** Erbaut 1961–63 durch Karl Zöllig und Hermann Schmidt; Bronzerelief am Hauptportal sowie Holzreliefs an Kanzel und Seitenaltar von Rudolf Paul Gruber; Kreuzweg-Glasgemälde von Heinrich Stäubli. In der Werktagskapelle Abendmahl-Sgraffito von Meinrad Schönenberger.

Profanbauten. *Dorfstr.* Nr. 4. **Obere Mühle.** Überaus stattliches Fachwerkhaus mit Krüppelwalmdach, an der nordseitigen Grundschwelle datiert 1546, am Nordportal 1783. – Nrn. 5–7. Vom 17. Jh. bis 1873 Besitz der Hafnerdynastie Hirtenstein. Im 1568 erweiterten Ostteil spätgotische Stube von 1529, Westteil 1752 dazugebaut. Rest. bzw. rekonstruiert 1989–90. –

Steckborn, Turmhof

Nr. 6. **Altes Klösterli,** am Rundbogenportal datiert 1652. Im 1. OG zwei Felderdecken, 17. und 18. Jh. – Nr. 14. **Wohn- und Geschäftshaus,** errichtet 1998 von Marcel Ferrier. Straff geformter Flachdachquader mit asymmetrischer Fensterdisposition. ■ *Kehlhofplatz.* Nr. 1. **Unterer Kehlhof,** erbaut 1731. ■ *Kehlhofstr.* Nr. 5. **Gasthaus Kehlhof.** Der stattliche Riegelbau des 17. Jh. dürfte noch mittelalterliche Kerne bergen. Einbaubuffet 1643. ■ *Kirchgasse.* Nr. 13. **Oberes Haus.** Geburtshaus des Malers Pater Gabriel Wüger. – Nr. 17. **Helvetia.** Von Mitte 17. Jh. bis 1887 Wohnsitz und Produktionsstätte der Hafnerdynastie Meyer. – Nr. 23. **Torggel.** Ab 1659 Reichenauischer Zehnttorkel; spätestens seit den 1770er-Jahren Wohnsitz des Malers, Bürgermeisters und Stadtammanns Daniel Düringer. ■ *Morgenstr.* Nr. 6. **Ehem. kath. Pfarrhaus.** Walmdachbau mit Treppenhausturm, erstellt 1903 wahr-

Weithin sichtbares Wahrzeichen von Steckborn: der Turmhof mit Ecktürmchen und prächtiger barocker Dachhaube. Oben Altstadtgasse mit Rathaus.

scheinlich nach Plänen von Albert Rimli. ■ *Obertorstr.* Nr. 4. **Ente.** 1809–10 in ausgewogenen Proportionen errichtetes Landhaus mit Mansarddach, rest. 1978–82. Im 2. OG Empire-Stuckdecke. – Nr. 10. **Grünes Haus.** Die Fassade des frühen 19. Jh. verbirgt Fachwerkteile des 16.–17. Jh. Im Festsaal Régence-Stuckdecke um 1750 mit Allianzwappen Hanhart-Füllemann, vielleicht Wessobrunner Arbeit. ■ *Seestr.* Nr. 68. **Olivenbaum.** Klassizistischer Mansardbau von 1814–15, ausgebaut 1823–25 unter Oberst Heinrich Schiegg. – Nr. 78. **Steinerker.** Am sandsteinernen Erker das Allianzwappen Labhart-Hausmann, 1686. – Nr. 84 a. **Turmhof.** Vom Reichenauer Abt Albrecht v. Ramstein um 1282 als selbstständiger Stützpunkt errichtet; Freisitz ab 1521. Treppenturm von 1602 mit erneuertem Wappenstein des Hans Ulrich v. Wyden-Hausen, 1615. Die geschweifte barocke Dachhaube sowie die Ecktürmchen um 1614. 1639 Übergang an die Stadt, die um 1650 den Bau des Kaufhauses und des Zeughauses (Seestr. 82/84) veranlasste. Seit 1934 Heimatmuseum, das neben archäologischem Fundgut und dem ältesten Automobil der Schweiz vor allem Handwerksgerät und Zeugnisse des städtischen Gewerbefleisses zeigt. Jüngste Aussenrest. 1976–81. – Nr. 93. **Weisser Trauben.** Sandsteinerker von 1670 mit Wappenrelief Füllemann-Hausmann. – Nr. 100. **Rathaus.** Charaktervoller Fachwerkbau, errichtet 1667 von Werkmeister Samuel Schwederli wohl unter Benützung älterer Kerne. Freilegung des Riegelwerks 1919, Gesamtrest. in Etappen ab 1982. In der Mittelachse der Platzfront ein achtseitiger Treppenturm mit Kuppeldach und Glockenträger. Wappentafel der Bürgermeister Daniel und Ulrich Hausmann 1667. Keller und Gang mit noch spätgotisch profilierten Stützen. Im Nordostraum des 1. OG Spätrenaissancetäfer und Felderdecke; Tresortüren von 1585 und 1667. Südostzimmer mit Turmofen von Heinrich Düringer 1784. Im Ratssaal des 2. OG Kassettendecke mit Zapfenrosetten, 1667. – Nr. 108. **Erker,** 16.–17. Jh.; renov. 2002. Spätrokokoportal. – Nr. 115. **Minerva.** Neubau nach Brand 1828. Jugendstil-Turmerker um 1900. –

Steckborn, Schloss Glarisegg

Nr. 120. **Gasthaus Schwanen.** Fachwerkbau um 1730–40 mit Auslegearm Ende 19. Jh. Eingreifende Erneuerungsmassnahmen in den 1980er-Jahren. – Nr. 120a. **Sommerhäuschen** an der Seemauer, erbaut um 1730–40; im OG Bandelwerk-Stuckdecke. – Nr. 121. **Neues Schloss.** Kopie eines Wappensteins von 1723, Sonnenuhr 1962 in Rokokorahmung. Im Innern Cheminée, datiert 1628. – Nr. 124. **Altes Schloss.** Staffelgiebelbau, im Kern wohl noch 2. Hälfte 16. Jh. – Nr. 126. **Seeschulhaus,** erbaut 1862–64 nach modifizierten Plänen von Friedrich Albrecht; Aussenrest. 1996. – Nr. 137. Neubau 1747 mit späteren Erweiterungen; südwärts verschoben und rest. 1973. – Nr. 140. **Gümpli.** Im einstigen Harussengut erstellt um 1780–90 für Johann Baptist Joseph von Bodman. Anmutiges Landhaus mit haubengedecktem Erker. – Nr. 166. **Sonnenberg,** über dem spätbarocken Südportal datiert 1778. – **Schloss Glarisegg,** südwestlich von Steckborn. Erbaut 1772–74 von Franz Anton Bagnato für Daniel Labhart, Banquier in Paris. Beim Bau des Landerziehungsheimes 1910 wurde die Umgebung durch weitere Schulbauten verändert. Aussenrest. 1975–76. Fünfachsige Louis-XVI-Fassade mit Portal im schmalen, durch Lisenen ausgeschiedenen Mitteltrakt; Labhart-Wappen über dem Gurtgesims und im flachen Dachgiebel. Im Innern imposante Balustertreppen. In den beiden Salons des 1. OG ornamental ausstuckierte Ofennischen und Decken. – **Ehem. Taverne Glarisegg,** erbaut 1557 von Ziegler Labhart, 1974–2002 Sitz der Schulstiftung Glarisegg. Im Dachgiebel Glocke 1572 von Peter VI. Füssli. Im 1. OG Renaissance-Kammer, 2. Hälfte 16. Jh. ■ *Spiegelgasse,* ehem. Schmidgasse. Nr. 10. **Oberhof,** genannt 1487. Viergeschossiger Fachwerkturm von 1753. Qualitätvolle Ausstattung des 18. Jh. ■ *Weierstr.* Nr. 18. **Weiermühle,** erwähnt 1353. Heutiger Riegelbau von 1677, renov. 1968. ■ *Wolfkehlenstr.* Nr. 13. **Schlössli,** vielleicht ehem. herrschaftliches Rebbauernhaus. Grosser Bau mit Mansardwalmdach, 18. Jh.

Museum. Museum im Turmhof, Seestr. 84a.

Stettfurt

Stettfurt. Ref. Kirche. Rechteckbau von 1746, neugotischer Eingangsturm um 1900 von Otto Meyer. Modernisiert u. a. 1937, rest. 1992–93. Kelchförmiger Taufstein von 1746, ebenso die Kanzel von Felix Horber; Orgel 1994 von Armin Hauser.

Profanbauten. *Chöll.* Ass.-Nr. 11. Der 1745 datierte Riegelbau mit Haussprüchen und bemalter Dachuntersicht. Aussenrest. 1984. ▪ *Dorfstr.* Nr. 2. **Gemeindehaus,** ehem. Gasthaus Kreuzstrasse. 1777 in ausgewogenen Proportionen errichteter Walmdachbau mit gemalten Eckquadern; rest. 1983–84. – Nr. 7. **Ehem. Messmerhaus,** erbaut wohl um 1830, rest. 2000–01. – **Schulhaus.** Gut proportionierter Walmdachbau, fertiggestellt 1809. ▪ *Freudenberg.* Ass.-Nr. 275. **Einfamilienhaus,** erbaut 1971 nach Plänen von Richard Neutra. ▪ *Hauptstr.* Nr. 19. **Pfarrhaus,** erbaut 1752, renov. 1933. Originalausstattung zum Teil erhalten. – Nr. 26. **Herrschaftshaus Bachmann,** erbaut 1809, rest. 1983. – Nr. 28. **Lydiaheim.** Stattlicher Fachwerkbau, 2. Hälfte 17. Jh. Rest. 1931 und 1980–88. Asymmetrisch angeordnete Zierriegelfelder, bemalte Zugläden sowie groteske Schnitzereien am eckumlaufenden Fensterwagen. Gute Innenausstattung, u. a. Bleiker Kachelofen. Im Garten klassizistisches Waschhaus, frühes 19. Jh. – Nrn. 32–34. **Ehem. Kehlhof** (?). Von Ökonomietrakten flankierter Kehrgiebelbau der 1. Hälfte 18. Jh., das reiche Riegelwerk mit Sprüchen in den Gefachen. Beachtliche Innenausstattung. Teilrest. 1984–85. ▪ **Schloss Sonnenberg.** Die Burg erwähnt 1242; nach dem Grossbrand von 1595 durch Matthias Höbel für Jost Zollikofer aus St. Gallen unter Einbezug älteren Mauerwerks neu errichtet. Seit 1678 Statthalterei des Klosters Einsiedeln. Renov. 1953. Imposante Anlage aus nordsüd gerichtetem Treppengiebelhaus und westlicher hufeisenförmig anschliessender Umbauung eines Binnenhofes. Die Südostkante des Hauptbaues besetzt ein runder, die Achse unter dem Quergiebel und die Nordostecke je ein

Stettfurt, Lydiaheim. Der bemerkenswerteste Riegelbau des Ortes mit vielfältigem Fassadenschmuck.

Stettfurt, Schloss Sonnenberg. Oben Gesamtanlage von Süden, unten der 1757 ausgestaltete Prunksaal.

vierkantiger Erkerturm. Vom südlich vorgelagerten Zwinger hat sich ein rundbogiger Torbogen von 1623 erhalten. EG des südlichen Hoftraktes durch breitspurige Arkaden geöffnet. Löwenbrunnen. Quadratisches, überwölbtes Treppenhaus mit Mittelpfeiler. Im 1. OG Steckborner Prachtsofen 1751 von Hans Heinrich II. Meyer mit älteren Füllkacheln von David II. und Ludwig II. Pfau. Im 2. OG Prunksaal, stuckiert und ausgemalt 1757 durch Anton Greising aus Überlingen; rest. 1969. Zusammen mit den gemalten Eckfeldern symbolisiert die Deckenplastik die vier Jahreszeiten und die vier Elemente. Im Mittelfeld ein Muttergottesbild mit Einsiedler Vedute, in den Randspiegeln Verkündigung, Weihnacht, Anbetung und Abendmahl. Türen und Fensterläden mit Monatsbildern bemalt. Neben dem Saal gewölbte Hauskapelle mit einem Altar des 18. Jh. und einer Immakulatastatue. Zahlreiche Einzelbilder und altes Mobiliar.

Sulgen

Donzhausen. Abseits von Durchgangsstrassen gelegenes Bauerndorf mit weitgehend intakter Siedlungsstruktur und einigen charaktervollen Fachwerbauten des 18.–19. Jh.

Götighofen. *Buchenbergstr.* Nr. 10. Neubau 1933; Fassadenschmuck und Ausstattung mit Art déco-Elementen. ■ *Langenrainstr.* Nr. 3. **Ehem. Gasthaus Traube.** Riegelbau mit Kehrfirst und doppeltem Fensterwagen, 18. Jh. Bleiker Ofen 1795.

Hessenreuti. **Lindenhof.** Klassizistischer Landsitz mit Walmdach, erbaut 1817–19 für den späteren Ammann Johannes Altwegg. Aussenrenov. 1990 bis 1991.

Sulgen. *Kirchstr.* **Ref. Kirche.** Der Nordturm und der querrechteckige Chor könnten im unteren Mauerwerk auf Zeiten vor dem Neubau zurückgehen, der nach Zerstörungen in den Appenzellerkriegen (1405) oder etwas später (Datumsspolie 1435 am Turm) notwendig geworden war. Den Bau des breit ausladenden Schiffes mit säulengetragenem Pultdachvorzeichen sowie die Chorerhöhung nahm 1751 Jakob Grubenmann vor. Turm 1755 durch Josef Keller renov. und nach Blitzschlag 1887 von Joseph Boesch mit neuem Glockengeschoss und Helm versehen. Renov. aussen 1957–59 und 2003, innen letztmals 1982. Serienstuck von Peter Nussbaumer 1844, Neurenaissance-Elemente von 1888. Taufstein 1585, Kanzel 19. Jh. Wandbild 1972 von Gottlieb Soland. ■ *Rebbergstr.* **Kath. Kirche St. Peter und Paul,** erbaut 1959–61 von Ernest Brantschen und Alfons Weisser; rest. 2001. Mondsichelmadonna einer süddt.-bayerischen Schnitzerwerkstatt aus dem 1. Viertel 16. Jh. zugekauft; Wegkreuz aus Buchackern 1669. Glasgemälde von Ferdinand Gehr (1961) und Hans Affeltranger (1989), Mathis-Orgel 1968 mit asymmetrischer Prospektgestaltung.

Sulgen, kath. Kirche St. Peter und Paul, erbaut 1959–61.

Profanbauten. *Bahnhofplatz.* Nr. 1. **Bahnhof.** Die beidseits der Geleise angelegte Baugruppe umfasst das 1866–67 nach Entwurf von Jakob Friedrich Wanner errichtete Stationsgebäude, den Güterschuppen von 1908 sowie eine Lokomotiv- und eine Wagenremise, erbaut 1875–76. ■ *Hauptstr.* Nr. 21. **Käserei.** Der dekorative Backsteinbau von 1908–09 im EG stark entstellt. ■ *Kirchstr.* Nr. 15. **Gasthaus Hirschen** mit Aushängeschild 3. Viertel 18. Jh. (→ Abb. S. 137). ■ *Romanshornerstr.* Nr. 8. **Ehem. Stickerei Altwegg** (→ Abb. S. 122), errichtet 1905–09 in neubarockem Fassadenkleid. ■ *Schulstr.* Nr. 2. **Primarschule.** Keramikmosaik 1964 von Emil Josef Mehr. – Nr. 11. **Altes Schulhaus,** erbaut 1829–31.

Bleiker Kachelöfen

Die Ostschweiz ist allgemein bekannt als Herstellungszentrum von ofenkeramischen Erzeugnissen. Mit dem Niedergang der im 16. und vor allem im 17. Jh. blühenden Hafnerdynastien Pfau und Graf in Winterthur wurde Steckborn mit den Ofenbauern Meyer und den Ofenmalern Düringer im 18. Jh. zum bedeutendsten Produktionsort der Region. Daneben gab es im Thurgau eine ganze Reihe weiterer Hafnerwerkstätten, u. a. die Gonzenbach in Bischofszell (18. Jh.), die Friedrich in Müllheim (18.–19. Jh.), Hans Konrad Monhart in Unterschlatt (19. Jh.) und die Ofenfabrik Burkart in Kreuzlingen-Emmishofen (19.–20. Jh.). Die neben Steckborn wohl eigenständigste Produktionsstätte jedoch siedelte sich zu Beginn des 18. Jh. im Weiler Bleiken südöstlich von Sulgen an. In geschlossener Generationenfolge stellte die Familie Germann hier zwischen 1702 und 1869 Kachelöfen in grosser Zahl her. Ihre vorzugsweise weiss-, seltener grüngrundigen Erzeugnisse zeigen zumeist ein Relief, dessen Konturen mit eng begrenzter Farbpalette bemalt wurden. Charakteristische Motive sind einerseits die Margeritenblume, anderseits ein rapportfähiges Muster, das die Wandflächen der Öfen gitterartig überzieht. Einige der noch bestehenden Bleiker Kachelöfen tragen Datierungen, kein einziger jedoch eine Hafnersignatur.

Bischofszell, Gasthaus Muggensturm. Der vermutlich um 1808 entstandene Kachelofen mit seiner gitterartig gemusterten Oberfläche ist ein schlichtes, aber typisches Erzeugnis aus der Hafnerwerkstatt Germann in Bleiken.

Tägerwilen

Tägerwilen. *Kirchweg.* **Ref. Kirche.** Ersterwähnung 1155. Turmchor, nach ältesten Wandmalereiresten zu schliessen 13.–14. Jh., 1455 Einwölbung und erneute Ausmalung, ferner Neubau des Schiffes, das 1760–61 unter neuem Dachstuhl eine Gipstonne mit guten Stuckaturen und neu gestaltete Fenster erhielt. Turmaufsatz 1864. Renov. 1852, 1898, 1922; 1952 wiederum aussen, innen zuletzt radikal 1965, Auferstehungsfenster 1966 von Werner Eberli. Die im 3. Viertel 15. Jh. entstandenen, 1922 freigelegten Wandbilder des Turmchores, Szenen aus der selten dargestellten Kosmas-und-Damian-Legende, verschwanden 1965 unter Gipsplatten; Aufdeckung und Konservierung eines ersten Bildfeldes 1997. – Auf dem Kirchhof u. a. Epitaph für E. Zollikofer (gest. 1758), Grabmäler für Henriette Scherer v. Castell, 1850 von Johann Jakob Oechslin geschaffen, und für den bedeutenden Pädagogen Ignaz Thomas Scherr (gest. 1870), entworfen von Johann Ludwig Keiser. ▪ *Ernst-Kreidolf-Str.* **Kath. Bruder-Klausen-Kirche.** Giebelkonstruktion 1969 aus vorfabrizierten Elementen; Buntfenster und Plastiken von Willi Buck.

Profanbauten. *Castellstr.* Nr. 5. **Trittenbach.** Dicht geriegelter Krüppelwalmdachbau, erstellt um 1815 als Armenhaus. – **Burg Castell.** Errichtet durch Bischof Ulrich I. von Konstanz und Sitz bischöflicher Schenken, im Schwabenkrieg 1499 zerstört und seither Ruine. – **Schloss Castell.** *Eine der bedeutendsten historistischen Schlossanlagen in der Schweiz.* Nach 1585 von Conrad Vogt v. Wartenfels gebaut, umgestaltet 1725 durch die Zollikofer von St. Gallen. Die Familie Scherer liess den Sitz 1878–94 durch den Stuttgarter Otto Tafel zum pompösen Neurenaissanceschloss umwandeln und 1892–94 durch Karl v. Häberlin mit Fresken ausschmücken. Maurischer Saal. ▪ *Egelbachstr.* Nr. 3. **Haus Altwegg,** bestehend aus einem älterem Giebelhaus des 17.–18. Jh. und einem Mansardbau des frühen 19. Jh. In zwei

Dachkammern vielfältige Täferbemalung in Grisaille, 3. Viertel 17. Jh. ■ *Hauptstr.* Nr. 49. **Steinhaus.** Spätklassizistischer Bau mit Freitreppe, Mitte 19. Jh. – Bei Nr. 68. **Schulhaus** (→ Abb. S. 29), entstanden 1868 nach Projekt von Friedrich Albrecht. Monumentaler Baublock mit pilastergefasstem und durch Rundbogenarkaden geöffnetem Mittelrisalit. – **Bahnhof Dorf,** erstellt

◀ Tägerwilen, ref. Kirche. Heilung eines Bauern, dem im Schlaf eine Schlange in den Bauch gekrochen war; Szene aus dem Kosmas-und-Damian-Freskenzyklus im Turmchor, 3. Viertel 15. Jh.

▲ Tägerwilen, Schloss Castell. Hofansicht.

▶ Tägerwilen, Okenfiner. Südfassade mit einem der beiden charakteristischen Erkerpolygone, um 1720.

2001 von Ivo Frei. Lang gestreckte Anlage in einem Geländeeinschnitt, der mit einem Stahl-Glas-Dach überdeckt ist. ■ *Hochstr.* **Schloss Hochstrass,** erbaut anstelle einer mittelalterlichen Burg Ende 17. Jh. durch die Herren v. Landsee. ■ *Hörnliberg.* **Villa Nagelshausen,** erbaut 1909. ■ *Müller-Thurgaustr.* Nr. 2, erbaut um 1800. Geburtshaus des Pflanzenphysiologen Hermann Müller-Thurgau (Riesling-Sylvaner-Traube); Bronzebildnis 1985 von Ernst Friedli. ■ *Oberdorfstr.* Nr. 23a. **Kuhnmühle.** Stattlicher Riegelbau von 1725. ■ *Oberstr.* Nr. 2. **Rheinblick.** Villa 1907 mit Ausstattung aus der Bauzeit. ■ *Okenfinerstr.* Nr. 6. **Okenfiner.** Name nach einem schon im 15. Jh. bezeugten Konstanzer Geschlecht. Erbaut 1616, um 1720 umgestaltet und an den Ostkanten mit polygonalen, zwiebelgekrönten Erkern versehen. Zimmer mit bemalten Täfern des späten 18. Jh.; im Saal weisser klassizistischer Turmofen, hinter dem Ostgiebel DG-Zimmer mit gewölbter Holzdecke. ■ *Palmenweg.* Nr. 3. Erbaut 1766, von den Franzosen besetzt 1798. ■ *Pflanzbergstr.* Nr. 1. **Schloss Pflanzberg.** Ersterwähnung 1596. Sitz des Freiherrn Sebastian A. Reding, heutiges Gebäude Ende 17. Jh. Umbauten nach 1828, aufgestockt und erweitert im vorgerückten 19. Jh., Neuausstattung 1917 bis 1919. ■ *Sägestr.* Nr. 11. **Obermühle,** urkundlich bezeugt seit 1532, heutige Form 1. Hälfte 18. Jh. Rest. und Wiederbelebung der Sägerei 1985–89. ■ *Staudenhof.* Ass.-Nr. 505. Jugendwohnstätte des Malers Ernst Kreidolf. ■ *Unterdorfstr.* Nr. 9. Prachtsriegelhaus, datiert 1656.

Tägerwilen, Obermühle. Der stattliche Baukomplex des 18. Jh. wurde 1985–89 restauriert und wiederbelebt. Ein neu angefertigtes oberschlächtiges Wasserrad treibt die vorhandene Sägevorrichtung mit einer Leistung von max. 5 PS an.

Thundorf

Lustdorf. Ref. Kirche. Der Westturm in Bruchstein-Sichtmauerwerk mit Masswerken in den Schallarkaden gehörte zu einer spätgotischen Kirche mit Polygonalchor, ebenso die Nord- und Südflanke des Schiffes; Käsbissenaufsatz 1839, Erneuerung von Ostwand, Dachstuhl und Decke 1876, mehrfach modernisiert. Rest. des Turmes 1970, des nach Befund scheinarchitektonisch ausgemalten Kircheninneren 1979–80 durch Scherrer & Hartung.

Thundorf. Ref. Kirche, ehem. St. Peter. Langhaus und Chorpolygon in derselben Flucht errichtet 1484, nach Westen erweitert 1673 und 1746. Turm von 1519, um Glockenstube und Käsbissen erhöht 1702. Glocken u. a. von Johann Heinrich Lamprecht (1614) und Gérard de Lamotte (1642). Klassizistische Umgestaltung des Inneren 1840, renov. 1977–79 durch Ernst Oberhänsli. Ausstattung: Kanzel 1675, vielleicht von Hans Theobald Stutz, Pfarrstuhl 1683, Taufstein 1689; Buntfenster 1908 von Friedrich Berbig.

Profanbauten. *Dorfstr.* Nr. 12. In der östlichen Traufflanke mittels Zierfachwerk gebildete Initialen und Jahreszahl 1770. – Nr. 13. **Gasthaus Harmonie.** Klassizistischer Baublock von 1836 mit dreiachsigem Mittelrisalit unter Flachgiebel. – Nr. 15a. **Himmelrich.** Prachtvoller Fachwerkbau, im Türsturz datiert 1748. ▪ *Hauptstr.* Nr. 4. **Schulhaus,** erbaut 1906 durch Albert Brenner. – Nr. 10. **Gemeindehaus,** ehem. Schulhaus. Pisébau, erstellt 1843 von Jakob Wellauer in verspieltem Biedermeierstil. – Nr. 45. Getrepptes Mansardgiebelhaus von 1724 mit Rokokotüre, im Innern Stuckdecken. ▪ *Stähelibuckstr.* **Aussichtsturm.** 25 m hohe Eisenkonstruktion, errichtet 1908–09 durch Bosshard & Co., Näfels; renov. 2002. ▪ **Wasserreservoir** nördlich des Dorfes. Tonnenförmig überwölbter Kleinbau, erstellt 1897 nach Plan von C. Weissmann.

Wetzikon. *Hauptstr.* Nr. 7. Stämmiges Walmdachhaus von 1766.

Lustdorf

Tobel-Tägerschen

Tägerschen. *Münchwilerstr.* Nr. 4. Ehem. Freisitz, im 19. Jh. Mühle, Stickerei, ab 1880 Käserei.

Tobel. *Schmiedgasse.* **Ehem. Johanniter-Komturei.** Stiftung 1228 durch Diethelm I. v. Toggenburg zur Sühne des Brudermordes auf der benachbarten Burg Rengerswil bei Wängi. Die ursprünglich beim Ritterhaus «im Thal» gelegene Kirche 1706 abgetragen und auf der Anhöhe darüber neu aufgerichtet, wo sich ein alter Wehr- und späterer Glockenturm befindet. Neubau der Komturei 1744 durch Johann Caspar Bagnato; nach der Aufhebung von 1809–1972 kantonale Strafanstalt. Von der u-förmig um einen Hof gruppierten Anlage sind nur noch der Mittelbau, ein zweigeschossiges regelmässiges Haus mit Walmdach, und der Nordflügel erhalten. In den Räumlichkeiten Wessobrunner Régencestuck. Originales Treppenhaus. ▪ *Kirchstr.* **Kath. Kirche St. Johann.** Nach der Verlegung auf den Berg 1706 geweiht. Der südwestlich davon freistehende Wehrturm des 13. Jh. wurde 1717 durch Aufsatz eines Käsbissens der neuen Funktion als Glockenturm angepasst. Umgestaltungen der Kirche 1809, 1827 und 1865; renov. innen 1914, aussen 1923. Gesamtrest. 1984–85 durch Hermann Schmidt. Spätgotische Grundriss-Disposition mit Polygonalchor. Am Tonnengewölbe Deckengemälde von Heinrich Kaiser, 1865. Hochaltar von 1765 mit einem Gemälde aus dem Augustinerstift Kreuzlingen. Schrein des hl. Innozenz, 2. Hälfte 18. Jh. Am neuen Chorgestühl Engelsköpfe, Anfang 18. Jh. Neues Orgelwerk 1985 von Cäcilia Orgelbau AG.

Tobel. Das Hauptgebäude der ehem. Johanniter-Komturei und die kath. Kirche St. Johann.

Tobel, kath. Kirche St. Johann. Der ehem. Wehrturm wurde 1717 zum Glockenturm umgestaltet.

Profanbauten. *Erikonerstr.* Nr. 6. Der um 1850 zur heutigen Gestalt gewandelte symmetrische Bau mit Mittelgiebel grenzte früher die Siedlungsanlage der Komturei nach Norden ab. – Nr. 8. **Ehem. Kaplanei.** Fachwerkbau, 18. bis 19. Jh. – Nr. 10. **Kath. Pfarrhaus,** 1823. ■ *Fliegenegg.* Imposanter Kreuzfirstbau des 18.–19. Jh. ■ *Hauptstr.* Nr. 12. **Schulhaus,** erstellt 1927 in ländlich-behäbigen Proportionen. – Nr. 13. **Frohburg,** erbaut 1879–80, Aussenrest. 1987. Formschöner Baublock mit neubarocker Fassadenmalerei. ■ *Käsereistr.* **Transformatorenhaus.** Farbkontrastreich gestalteter Backsteinbau von 1909. ■ *Schmiedgasse.* Nr. 6. Anmutiges Riegelhaus, 18. Jh.

Tobel. Unterwegs nach Santiago de Compostela.

Uesslingen-Buch

Buch. Kath. Sebastianskapelle. *Hervorragende Wandmalereien der Manesse-Zeit.* Frühgotischer Rechteckbau über Fundamenten des 11. Jh., ausgemalt um 1320, durch Chorbogen gegliedert und mit neuen Fenstern versehen 1496. Weitere Umgestaltungen 1755 (Dachreiter) und 1774 (Eckquaderbemalung und giebelseitige Sonnenuhr); Erweiterungen nach Westen 1870 und 1938. Rest. 1987 unter Hermann Schmidt, u.a. Öffnung des frühgotischen Doppellanzettfensters auf der Ostseite. Die 1938 freigelegten Wandgemälde zeigen an der Nordwand Bilder der Passion und Verherrlichung Christi, im Altarhaus Apostel und Heilige, darunter St. Martin, ferner Jugend-Jesu-Darstellungen mit besonders eindrücklichem Weihnachtsbild. Schiffssüdwand: hl. Georg im Kampf mit dem Drachen; Majestas-Domini-Darstellung. Wellenranken- und Rosettenbordüren. Leidenschaftslos aufgefasste, weichlinig-locker gezeichnete, flächige Darstellungen im so genannten schwebenden Stil, der in der Kunst des Bodenseegebietes die Zeit der Mystik begleitet. Hochaltar (ehem. Bruderchoraltar) aus der Kartause Ittingen 1766–67 von Mathias Faller, Blatt von Franz Ludwig Herrmann. Sebastiansstatue des 17. Jh.

Dietingen. Gasthaus Traube. Guter Riegelbau unter Walmdach, neu erbaut 1811–13. Wirtshausschild und Teile der Ausstattung erhalten.

Iselisberg. Uerschhauser Trotte. Am Rundtor Kartäuserwappen und Jahreszahl 1748.

Uesslingen. **Paritätische Kirche St. Peter und Paul.** Neu errichtet 1872 durch Wilhelm Keller; der 1922–23 aufgesetzte Spitzhelm durchkreuzt den einheitlich spröden Charakter des klassizistisch-«byzantinischen» Bauwerkes. Anlässlich Rest. 1988–90 unter Hermann Schmidt wurde die ursprüngliche Illusionsmalerei wieder sichtbar gemacht. Aus der Bauzeit der Taufstein und das Altarensemble von Alois Holenstein, Gemälde von Heinrich Kaiser. Späth-Orgel, 1989.

Profanbauten. *Bsetzi.* **Ehem. Ittinger Zehnthaus.** Vom 158(8?) errichteten Gebäude haben sich lediglich die getreppten Giebelflanken erhalten. ■ *Kirchgasse.* Nr. 2. **Ehem. kath. Schule.** Schön gemusterter Fachwerkbau des 18. Jh. ■ *Püntliweg.* Bei Nr. 5. **Brunnen** aus Muschelkalkstein, datiert 1825, mit Emblem (Laurentiusrost) der Kartause Ittingen. ■ *Schaffhauserstr.* Nr. 7. **Pfarrhaus,** erbaut 1848 durch Rudolf Hofmann. ■ *Schulstr.* **«Horgenbacher Zehntkeller»,** erbaut 1638; renov. um 1980.

◀ Buch, kath. Sebastianskapelle. Ansicht von Süden.

▲ Buch, kath. Sebastianskapelle. Blick gegen den Chor mit frühgotischen Fresken und Kreuzaltar von 1766–67 aus der Kartause Ittingen.

▶ Rebberg bei Iselisberg.

Uttwil

Uttwil. Ortschaft am See, die sich im 18. Jh. zum bedeutendsten thurgauischen Stapel- und Warenumschlagplatz entwickelte; vor dem Ausbau der Häfen Arbon und Romanshorn wichtige Dampfschiffstation.

Ref. Kirche. Von der ursprünglichen Kirche St. Adelheid waren die Pfarrrechte schon im Laufe des 15. Jh. auf die benachbarte St. Annenkapelle übertragen und dieser ein Chorflankenturm beigesellt worden, der 1578 seinen Käsbissenabschluss erhielt. Die Steine der 1644 abgebrochenen Adelheidkirche dienten zur Erweiterung des Schiffes. Renov. 1790, 1862, 1959 und 1973. Biedermeierkanzel; Taufstein und Glasgemälde 1973–74 von Ursula Weber-Fehr. Im Turm Glocke des Heinrich Füssli, 1676.

Profanbauten. *Alte Landstr.* Nr. 1. **Wacht.** Bohlenständerbau, rest. 1994. ▪ *Am Landungssteg.* Nr. 1. **Schloss.** Der ursprüngliche Bau des 17.–18. Jh. mit polygonalem, von Zwiebelkuppel überdachtem Turm wurde 1822 vom Handelshaus Dölli zum Landsitz mit Mansarddach und wiederum 1931 umgestaltet. 1918–20 Sitz des Architekten Henry van de Velde, 1933–41 des Dichters Emanuel Stickelberger. ▪ *Dillhalde.* Nr. 1. **Blumenau,** 1842. ▪ *Kesswilerstr.* Nr. 8. **Ehem. Gasthaus Traube,** 1840. ▪ *Romanshornerstr.* Nr. 3. **Gasthaus Frohsinn.** Ehem. Gerichtshaus, erbaut 1722, verschoben und rest. 1971. Originelles Wirtsschild. Täferzimmer mit Kassettendecken, an einer Wand Bacchus-Darstellung mit Spruch und Jahreszahl 1763. ▪ *Seestr.* Nr. 17. **Hotel Bad Uttwil,** ab 1893, hervorgegangen aus einer Stickfabrik. – Nr. 19. **Seeburg,** erbaut 1817, rest. 2002. – Nr. 30. **Haus Margrit.** An einem der Nordportale die Jahreszahl 1800; renov. 1980. ▪ *Seeweg.* Nr. 39. 1925 errichtetes Landhaus des Dichters Carl Sternheim. – Nr. 53. **Einfamilienhaus.** Prägnant silhouettierte Betonarchitektur mit Innenhof, erbaut 1998–99 durch Andreas Zech. ▪ *Seeweingarten.* Nr. 15. **Einfamilienhaus,** erstellt 2000 von Cyrill Bischof. Minergiehaus mit aktiver Holz-Glasfassade, ausgewogene Mischung von Hightech und Tradition. ▪ *Zentrumsplatz.* Nr. 2. **Gemeindezentrum,** 1999 von Cyrill Bischof.

Uttwil, Schloss. Henry van de Veldes einstiger Wohnsitz im Dorf der Dichter und Maler.

Wagenhausen

Etzwilen. *Bahnhofstr.* **Bahnhofareal.** Nach Streckeneröffnung Winterthur–Singen und Etzwilen–Kreuzlingen 1875 wichtiger Eisenbahnknotenpunkt, dessen Betrieb 1998 gänzlich stillgelegt wurde. Aus der Bauzeit stammen das nach Plänen von Conrad Bär erstellte, aber erst um 1892 fassadensymmetrisch aufgestockte Aufnahmegebäude (Nr. 18), die Lokomotiv-, die 1903 veränderte Wagenremise und ein Güterschuppen; neues Dienstgebäude 1923 (Nr. 16).

Kaltenbach. *Hauptstr.* Nr. 10. **Gasthaus Löwen.** Riegelbau von 1802.

Rheinklingen. Ass.-Nr. 22. **Schulhaus,** erbaut 1872–73; Dachreiter mit reduziertem neugotischem Dekor. ■ **Eisenbahnbrücke** über den Rhein, errichtet 1875 nach Projekt der Pariser Firma Cail & Cie. – Neue **Strassenbrücke** 1980.

▲▲ Ein Riesenbahnhof mitten auf dem Land: das Schienenmeer beim einst bedeutenden Grenz- und Rangierbahnhof Etzwilen.

▲◀ Ästhetisches Zusammenspiel von Technik und Natur: die Eisenfachwerkbrücke bei Rheinklingen, erstellt 1875 im Auftrag der Nationalbahn.

◀ Wagenhausen, ehem. Benediktinerkloster. Blick vom Rhein auf die Klosterkirche und den Ostflügel der Konventbauten.

◀▼ Wagenhausen, ehem. Benediktinerkloster. Romanisches Zwillingsfenster im Kreuzgang.

▼ Wagenhausen, ehem. Kloster- und heutige ref. Pfarrkirche. Inneres mit Blick gegen die Westempore von 1892.

Wagenhausen. Ehem. Benediktinerklösterchen. *Frühromanische Pfeilerbasilika, gebaut im Sinn der Hirsauer Reform und in strenger geometrischer Bindung. Datierte Glocke von 1291.* Kloster 1083 von Tuoto v. Wagenhausen gestiftet und der Abtei Allerheiligen in Schaffhausen übergeben. Beim Versuch, die Eigenrechte Tuotos abzubauen und Wagenhausen reformgemäss von ihm zu lösen, brach ein erbitterter Zwist aus, den auch Kaiser und Papst nicht zu schlichten vermochten. Wohl um 1100 erhebliche Brandschäden. Anfang 12. Jh. wurde Wagenhausen über den Konstanzer Bischof dem Kloster Petershausen unterstellt. Völlig verarmt kam es 1417 schliesslich an Allerheiligen zurück, von wo aus es bis zur Reformation (1529) verwaltet wurde. Später verwaltete das ref. Schaffhausen die «Propstei»; 1861 Übergang an die Gemeinde Wagenhausen. – **Ehem. Kloster- und heutige ref. Pfarrkirche,** erbaut um 1085. Typus der romanischen, wölbungs- und querschifflosen Pfeilerbasilika mit gestaffeltem Drei-Apsiden-Sanktuarium und arkadengeöffnetem Westwerk. Der westliche Vorchor-Schwibbogen schon nach 1100 nicht erneuert. Gleichzeitig mit dem baufälligen nördlichen Seitenschiff wurde 1577–78 die Hauptapsis des quadratischen Altarhauses abgetragen und durch eine gerade Wand mit Rundbogenfenstern ersetzt;

darüber ein geriegelter Dachreiter derselben Zeit mit der 1291 datierten Marienglocke. 1892 Umwandlung des Westwerks in eine Empore. Rest. 1914, 1937, 1949–52 und 1987–89. Das weitgehend unverputzte Mauerwerk aus behauenen Kalkquadern des Schaffhauser Allerheiligenbruches gefügt, die Fenstergewände aus Tuffstein. Von der einst wohl reichen Ausmalung erhalten: Mäanderdekoration in der Triumphbogenleibung, gegen 1300 (übermalt); im Chor hl. Sebastian, 1. Hälfte 15. Jh.; an einem Nordpfeiler qualitätvolle St. Agatha, 2. Hälfte 15. Jh.; in der Südapsidiole die Hl. Antonius und Benedikt mit dem Wappen des Propstes Caspar Fritschi (1502–29). Taufstein datiert 1512. – **Propsteigebäude.** Vom Klostergeviert fehlt seit 1829 der Westflügel. Der 1970–72 gesamthaft restaurierte Baukörper weist auf seiner Hofseite Fachwerkanteile aus der Zeit um 1490 auf. Säulenstellungen des romanischen Kreuzganges 1. Hälfte 12. Jh.; im Ostarm aufgestellt ein Pestsarg 1. Hälfte 17. Jh. Im Ostflügel Kapitelsaal und Dormitorium, beide 1270–75 neu- oder ausgebaut; Täferzimmer mit spätbarocker Architekturmalerei 1750 von Franz Josef Stark.

Profanbauten. *Hauptstr.* Nr. 17. **Wasen.** Neubau 1733 für Landrichter Hans Jakob Wellauer. Dessen Wappen und diejenigen seiner Gattinnen Marbach und Hurter an der 1763 datierten Stuckdecke im 1. OG. Rest. 2001. ▪ *Im Schloss.* Nrn. 10–12. **Schlössli.** Bis 1798 Sitz der Vögte von Stein am Rhein. Prägender Um- oder Neubau im 16. Jh., heutige Gestalt des 17.–18. Jh. Im Nordgiebelfeld das aufgemalte Wappen der Stadt Stein und ihres Klosters St. Georgen, darüber der Reichsschild; Stiftung des Dominik Freiherr v. Rost. ▪ *Mühlestr.* Nrn. 4–6. **Obere Mühle.** Gestaffelter zweiteiliger Fachwerkbau, 17.–18. Jh. ▪ *Propstei.* Nr. 4. **Ehem. Propstei-Trotte.** Ältestes erhaltenes Keltergebäude im Thurgau, am Kellerhals datiert 1548. Erneuerung der Dachkonstruktion um 1670; rest. 1995. – Nr. 14. **Untere Mühle.** Der mittige Kernbau 16.–17. Jh.

▶ Wagenhausen, ehem. Propstei-Trotte. Das älteste Keltergebäude des Kantons Thurgau dient heute als Mehrzweckhalle.

Wäldi

Lipperswil. Ref. Kirche. Erwähnt 1252, Neubau 1490, umgestaltet 1670 bis 1702 und 1773. Jüngste Innenrenov. 1963. Mächtiger Nordturm unter Spitzhelm, kleiner, niedriger Polygonalchor und kurzes Schiff mit neuen Holzdecken. Chorstühle 1672 und 1770, Taufstein 1695, Kanzel 1768.
Profanbauten. *Golfpark.* Nr. 2. **Kehlhof.** Riegelbau mit Kropfwalm von 1625, renov. 1970. – Nr. 6. Erbaut 1642, renov. 1980. Gemalte Eckquader und Wappenstein. ▪ *Poststr.* Nr. 40. **Birkenhof.** Fachwerkbau, 2. Hälfte 18. Jh.
Sonterswil. *Oberdorfstr.* Nr. 3. Im Türsturz datiert 1735. Bemaltes Stubentäfer, u. a. Unterseelandschaft.
Wäldi. Ref. Kirche. Erbaut 1723, renov. 1954.

Wängi

Möriswang. *Möriswangstr.* Nr. 6. Prächtiger Fachwerkbau von 1830–31.
Rosental. *Rosenbergstr.* Bei Nr. 1. **Murg-Brücke,** 1999 von Walter Bieler. ▪ *Wilerstr.* Nr. 45. **Zwirnerei Rosental AG.** Erbaut 1902 als Mais- und Roggenmühle zwecks besserer Kraftausnutzung des benachbarten Wasser- und Elektrizitätswerks von 1899 (Rosenbergstr. 1). Wiederaufbau nach Brand 1906, westwärts erweitert 1910. Zeltdachbau mit gemusterten Backsteinlisenen.
Tuttwil. Ref. Kapelle St. Stephan in Obertuttwil. Spätmittelalterlicher Rechteckbau mit Dachreiter; in den Längswänden je zwei neuere Halbkreisfenster. An der Ostwand verdeckte Fragmente von spätgotischen Wandmalereien Anfang 16. Jh.
Profanbauten. *Pupikoferstr.* Nr. 20. **Schulhaus.** Erbaut 1830 aus Steinen der Burgruine Landsberg; erneuert 1876. ▪ *Ulrico-Hoepli-Str.* Nr. 3, erbaut 1793. Geburtshaus des Mailänder Verlegers Ulrich Hoepli (1847–1935).
Wängi. *Froheggstr.* **Ref. Kirche,** ehem. St. Georg. Erwähnt 887. Das 1514 erweiterte Schiff mit romanischen Bauteilen erhielt 1865 eine neuromanische Chorpartie. Der Käsbissenturm des frühen 16. Jh. steht wohl auf älterem Gemäuer; gekuppelte Schallarkaden, Giebelblenden. Glocken von 1430 und 1524, die jüngere von Niclaus Oberacker. Renov. der Kirche 1997, gleichzeitig neue Orgel von Mathis. – **Beinhauskapelle.** Dreiseitig beschlossener, tonnenüberwölbter Einheitsraum, erbaut und mit Rankenzier ausgemalt 1519–20; rest. 1973–75. ▪ *Kirchstr.* **Kath. Kirche St. Johannes der Täufer.** Erbaut 1957–58 von Fritz Metzger; Mosaike und Glasgemälde von Johann Jakob Zemp, Bildhauerarbeit von Kurt Brunner.
Profanbauten. *Dorfstr.* Nr. 22. **Schulhaus.** Erstellt 1902–03 von Otto Meyer. – Nr. 30. **Weierhaus.** Kernbau des 16. Jh. mit Resten der ehem. Wasserburg, 1807 aufgestockt. ▪ *Lommiserstr.* Nr. 1. **Gasthaus Linde.** Saalanbau mit historistischer Ausmalung. ▪ *Steinlerstr.* **Dammbühlhalle,** 2001 von Fent Solare Architektur. Minergiebau mit aktiven Holz-Glasfronten.
Museum. Ortsmuseum, Weinbergstr. 16.

Warth-Weiningen

Ittingen. Ehem. Kartause. *Die Ausstattung der ehem. Klosterkirche zählt zu den reizvollsten Schöpfungen des schweiz.-süddt. Rokoko.* In ihrer Burg gründeten drei Brüder des Truchsessgeschlechtes derer v. Ittingen Mitte 12. Jh. eine dem hl. Laurentius geweihte Augustinerpropstei. Nach deren Niedergang wurde sie 1461 vom Kartäuserorden übernommen und zu einer Kartause ausgebaut. Kartäuser verbinden ein Einsiedlerleben mit gemeinsamem Chordienst, was sich an den Bauten ablesen lässt: Um den kleinen Kreuzgang sind die Kirche und die Gemeinschaftsräume angeordnet, um den grossen Kreuzgang die Mönchshäuser. Die für die Selbstversorgung

Ittingen, ehem. Kartause. Gesamtanlage von Nordosten.

notwendigen Ökonomiebauten stehen innerhalb der Klostermauer, das Kulturland liegt anschliessend als abgerundetes Gebiet mit Rebbergen und Wald. Nach Aufhebung der Mönchsgemeinschaft 1848 diente die Kartause 1867–1977 einer Familie als Musterlandwirtschaftsbetrieb und historistisches Schloss, danach übernahm eine Stiftung die Anlage, restaurierte sie, baute sie aus und führt seit 1983 ein vielseitiges Kulturzentrum mit Seminar- und Sozialbetrieb, Kunst- und Ittinger Museum. Baulich ist der Kern der Klosteranlage noch mittelalterlich: Kirchenschiff sowie Teile des kleinen Kreuzganges und des Südflügels. Nach dem Ittinger Sturm 1524, dem durch Feuer auch das Archiv und die Bibliothek zum Opfer fielen, wurden die Ruinen wieder ausgebaut, wie die Jahreszahlen 1541 an der Refektoriumstüre und 1550 am Kirchenportal belegen. In den folgenden Jahrhunderten erhielt die Kartause ihr heutiges Aussehen: 1593 wurde der romanische Lettner durch den gotischen ersetzt, 1604 der Südflügel nach Westen verlängert (Schaffnerei), 1621/29 die Mönchshäuschen und der grosse Kreuzgang in Stein errichtet. 1703 erweiterte Johannes III. Moosbrugger nach Plänen seines Bruders Kaspar die Kirche um ein ohrenartig auskragendes Altarhaus. 1707 Ostflügel mit Sakristei, Kapitelsaal und Bibliothek, 1715–36 Westflügel (1756 innen völlig erneuert), Loggia-Anbau 1880; Ausbau der Nordwestecke der Anlage 1980–83 durch Rudolf und Esther Guyer. – **Anlage.** Dem westlichen, locker umbauten Ökonomiehof folgt der kleine Kreuzgang, umstanden westlich vom Gästehaus, südlich von Schaffnerei, Refektorium und Priorat, östlich von Kapitelsaal, Sakristei und Bibliothek, nördlich von der Kirche. – **Kirche.** Gestreckter, schmaler Trakt mit auskröpfendem Altarhaus; in der stirnseitigen Fassadennische kopierte Laurentiusstatue nach Original des 16. Jh. Dachreiter mit Glocke 1778 von Leonhard IV. Rosenlecher. Im Kirchenraum zieht sich die 1763–67 eingezogene Decke einheitlich vom Westteil, wo Gäste und Klosterknechte dem Gottesdienst beiwohnen konnten, über den Bruderchor und den Lettner bis zum Mönchschor. Einzig das überwölbte Altarhaus ist durch einen Bogen abgetrennt. An die spätgotische Vergangenheit erinnern neben den Raumproportionen und den spitzbogig einschneidenden Fenstern der Spitzbogendurchlass des Lettners und das 1550 datierte Westportal, dessen Steinrahmung und Holzwerk eine reizvolle Mischung spätgotischer und renaissancehafter Formenwelt zeigt. Der bislang nüchterne Kirchenraum erfuhr durch die Ausweitung von 1703 sowie durch Chorgestühl, Kredenzen, Priestersitze, Zelebrantensitz und Lesepult eine erste barocke Schwingung und Auflockerung der Flanken. Das 1701 vollendete Holzwerk (Dorsalnischen-Figuren kopiert 1980) schufen Chrysotimus Fröhli und seine Söhne nach Vorbild des Buxheimer Chorgestühls: praller, aber stets dem architektonischen Rahmenwerk sich unterordnender Ornamentstil. In der zweiten Barockisierungsphase 1763–67 erhielt der Raum durch die Gebr. Johann Georg und Matthias Gigl duftiges, farblich differenziertes Stuckwerk in leichtfüssigem Rokoko, während Franz Ludwig Herrmann die Spiegel mit pastelltonigen Fresken füllte. Dargestellt sind von

Ittingen, ehem. Klosterkirche. Der Hochaltar aus der Umgestaltungsphase 1763–67, als man den Kirchenraum in «die heitere Kur des Rokokos» nahm.

Westen nach Osten: Die Kartäuser erhalten von Petrus das Marienoffizium; Begegnung zwischen Bruno und Graf Roger in La Torre; Wunderheilungen am Brunnen über Brunos Grab. An der Westwand über der Gästeempore Schuldbekenntnis des toten Chorherrn Raimundus, an der Südflanke büssende Magdalena. Hochaltarensemble der Gebr. Gigl (Stuckmarmor mit eingefügten natürlichen Alabasterplatten) und Mathias Faller (Figuren, Schnitzappliken), Altarblatt von Franz Ludwig Herrmann, den hl. Bruno in der Verehrung der Muttergottes darstellend. Von den vier 1767 durch

Ittingen, ehem. Klosterkirche. Groteske am Chorgestühl und Chorbogen-Uhr.

Mathias Faller angefertigten und nach der Klosteraufhebung veräusserten Lettneraltären sind die beiden auf dem reichen Intarsienparkett der Lettnerbrücke platzierten original (Leihgaben aus Schönholzerswilen und Tobel), jener beim Lettnerportal eine Kopie des Ittinger Altars in Buch bei Uesslingen (→ Abb. S. 227). Das Bruderchorgestühl mit intarsierten Heiligenfiguren schufen die Laienbrüder Hugo Hostmann und Joseph Grimbach 1766 unter Verwendung von Teilen der Fröhlischen Werkstatt (um 1700). Wiederaufbau bzw. Rekonstruktion von Bruderchorschranke und Gästeemporenbrüstung anlässlich Rest. 1979–83. – **Ehem. Konventgebäude.** Der **kleine Kreuzgang** Mitte 16. Jh., mit Ausnahme des Nordflügels durch rippenlose Kreuzgewölbe von 1755 abgeschlossen; Grabplatten u. a. des Kartäuserhistorikers und Hagiographen Heinrich Murer (1588–1638). **Ostflügel,** 1707 erbaut mit Keller und zum Teil überwölbten Räumen. Kapitelsaal mit virtuos geschnitztem Altar, Seitennischen und Gestühl von Chrysotimus Fröhli. **Südflügel.** Fassadenmalereien mit Heiligenbüsten, um 1606. Im Bau selbst stecken die Mauerreste eines mittelalterlichen Wohnturmes als mutmasslicher Bestandteil der einstigen Burg der Herren v. Ittingen. Refektorium mit 1541 datiertem nördlichem Portalgewände, Rahmenmalerei mit Engeln um 1606, Türflügel 1662. Fensterfront mit Volutenpfeilern und Beschlagwerksäulen 1606; Kassettendecke 1673, gleichzeitig die sprenggieblige Portalarchitektur sowie das 1784 mit Eremitenmedaillons bemalte Brusttäfer. Ergänzter Winterthurer Ofen 1677 von Hans Heinrich III. Pfau mit einer der ältesten Veduten der Kartause. Über dem Eingang zur Schaffnerei (Procuratur) Steinrelief mit Gottvater-Darstellung, um 1600. Ehem. Klosterküche, im Neurenaissance-Stil zum Speisezimmer umgestaltet 1880 durch Chiodera & Tschudy, Reliefofen der Zürcher Fayencefabrik Oechslin & Sohn. **Westflügel,** begonnen 1715. Der südliche der beiden Eckrisalite 1606 als Verlängerung des Südflügels (Loggia 1880), der nördliche 1727–36 vor die

Ittingen, ehem. Kartause. Blick vom Barockgarten auf die 1627 errichteten Mönchshäuser.

Giebelfront der Kirche gebaut; versetztes und anlässlich des vorangegangenen Innenumbaus 1756 nachdatiertes Portal des 17. Jh. OG-Räume mit Wabendecken und Rokoko-Grisaillemalereien. Im «Bruno-Zimmer» doppelflügeliges Schnitzportal um 1735, bemalt 1756 mit den Veduten «Ittingen» und «Grande Chartreuse». «Laurentius-Stube» mit Stufenofen aus Steckborner Produktion, datiert 1736. Im ehem. Gästesaal kraftvoll bemalte Régence-Stuckdecke aus der Bauzeit des Westflügels mit marianischen Emblemen (grösstenteils verbaut). Täfer und Decke der Viktoriakapelle 1697 von Lukas Wiestner mit Emblemen bemalt. – **Grosser Kreuzgang.** Süd- und Ostarm 1629 mit 13 bzw. 12 Masswerkfenstern; Lusthäuschen im Konventgarten 1767, rekonstruiert 1983. An die Aussenmauern lehnen die sieben erhaltenen, zum Teil von Ludwig Pfyffer v. Altishofen gestifteten Mönchshäuser, die drei südlichen 1627, drei der östlichen 1621 und das nördlichste 1776 erstellt. Wiederaufbau der sieben Nordzellen auf alten Fundamenten und in zeitgemässen Detailformen 1980–83 durch Antoniol & Huber. – Neu angelegter Barockgarten südlich der Konventgebäude; bemerkenswerter Rosenbestand. – **Wirtschaftsbauten** innerhalb der Klostermauer. Obere Mühle mit Gasthaus, erbaut um 1720 mit Fachwerkanteilen um 1500; erweitert 1993. – Ehem. Pferdestallungen, um 1720; Osttrakt (Kellerhaus) zum Bankettsaal ausgebaut 1985. – Ehem. Pförtnerhaus mit Schmiede beim Südtor, heute Hotelempfang. Erstellt 1714, umgebaut im Hinblick auf den Besuch des deutschen Kaisers 1911–12 durch Brenner & Stutz. – Torggel beim Westeingang. Ältester Ökonomiebau der Kartause, am Portal datiert 1561. – Küferhaus, 16. Jh. – Sennerei, 1684. – **Wirtschaftsbauten** ausserhalb der Klosteranlage. Untere Mühle. Heutige Gestalt um Mitte 18. Jh.; rest. 1999. Müllerstube mit 1718 datiertem Täfer älteren Ursprungs. – Fehrenhaus, errichtet 1844–45 unter Verwendung weniger Bauteile des abgebrochenen Knechtehauses; rest. 2001.

Kartäuseralltag
Ein Kartäuser Mönch verbringt den Hauptteil des Tages in seiner Zelle, einem kleinen, ein- oder doppelgeschossigen Häuschen, das verschiedene Räume für bestimmte Tätigkeiten enthält. Der Tagesablauf richtet sich nach den Gottesdiensten in der Kirche; an Werktagen sind es deren drei, an Sonntagen fünf. Ein nächtliches, zweieinhalb Stunden dauerndes Offizium hat zur Folge, dass der Kartäuser nie ohne Unterbruch schlafen kann. Die Zeiten zwischen den Gottesdiensten sind dem Gebet, dem Studium, der Handarbeit und der Ruhe vorbehalten. Über eine Durchreiche vom grossen Kreuzgang aus erhalten die Mönche die einfachen fleischlosen Mahlzeiten, die jeder für sich in der Zelle verzehrt. Einzig an Sonn- und Feiertagen trifft man sich im Refektorium zum gemeinsamen, schweigend eingenommenen Mahl. Nur in der anschliessenden Rekreation (Erholungszeit) und während des vierstündigen Wochenspazierganges ist den Kartäusern das Sprechen erlaubt.

Warth. **Kath. Kirche St. Martin** an beherrschender Lage auf der Krete des Warther Rebhanges. Den Bau des Gotteshauses erzwangen sich die Warther Frauen durch einen «Sitzstreik», nachdem ihnen der Prior von Ittingen die weitere Benützung der Kartäuserkirche nach 1461 verwehrt hatte. Älteste Teile 1471, Erhöhung und Erweiterung 1649, Umbauten 1707 und 1866; rest. 1975–76 durch Hermann Schmidt. Vom flach gedeckten, mehrfach verlängerten Schiff trennt ein Rundbogen des 19. Jh. einen querschiffähnlichen Zwischentrakt ab, der wohl auf Kosten des einstigen spätgotischen Chors eingeschoben worden ist. Gerade geschlossenes, tonnenüberwölbtes Altarhaus mit «byzantinischem» Hochaltar von Alois Holenstein 1871, Gemälde von Heinrich Kaiser 1872. An der Choraussenwand Kruzifix um 1700; Sonnenuhr 1976 von Jacques Schedler.
Profanbauten. *Dorfstr.* **Lenzberg,** erbaut 1825 in klassizistischem Massstab für Oberrichter Lenz; Aussenrest. 1981. ▪ *Im Adli.* Nr. 6. Raum mit Täferbemalung von Franz Josef Stark, 1758. ▪ *Kartäuserweg.* Nr. 2. **Schulhaus.** Ansprechender Riegelbau von 1827.
Weiningen. **Ref. Kirche,** ehem. St. Nikolaus. Aus einem spätromanischen Bau entwickeltes spätgotisches Kirchlein, dessen Schiff des 13. und polygonaler Chor des 15.–16. Jh. in gemeinsamer Flucht unter durchlaufendem, von Dachreiter besetztem First liegen. Renov. 1913, rest. 1969–70. In der Stirnwand gotisches Zwillingsfenster mit einfachen Dreipassen. Sakramentshäuschen vermutlich 15. Jh., Felderdecke und Barockkanzel auf Steinsockel 18. Jh., Taufstein von 1715. Versetzter Sakristeischrank von 1654; rekonstruierte barocke Quaderbemalung.
Profanbauten. *Dorfstr.* Nr. 11. **Altes Schulhaus,** errichtet 1831; Riegelwerk mit lokaltypischem Sonnenmotiv. ▪ *Hauptstr.* Nr. 37. **Schulhaus.** Robuste Heimatstilarchitektur nach Plänen von Albert Brenner, 1906.

Weinfelden

Weinfelden. Gepflegtes Ortsbild und politisch regsamer Ort, der die Befreiung des Thurgaus 1798 und die Verfassungsbewegung (Regeneration) 1830–31 anführte. Sitz der Sommersession des Grossen Rates.

Kirchgasse. **Ref. Kirche.** *Gelungene Verknüpfung von kantiger Romanik mit den fliessend-weichen Formen des frühen Jugendstils.* Anstelle der 1726 parallelchörig ausgebauten paritätischen Kirche Grubenmanns errichteten Pfleghard & Haefeli 1902–04 den heutigen Zentralbau von kreuzförmigem Grundriss mit Vierungsturm. Die wuchtige äussere Erscheinung steht in Kontrast zum intimen Predigtsaal; in den weiten Bogen des kuppelüberwölbten Vierungsraumes eingespannte Emporen, deren östliche als Orgelbühne dient. Hohe, im Handwerklichen begründete und bis ins Detail durchkomponierte Ausstattungskunst: Bildhauerarbeit der Kanzelwand von Hermann Binz, Karlsruhe, Glasmalerei von Jakob Georg Röttinger nach Entwürfen von Christian Jakob Schmidt. Rest. 1976–77 durch Scherrer & Hartung. – Ausstattungsstücke aus der alten Kirche: am Aufgang zur

▲ Weinfelden, ref. Kirche. Ansicht von Westen mit Kirchgasse.

▶ Weinfelden, ref. Kirche. Im Predigtraum fügen sich Architektur, Lichtführung und Austattung zum stimmungsvollen Gesamtkunstwerk.

Empore Allianzwappenscheibe des Obervogtes Johann Caspar Hirzel und seiner Frau Anna, geb. Werdmüller, datiert 1726; beim Nordeingang Bronzeplatte für Hans Hartmann Escher (gest. 1623) und dessen Ehefrau; beim Aufgang zur Orgelempore Sandsteinepitaph für Josef Anton Ebinger, Gerichtsherr auf Bachtobel (gest. 1743); beim Südeingang Sandsteinplatte für Esther v. Castell (gest. 1593). Weitere Epitaphe entlang der Kirchenmauer, darunter dasjenige des Joachim Reinhart (gest. 1829). ▪ *Freiestr.* **Kath. Kirche.** Neubarockbau 1904 von Albert Rimli in kühlen, zum Klassizismus neigenden Formen; rest. 1960–62, innen 1990. Hallenbau mit eingeschobenem Querschiffteil und eingezogenem Apsischor. Heiligenstatuen an Fassade und Portal von Payer & Wipplinger, Ausstattung von Carl Glauner, Farbfenster 1933 von Gottlieb Engeler, zugekaufte Barockplastik. Orgeln von Späth 1990 und 1992, teilweise unter Verwendung älterer Gehäuseteile und Pfeifenmaterials. – **Paritätische Abdankungskapelle,** erbaut 1956 von Jakob Hunziker; Türgestaltung durch Max Hunziker.

Profanbauten. *Amriswilerstr.* Nr. 11. **Sonnenburg,** erbaut 1840 von Rudolf Hofmann. Klassizistisches Fassadengepräge, qualitätvolles Schnitzportal. ▪ *Bachtobelstr.* Nr. 16. **Einfamilienhaus,** erbaut 1965 von Susi Müller-Gehrig. – Nr. 76. **Schloss Bachtobel,** errichtet vermutlich anstelle der ehem. Burg Boltshausen. Der heutige Bau des 16. Jh. ging 1784 an die jetzige Besitzerfamilie Kesselring über und wurde um 1820 zum eleganten Biedermeierschlösschen mit Mansarddach umgestaltet; Innenausbau original erhalten. Rest. ab 1998. Im 1804 erstellten Ökonomiegebäude gewaltige Trottbäume von über 10 m Länge, datiert 1584 und 1729. ▪ *Bahnhofareal.* Nr. 1. **Bahnhof.** 1846 von Johann Georg Müller projektiert und 1864 von Jakob Friedrich Wanner erbaut; Ergänzungstrakt 2001 von Beat Consoni. – Nr. 3c. **Stellwerk.** Schmaler Baukubus von 1914 mit originaler Ausstattung; rest. und umgenutzt 2002. ▪ *Bahnhofstr.* Nr. 15. Ambitiöse Eckbebauung mit Mittel-

risalit und schräg gestellten Flankentürmen, errichtet 1905. ■ *Bankstr.* Nr. 1. **Credit Suisse,** erbaut 1871 von Johann Joachim Brenner für die Thurgauer Kantonalbank; Aussenrenov. 1970–73. ■ *Bleichestr.* Nr. 1. **Berufsbildungszentrum.** Neubau 1976–80 durch Antoniol & Huber. Metall-Glaskonstruktion mit rostrot eloxierten Rasterfassaden. Grossplastik «Betonmenschen» von Peter Hotz. Künstlerische Ausstattung von Peter Hächler und Charles Moser, Glasfenster von Folco Natale Tomaselli. ■ *Brauereistr.* Nr. 12. **Ehem. Rotfarb,** seit 1865 Brauerei. Sichtbacksteinarchitektur, Lager und Kühlkeller von 1894, das zinnengekrönte Brauereigebäude um 1900. ■ *Burgstr.* Nr. 66. Vielzweckbau in altertümlicher Fachwerk- und Bohlenständerkonstruktion, an einem Fensterpfosten datiert 152(1?); renov. ab 1995. ■ *Falkenstr.* Nr. 2. **Altes Gewerbeschulhaus,** erbaut 1905–06 als Wohnheim für Arbeiterinnen der Stickerei. ■ *Frauenfelderstr.* Nr. 8. **Haffterhaus.** Spätklassizistischer Bau 1836–38 von Rudolf Hofmann; rest. 1998–99. Weiträumige gewölbte Keller, Treppenhaus mit gotisierendem Eisengeländer, kleiner Louis-Philippe-Saal. Hinterhof mit Brunnenanlage aus der Bauzeit. Im ausgedehnten Park Plastik «Karyatide» 1959–60 von Robert Lienhard. – Nr. 16.

◀ Einzigartiges Weingut am Südhang des Ottenberges: Schloss Bachtobel in Weinfelden.

▲ Weinfelden, Haffterhaus. Klassizistisch geprägte Südwestfassade mit Betonung der Mittelachse.

▶ Weinfelden, Komitee. Hier tagte vom 6. Februar bis zum 28. April 1798 das Landeskomitee zur Befreiung des Thurgaus.

◀ Von der Treppe des Weinfelder Gasthauses Trauben verkündete der angesehene Apotheker Paul Reinhart am 1. Februar 1798 einer 3000-köpfigen Menge die Freilassung des Thurgaus aus der eidg. Untertanenschaft.

▶ Weinfelden, Rathaus. Südostfassade mit repräsentativer Blendgiebelfront von 1897.

Komitee. Erbaut 1794, Tagungsort des provisorischen Regierungsausschusses 1798; rest. 1995–97. Gestelztes Gebäude mit Mansarddach, die beiden mittleren von vier Fensterachsen über Korbbogenportal zum Quergiebel der Hauptfassade hochgeführt. Gartenanlage angeblich von Evariste François René Mertens. – Nrn. 24–28. **Schlotterhof.** Charaktervolles Fachwerk-Häusertrio des 17. und 18. Jh. – Nr. 35. **Alte Farb.** Der zierliche Riegelbau nach Brand 1648 wieder aufgebaut, später aufgestockt und 1808 sowie 1838 umgestaltet; rest. 1985–87. – Strassenseitig davor: **Farbbrunnen,** errichtet 1615, umgebaut 1758, erneuert 1957. Achtecktrog, zentrale Säule mit bewimpelter Urne in Barockformen. – Nr. 39. **Malerhüsli.** Reizvoller Kleinbau des 18. Jh. mit geschnitztem und gemaltem Fassadenschmuck des frühen 20. Jh.; Aussenrest. 1989–90. – Nr. 43. **Farb.** Erbaut 1769, renov. 1808 und 1838, Aussenrest. 1989–90. Markantes Fachwerkhaus mit giebelseitiger Aufhängevorrichtung für die gefärbten Tücher. – Nr. 48. **Marmorhügel,** erbaut vielleicht 1726, rest. 1984–85. ■ *Freiestr.* Nr. 15a. **Kath. Pfarrhaus,** erbaut 1903 nach Entwurf von Albert Rimli, rest. 1979–80. Neubarockvilla, der markante Risalit überhöht von Schweifgiebel. – Nr. 15b. **Kaplanei,** erbaut 1922. Walmdachbau mit Säulenportikus. ■ *Industriestr.* Nr. 6. **Trautheim.** Villa mit beachtlicher Jugendstilausstattung, erbaut 1906–07 von Paul Truninger. – Nr. 30. **Ehem. Weberei,** 1857 durch Eduard Bühler aus Kollbrunn bei Winterthur gegründet, nach 1930 Kartonfabrik Model AG. Schlankes Industriegebäude mit riegelsichtigem OG und dreiflügeligem Kopfbau. – Nr. 55. **Mühle.** Zusammen mit Mühlekanal und Thurwehr 1764 erstellt, nach Brand 1868 über verbliebenem EG in klassizistischen Formen neu aufgeführt. ■ *Kirchgasse.* Nr. 2. **Weisses Kreuz,** 1853 weitgehend neu erbaut. Geburtshaus von Johann Ulrich Bornhauser (1825–1848), dem Verfasser des Thurgauerliedes. – Nr. 8. **Friedheim.** Klassizistische Villa von

1882, seit 1983 ref. Kirchgemeindehaus. ■ *Pestalozzistr.* Nr. 12. **City-Haus,** erbaut 1953 von August Bächle. Gerundeter Bau mit Rasterfassaden in spitzwinkliger Strassengabelung. ■ *Rathausstr.* Nr. 1. **Gasthaus Trauben.** Wichtige historische Stätte, von deren Treppe der Landsgemeinde 1798 die Befreiung des Thurgaus verkündet wurde. Als herrschaftlich-zürcherische Taverne in stattlichem Frühbarock erbaut 1649, rest. 1959–61 und 1990–91. In der Gerichtsherrenstube Reste barocker Ausmalung sowie Wappenscheiben des 16. und 17. Jh.; Fenstersäule wohl aus älterem Bau übernommen. – Nr. 2. **Rathaus.** Neubau 1832 durch Rudolf Hofmann, Um- und Anbau mit neubarocker Repräsentativfassade durch den St. Galler Stadtbaumeister Albert Pfeiffer 1897; rest. 1984–86. Bemerkenswerter Grossratssaal. – Platzseitig davor: **Brunnen,** errichtet 1931 von Jakob Brüllmann in Gedenken an den Dichter und Staatsmann Thomas Bornhauser. Betontrog mit allegorischer Darstellung der mütterlichen Fürsorge. – Nr. 8. **Gasthaus Löwen.** Stattlicher Riegelbau des 18. Jh., Aussenrest. 1982. – Nr. 22. **Pestalozzi-Schulhaus.** Grossvolumiger Baukubus zu 13 × 5 Fensterachsen, erstellt 1839–40 durch Rudolf Hofmann. Hofseitig die um 1900 entstandene Turnhalle (Nr. 24) mit neuromanischen Stilelementen. ■ *Rüteliholzstr.* Nr. 5. **Kehrichtverbrennungsanlage.** Monumentalarchitektur in Beton, Stahl und Glas, erbaut 1994–97 durch Antoniol & Huber. ■ *Sangenstr.* Nr. 50. **Schwimmbad Thur.** Holzkonstruktion des Weinfelder Architekten August Bächle, 1928. ■ *Scherbenhofweg.* Nr. 2. **Scherbenhof,** ursprünglich Bogenstein. Benannt nach dem Quartierleutnant Scherb, der das bereits 1286 erwähnte Gut 1630 erworben und dem Hauptgebäude 1657 seine heutige Gestalt verliehen hatte; 1665–1814 in Besitz der Stadt St. Gallen, danach Eigentum von Paul Reinhart. 1821–25 Errichtung des klassizistischen Säulenganges mit Türmchen, der Remise und des Portikus; renov. 1951. Der über felsigem Abhang gelegene

◀ «Kathedrale des Mülls»: die 1994–97 erbaute Kehrrichtverbrennungsanlage südlich von Weinfelden.

▶ Weinfelden, Stellmacherhaus. Ehem. Wohnhaus mit Arztpraxis, errichtet 1932 im Stil des Neuen Bauens. Ein ausgefallenes Detail bildet die Rundverglasung, die sich vollständig zur Seite schieben lässt.

Sitz berühmt durch den Fund des um 1287 entstandenen ältesten Manuskriptes zum altdt. Rechtsbuch «Schwabenspiegel». ■ *Schlossgasse.* Nr. 21. **Breitenburg.** Fachwerkhaus im Heimatstil, erbaut 1912. Übersteigerung herkömmlicher ländlicher Bauformen. ■ *Schlosshaldenstr.* Nr. 24. **Einfamilienhaus,** erstellt 2002 durch Blatter & Müller. In den Steilhang gebetteter würfelförmiger Bau unter asymmetrischem Flachgiebel. ■ *Schwärzeweg.* Nr. 10. **Schwärzi (Schwarzacherhof),** Neubau 1548 vermutlich über älteren Fundamenten. Der einst von Mauern und Ecktürmchen umfangene Sitz 1706 umgebaut und 1824 mit einem Schulzimmer ausgestattet; renov. 1964 und 1977. Über Steinsockel vorkragendes Fachwerk-OG unter mächtigem Krüppelwalmdach. Prachtvolle aufgemalte Sonnenuhr um 1900. In der heutigen Schulstube Fenstersäule der Bauzeit. ■ *Thomas-Bornhauser-Str.* Nr. 10. **Thurgauerhof,** erbaut 1970–72 von Werner und Ernst Stücheli. – Nr. 11.

Weinfelden, Schwärzi. Der stattliche Sitz von 1548 war einst von einer Mauer mit Ecktürmchen umschlossen und erhielt um 1900 eine Sonnenuhr mit neugotischen Rahmenwerk auf die Fassade gemalt.

Thomas-Bornhauser-Schulhaus. Giebelpavillon 1951 von Ernst Rüegger mit Wandgemälde von Carl Roesch; 1977–79 Um- und Anbau eines Osttraktes durch Hanspeter Büchel; Aluminiumrelief von Ursula Weber-Fehr. – Nr. 12. **Stellmacherhaus.** Bedeutendstes und originellstes Zeugnis des Neuen Bauens im Kanton Thurgau, erstellt 1932 durch die Zürcher Architekten

Das Neue Bauen im Kanton Thurgau

Der Begriff steht in Zusammenhang mit dem 1919 von Walter Gropius in Weimar gegründeten und 1933 geschlossenen «Bauhaus». Die Lehre dieses Kunstinstitutes richtete sich gegen die herrschende Stilbeliebigkeit und strebte ein harmonisches Zusammenspiel von Form und Konstruktion bzw. die konsequente Verknüpfung von Handwerk, Technik und Industrie an. Aus der Bauhaus-Schule gingen Architekten hervor, die einem heute noch schnörkellos und formkarg, in gewissem Sinne aber auch sehr modern anmutenden Baustil verpflichtet waren.

Im Kanton Thurgau der 1930er-Jahre, wo man dem Neuen Bauen mit Zurückhaltung begegnete, gelangten nur wenige Bauten dieser Art zur Ausführung. Bezeichnenderweise stehen sie entweder in Ortschaften mit städtischem Charakter (u. a. *→ Strandbad Arbon; → Atelierhaus Roesch, Diessenhofen; → Franzosenweg 10, Frauenfeld; → Stellmacherhaus Weinfelden*), diskret am Seeufer (*→ Landhaus Egnach; → Wochenendhäuser, Mammern*) oder versteckt im Wald (*→ Rüetschberg, Bichelsee*). Bei ihren Erbauern handelte es sich fast ausnahmslos um auswärtige Architekten, die sonstwo im Thurgau kaum tätig waren. In mehreren Beispielen kam ein Auftrag dadurch zu Stande, dass Architekt und Bauherrschaft seit der Studienzeit miteinander bekannt oder befreundet waren.

Nüsseler & Braun; rest. 1991–92. Scheinbare Flachdachbaute mit Rundverglasung im Esszimmerbereich. – Nr. 18. **Sekundarschulhaus,** erbaut 1916 durch Karl Akeret, Turnhalle (Nr. 16) 1943. Im Musiksaal Wandteppich 1983 von Andrea Nold. ■ *Thurbergstr.* Nr. 1. **Akaziengut.** Vornehmer Villenbau von 1926. – Nr. 29. **Gasthaus Thurberg.** Kleine Ausstellung zur prähistorischen Siedlung der nahe gelegenen Burgstelle Thurberg. ■ *Thurfeldstr.* Nrn. 4–12. Ehem. Arbeiterwohnhäuser der Weberei Eduard Bühler & Cie., erbaut zwischen 1896 und 1906. ■ *Untere Büelstr.* Nr. 12. **Lauershof.** Bohlenständerbau des 16. Jh. Stube mit Fenstersturz aus der Bauzeit; in der Nebenkammer interessante, Fachwerk vortäuschende Bohlenbemalung, Anfang 17. Jh. Rest. 1990–91. ■ *Wilerstr.* Nr. 6. **Wohnhaus,** erbaut 1887 im Schweizer Holzstil. Reiche Sägezierelemente. – Nr. 26. **Paul-Reinhart-Schulhaus.** Neubau 1965–68 von Max Peter Kollbrunner; Eisenplastiken von Eugen Häfelfinger. ■ Über den Rebhängen des Ottenberges: **Schloss Weinfelden.** 1180 Sitz des kyburgischen Ministerialengeschlechtes von Weinfelden, nach 1264 von angesehenen Geschlechtern wie Kornfeil, Muntprat, Fugger von Augsburg; 1614–1798 Zürcher Obervogtei. Bergfried, Zwinger und Palas-Unterbau des mittleren 13. Jh. um 1540 umgebaut. Der mächtige Bergfried erhielt, dachlos geworden, 1873 seinen heutigen Zinnenkranz und 1982 das nach alten Ansichten rekonstruierte Pyramidendach. Wiederaufbau der südlich anschliessenden Wohnbauten um 1860, nachdem man sie 1846–47 bis zur Ruine abgetragen hatte; gotische Relikte. In der profanierten Kapelle des 2. Viertel 16. Jh. Stücke der Sammlung Finck: Plastik, Tafelmalerei, Glasbilder. Rekonstruktion des Palas-Oberbaues anlässlich Rest. 1973–76; einschneidende Renovierungsmassnahmen in den 1990er-Jahren.

Weithin sichtbares Wahrzeichen von Weinfelden: das prominent über den Rebhängen des Ottenberges gelegene Schloss.

Wigoltingen

Altenklingen. Schloss, nordöstlich von Märstetten. *Eindrückliche Baugruppe im Schlossstil des späten 16. Jh.* Um 1200 gaben die Herren v. Klingen ihre Stammburg Altenburg bei Märstetten preis und errichteten einen Neubau an jetziger Stelle. Nach Aussterben des berühmten Geschlechtes 1395 in verschiedenen Händen. 1586 erwarb Junker Leonhard Zollikofer von St. Gallen das Schloss und stiftete zusammen mit zwei Brüdern ein Fideikommiss. Noch im gleichen Jahr vollständiger Neubau unter Leitung des Obervogtes Erhard Scherb und aufgrund der Disposition des Baumeisters Matthias Höbel aus Kempten; Mitwirkung des Wigoltinger (?) Zimmermeisters Wolfgang Fögeli. Rest. 1982–83 und in Etappen 1991 ff. Zwei parallel nebeneinander gestellte Staffelgiebelhäuser mit schlanken Kaminen steigen in spätgotisch-kristalliner Schärfe hoch, die aber durch runde Ecktürme und Erker gemildert erscheint. Die nur mehr spielerisch gedachte Bewehrung ist 1812 bis auf Hüfthöhe abgetragen worden. Im Gegensatz zum weitgehend bewahrten Äusseren räumte man das Schlossinnere in der 1. Hälfte 19. Jh. vollständig aus; erst seit 1864 allmähliche Neueinrichtung durch Zu- und Rückkäufe Zollikoferscher Familienaltertümer, speziell aus St. Gallen. Die äusserst kostbare Ausstattung zeigt neben Bild- und Wappenscheiben des 16.–18. Jh. eine Sammlung von Ahnenporträts, hervorragende bemalte Zürcher, Winterthurer und Steckborner Öfen sowie Spitzenwerke ornamentaler Bildteppichkunst der Renaissance und des Barock. – Freistehende **St. Wiboradakapelle** mit Dreiachtelbeschluss und Dachreiterchen mit neuer Glocke; rest. 2000. Im Inneren Grabplatte v. Klingen 14. Jh., Kreuzigungstafel 17. Jh. sowie weitere Epitaphe und Glasgemälde. – Im Tal die geriegelten **Mühlegebäude** mit in seiner Art seltenem Backhaus, das in der Pläuelmühle (Stampfe) eingerichtet wurde.

Schloss Altenklingen

Schloss Altenklingen

Wigoltingen. Ref. Kirche. An das romanische Schiff wurden im 14.–15. Jh. der Turm, 1504 der Chor mit Sterngewölbe, die Sakristei sowie nördlich anstelle einer früheren Begräbniskapelle das Seitenschiff gefügt. Jüngste Gesamtrenov. 2002 unter Armin Schmid. Die Dienstkonsolen des zierlichen Gewölbes mit Köpfen und Wappenschilden. Kanzel 1697, gleichzeitig sowie 1757 die Pfarr- und Gerichtsherrenstühle. Drei Glocken 14. Jh. und 1435. Profanbauten. *Fabrikstr.* Nr. 6. **Gebharte-Haus.** 1683 errichteter Riegelbau mit gut erhaltener Stubenausstattung. ▪ *Käsereistr.* Nr. 12. **Schulhaus,** 1866. ▪ *Oberdorfstr.* Nr. 8. **Taverne zum Schäfli** (→ Abb. S. 137), Fachwerkhaus Anfang 18. Jh. Originaler Innenausbau. ▪ *Poststr.* Nr. 27. **Ehem. Schuh-, heute Möbelfabrik.** Der klassizistisch gestaltete Hauptbau 1880 erstellt. ▪ *Unterdorfstr.* Nrn. 2–12. Gleichförmige Zeile eingeschossiger Backsteinbauten, erbaut 1898 für Arbeiter der Firma Brauchli, Steinhauser & Cie.

Wilen

Wilen. Vorstädtisch geprägte Siedlung ohne bauliche Besonderheiten; im Südwesten an das Naturschutzgebiet Ägelsee grenzend.

Wuppenau

Gärtensberg. Kapelle St. Martin. 1633 zur Erfüllung eines in Pestzeiten abgelegten Gelübdes durch den Rat der Stadt Wil erbaut; rest. 1959. Polygonal gewölbte Holzleistendecke und Altar von Adam Thörig. Hochaltargemälde und zwei Votivbilder 1631 und 1641 von Hans Ulrich Rysse.
Heiligkreuz. Kath. Kirche St. Johannes Nepomuk. Über zwei Vorgängerbauten errichtete spätgotische Anlage mit eingezogenem Polygonalchor und wehrhaftem, um 1500 ausgebautem Chorflankenturm vermutlich von 1446. Erweiterung um zwei Seitenschiffe und Umgestaltung 1937 durch Paul Gaudy; rest. 1986–88. Teile des Hochaltars 1676, Gemälde 1829 von Nikolaus Birchler. St. Verena-Glocke, gegossen 1508 von Niclaus Oberacker.
Welfensberg. Kath. Kirche St. Laurentius (→ Abb. S. 14). Das Gotteshaus wurde anstelle einer kleinen Kirche 1706–08 durch Josef Matthias Wisle errichtet und dabei der alte Turmchor und -schaft beibehalten. Der jetzige Turm ist in den Formen seines 1929 eingestürzten Vorgängers neu aufgebaut und der saalartige, tonnenüberwölbte Innenraum nach Osten vergrössert worden. Renov. 1978. Uneinheitlicher Hochaltar mit Teilen aus St. Johann in Konstanz (1721), Bildern des 18.–19. Jh. und Statuen des 17. Jh.; Kanzel 1710.
Wuppenau. Kath. Kirche St. Martin. Guter neugotischer Bau von August Hardegger 1890–97, völlig modern umgestaltet 1967–68 durch Hermann Schmidt. Turmstock Ende 17. Jh. Reste der Kanzel (Evangelistenfiguren) von 1704, Taufstein 1729; Glasfenster 1966 von Karl Ammann.
Profanbauten. Im Dorf und in der Umgebung verraten gewandete, getäferte oder geschindelte Ständerbauten den Baueinfluss des nahen Toggenburgs.
■ *Dorfstr.* Nrn. 2–4. **Ehem. Gasthaus Bären** mit Schild von 1678.

Heiligkreuz, kath. Kirche St. Johannes Nepomuk

Zihlschlacht-Sitterdorf

Blidegg. Die ehem. mittelalterliche **Burg Blidegg** wurde Mitte 19. Jh. abgebrochen, ein zugehöriger Riegelbau des 17.–18. Jh. 1918 zum so gennanten Schloss ausgebaut.

Degenau. Kapelle St. Nikolaus und St. Magdalena, gelegen am alten Pilgerweg nach St. Gallen und an der Fähre über die Sitter. *Romanische Wandmalereien der höfisch-vornehmen Tradition der späten Reichenauer Schule.* Schiff und eingezogenes, würfelförmiges Altarhaus aus der Mitte 12. Jh. Sichtmauerwerk (Ährenverband, Fugenstriche); nach einem Brand wieder hergestellt zwischen 1577 und 1582; Sakristeianbau nördlich des Chores

◀ Degenau, Kapelle St. Nikolaus und St. Magdalena. Ansicht von Südwesten.

▲ Degenau, Kapelle St. Nikolaus und St. Magdalena. Romanische Wandmalereien an der Chorstirnwand, 2. Drittel 12. Jh.: Schlüsselübergabe, Kain-und-Abel-Szene, Apostel. Das Glasgemälde ist eine Kopie der so genannten «Flumser Madonna» im Schweiz. Landesmuseum.

1614; offenes Vorzeichen mit Fachwerküberbau für die Empore 1698. Neuer Dachreiter anlässlich Rest. 1945–47, verschindelt 2002. – Wandmalereien: Im Altarhaus unter Mäanderfries umlaufende Arkaden, darin Christus, der Petrus den Schlüssel überreicht (Lehr- und Hirtenamt der Kirche), mit den Aposteln. In der Leibung des Stirnfensters unter Agnus Dei die Darstellung von Abel und Kain bei der Darbringung des Opfers. In der Leibung des Chorbogens fragmentarische Medaillons mit Darstellungen der vier Paradiesströme; eines übermalt durch einen frühgotischen Markuslöwen. An der Chorbogenwand Reste von Szenen aus der St.-Nikolaus-Legende. Im Scheitel Muttergottes (Hodegetria), unten Reste von Monatsbildern. Die Malereien zählen zum Nachklang flächig ottonischer, von neuen antiken und byzantinischen Einflüssen beruhigter Kunst. Ausstattung des 17.–18. Jh.; Epitaph der Reichsgräfin v. Thurn und Valsassina (gest. 1802). In der Sakristei Reliquienbüste der hl. Magdalena, Ulmer Schule des frühen 16. Jh.

Sitterdorf. *Kirchstr.* **Ref. Kirche,** ehem. St. Martin, paritätisch 1567–1961. Beim Neubau von 1515 wurden Schiff und eingezogener Polygonalchor an einen älteren, schon dem Vorgängerbau dienenden Turm angefügt. Der heute die Südwestecke der Gebäudegruppe besetzende Turm erhielt Glockengeschoss und Schindelhelm um 1813; damals Innenumgestaltung in klassizistischem Sinne. Rest. 1963–64. Kanzel und Taufstein von J. Anton Müller aus Waldkirch, 1829. ■ *Zihlschlachterstr.* **Kath. Marienkirche,** erbaut 1959–61 von Fritz Metzger; Glasgemälde von Fritz Weigner. Aus der alten Kirche Kruzifixe und Kelche des 17.–18. Jh.

Profanbauten. *Ebnetweg.* Nr. 12. **Ref. Pfarrhaus.** Historistische Villa 1903–04 von Albert Brenner. ■ *Kirchweg.* Nr. 4. **Ehem. Pfarrhaus.** Älteste Teile 1633. Fachwerkbau mit eckumlaufendem Fensterwagen; gute Innenausstattung. Rest. 1984f. ■ *St. Gallerstr.* **Schulhaus.** Neubau 1912–13 von Architekt Akeret, Weinfelden.

Zihlschlacht. Ref. Kirche, ehem. St. Afra. Grundbestand 14. Jh., 1716 durch Wolfgang Kreis erweitert, 1823 Frontturm von Josef Germann anstelle eines Dachreiters errichtet. Verschiedentlich renov., zuletzt 1999.

Profanbauten. *Hauptstr.* Nr. 45. **Ehem. Gasthaus Krone,** erbaut 1835. – Nr. 64. Kehrgiebelbau des 18.–19. Jh. – **Kreisenau.** 1821 zur heutigen Gestalt veränderter Landsitz mit mauerverkappten Riegelwänden, ab 1891 Nervenheilanstalt Friedheim. – **Villa Akazia.** Massivbau mit hohen Giebelschilden und polsterigen Eckverbänden, errichtet 1907 für den Arzt Ferdinand Krayenbühl; 1996ff. zusammen mit der Kreisenau in den modernen Klinikkomplex integriert. ■ *Kirchstr.* Nr. 11. **Ehem. Gerichtshaus** (→ Abb. S. 157), erbaut 1740, renov. 1930 und 1999f. – Nr. 17. **Schulhaus.** Neubau 1876–77 nach Plänen von Johann Joachim Brenner.

Sitterdorf, ehem. Pfarrhaus. Ausschnitt aus der Südfassade.

Anhang

Glossar

Die einem → nachgestellten Begriffe sind im Glossar aufgeführt.

Agnus Dei (lat. = Lamm Gottes). Symbolische Darstellung Christi als Lamm mit Kreuznimbus, Kreuz oder Kreuzfahne und Kelch.

Ährenverband (lat. *opus spicatum*). Römisches (Backstein-)Mauerwerk, dessen Steine ährenförmig oder im Fischgratmuster angeordnet sind.

Akanthus (von griech. *ákantha* = Dorn). Am Mittelmeer stark verbreitete Distelart (Bärenklau), deren meist grosse, buchtig ausgerandete und an der Spitze leicht eingerollte Blätter in mehr oder weniger stilisierter Form ein beliebtes Dekorationselement der griechischen und späteren Kunst waren.

Al fresco. → *Freskomalerei.*

Allegorie (von griech. *allegoría*, eigentl. = das Anderssagen). In der bildenden Kunst die Darstellung eines abstrakten Begriffes durch ein rational fassbares (personifizierendes) Bild.

Allianzwappen. Die in der Regel nebeneinander gesetzten, oft einander zugeneigten Familienwappen zweier miteinander verheirateter Personen. Das Wappen des Mannes steht heraldisch, das heisst von der Darstellung aus betrachtet, rechts.

Anna selbdritt. Die aus dem im Spätmittelalter aufgekommenen Annenkult hervorgegangene Darstellung der hl. Anna mit ihrer Tochter Maria und dem Jesusknaben.

Anniversar (lat. *anniversarius* = «jedes Jahr wiederkehrend»). In der kath. Kirche das liturgische Jahresgedächtnis eines besonderen Tages (z. B. Kirchweihe, Todestag).

Antependium (mlat. = Vorhang). Bekleidung der → *Stipes*-Front des christlichen Altars in Form eines verzierten Stoffbehanges, einer Metall- oder Holztafel.

Appenzellerkriege. Befreiungskampf der Appenzeller Bauern 1403–10 gegen die Herrschaft des St. Galler Klosterabtes Kuno v. Stoffeln; Schlachten am 15. Mai 1403 bei Vögelinsegg und am 17. Juni 1405 am Stoss.

Apsidiolen. Kleine Apsiden; Bezeichnung für die einer → *Apsis* oder einem Chorumgang radial vorgelegten runden oder vieleckigen Kapellen, die zusammen den Kapellenkranz bilden.

Apsis. Über halbkreisförmigem oder vieleckigem Grundriss errichteter, mit einer Halbkuppel überwölbter Raum, der einen Hauptraum, meist einen Kirchenraum, abschliesst.

Arkade. Ein auf Stützgliedern (Pfeiler, Säulen) ruhender Bogen. Auch eine fortlaufende Reihe von Bogenstellungen wird Arkade genannt.

Art déco (von franz. *Art décoratif* = dekorative Kunst). Seit 1966 etablierte Bezeichnung für eine Gestaltungsrichtung zwischen den beiden Weltkriegen (ca. 1920–40), die sich durch die Verwendung hochwertiger Werkstoffe, klarer geometrischer Formen und glänzender Oberflächen vor allem im Bereich kunsthandwerklicher Luxusobjekte bemerkbar machte.

Baldachin. Ursprünglich ein kostbarer Seidenstoff, dann der aus diesem hergestellte Prunkhimmel über Thron, Bischofsstuhl, Altar, Kanzel, Bett usw.

Baluster. Stützglied einer Brüstung oder eines Geländers in Gestalt einer kleinen, profilierten und stark geschwellten Säule von runder oder vieleckiger Grundform.

Bandelwerk. Aus lebhaft geschwungenen Bandformen gebildete, bisweilen mit figürlichen und rankenähnlichen Elementen durchsetzte Dekoration; im Kanton Thurgau zwischen 1720 und 1750 verbreitet.

Baptisterium. Taufkirche.

Basilika. In der Architektur die Bezeichnung für eine mindestens dreischiffige Kirche mit überhöhtem, befenstertem Mittelschiff.

Bauhaus. Ein vom Architekten Walter Gropius (1883–1969) geprägter Begriff für sein 1919 in Weimar gegründetes Kunstinstitut. Angestrebt wurde ein harmonisches Zusammenspiel von Form und Konstruktion bzw. die Verknüpfung von Handwerk, Technik und Industrie.

Beginen. Unverheiratete Frauen oder Witwen, die sich ohne bindendes Gelübde zu einem klosterähnlichen Gemeinschaftsleben zusammengefunden haben. Die Beginen wurden wahrscheinlich nach ihrer graubraunen (beigen) Tracht benannt.

Bergfried. Hoher, starker Turm der mittelalterlichen Burg, der als Beobachtungsstand und vor allem als letzter Zufluchtsort für die Burgbewohner diente.

Bering. Ringmauer einer Burg oder Stadt.

Beschlagwerk. Bandartiges, symmetrisches Renaissanceornament, das Ähnlichkeit mit aufgenieteten Metallbeschlägen zeigt, was häufig durch angedeutete Nagel- und Nietköpfe noch betont wird.

Beuroner Schule. Eine 1868 vom Baumeister, Bildhauer und Maler Desiderius Lenz (1832–1928) im Benediktinerkloster Beuron bei Sigmaringen gegründete Kunstschule, die eine neue kirchliche Malerei von strenger Feierlichkeit und geschlossener Form zum Ziel hatte. Besonders anregend wirkten die ägyptische und die byzantinische Kunst.

Biedermeier. Name für die Kultur und den Wohnstil in Deutschland zur Zeit des «Vormärz» (1815–48). Der Name ist eine scherzhafte Verquickung der Bezeichnungen zweier Philistertypen, «Biedermann» und «Bummelmaier».

Blendgiebel. Ein Ziergiebel ohne konstruktive Funktion.

Blockbau. Holzbau mit horizontal geschichteten, an den Ecken verzapften Balken. Mit Ausnahme der modernen Chalet-Wohnbauten im Kanton Thurgau seltene Erscheinung.

Bohlenständerbau. → *Ständerbau* mit einer Wandfüllung aus waagrecht zwischen die Ständer eingenuteten Hölzern. Im Kanton Thurgau bis ins 18. Jh. weit verbreitet.

Bronzezeit. Urgeschichtliche Periode, die auf die Steinzeit folgte und durch zunehmende Verwendung von Metall in der materiellen Kultur gekennzeichnet war. Der Beginn der mitteleuropäischen Bronzezeit wird im Allgemeinen um 1700 v. Chr. angesetzt.

Brusttäfer. Brusthoch geführte Wandverkleidung aus Holz, die als Isolation und Schmuck des Raumes dient.

Campanile (von ital. *campana* = Glocke). Freistehender Glockenturm ital. Kirchen.

Chinoiserie. Kunstform des 18. Jh. in Anlehnung an chinesische Zierformen und in Verbindung mit Darstellungen aus dem Leben der Chinesen. Namentlich der → *Rokoko* war der Chinoiserie zugeneigt, ausgehend von Reisebeschreibungen, die eine gewisse äussere Kenntnis Chinas vermittelt und die Vorstellung erweckt hatten, es sei ein Land des heiteren und spielerischen Lebensgenusses.

Chorturmkirche. Eine Kirche, deren einziger Turm sich über dem Chor erhebt.

Chronogramm. Inschrift in lat. Sprache, bei der alle darin enthaltenen, oft (typo)-grafisch hervorgehobenen Buchstaben, die zugleich römische Ziffern sind (I, V, X, L, D, M), zusammengezählt die Jahreszahl bzw. den Zeitpunkt des Ereignisses ergeben, auf das sich die Inschrift bezieht.

Dachreiter. Leichtes, meist gezimmertes Dachtürmchen, das auf der Konstruktion des Dachstuhles abgestützt ist.

Dormitorium. Schlafsaal der Ordensleute im Kloster.

Email. Schmelzmasse (Glasfluss), die durch Metalloxide gefärbt und zur Verzierung auf Metall aufgeschmolzen wird.

Emblematik. Sinnbildliche Darstellung religiöser, mythologischer und ähnlicher Inhalte.

Empire. Stil(epoche) der Zeit des ersten Kaiserreiches unter Napoleon I. und der folgenden Jahre (ca. 1800–30) auf dem Gebiet des Kunstgewerbes, der Innenraum-Dekoration und der Mode.

Englischer Gruss. Der Gruss des Engels Gabriel an Maria bei der Verkündigung.

Epitaph (griech. *epitáphion* = Grabinschrift). Seit dem 14. Jh. vorkommendes Gedächtnismal für einen Verstorbenen in Form einer Platte, die innen oder aussen an der Kirchenwand, an einem Pfeiler oder im Kreuzgang senkrecht aufgestellt wird. Das Epitaph ist kein Grabmal, weil sich weder dahinter noch darunter ein Grab befindet.

Eskorial. Schloss und Augustinerkloster nordwestlich von Madrid, Residenz des spanischen Königs Philipp II. Rechteckige Anlage von 206 × 161 m, deren Zentrum die über griech. Kreuz errichtete Kirche mit → *Vierungs*-Kuppel und Fassadentürmen besetzt. Der Bau wurde 1563 nach Plan von Juan Bautista de Toledo begonnen und 1567–84 unter dessen Schüler Juan de Herrera fortgesetzt.

Faksimile (lat. *fac simile*, «mach ähnlich!»). Die getreue, durch Druck vervielfältigte Nachbildung einer Vorlage (Zeichnung, Schrift).

Fassmalerei. Das Bemalen oder Vergolden eines Holzbildwerks.

Fastentuch. Grosses, in der vorösterlichen Fastenzeit vor dem Chor oder dem Hochaltar aufgespanntes Tuch mit der Darstellung von Leidenswerkzeugen Christi oder Szenen aus der → *Passion*.

Fensterwagen. Drei- oder mehrteilige Fensterreihe.

Feston. Bogenförmig durchhängendes Gewinde aus Blumen, Blättern und Früchten.

Fideikommiss. Unveräusserliches und unteilbares Vermögen einer Familie.

Fischblase. Ein der natürlichen Fischblase nachempfundenes Ornament, besonders im spätgotischen Masswerk.

Freisitz. Herrschaftssitz mit bescheidenem, abgegrenztem Umland, das keinem Lehensherrn ausser dem dt. König oder seinen Rechtsnachfolgern untersteht. Dieser Bezirk ist grundrechtlich frei von Abgaben und besitzt gegenüber dem ihn umgebenden Niedergerichtsbezirk ein verschärftes Sondergerichtsrecht. Mit der Auflösung der niederen Gerichtsherrschaften im Thurgau 1798 wurde dieses Recht hinfällig.

Freskomalerei (ital. *affresco, al fresco*). Die am weitesten verbreitete Art der Wandmalerei, die «auf den frischen», noch feuchten Kalkputz aufgetragen wird. Ihre Beständigkeit beruht auf der chemischen Umwandlung von Weisskalk in kohlensauren Kalk sowie auf der Einbeziehung der auf den Putz aufgetragenen Farben in diesen Erhärtungsprozess. Das aus dem nassen Putz austretende Kalkwasser umschliesst dabei die ebenfalls mit Kalkwasser angeriebenen und mit Wasser vermalten Farbpigmente, so dass diese durch die nun einsetzende Karbonatisierung unlöslich mit der Wand verbunden werden.

Fries. Waagrecht verlaufende Anordnung ornamentaler oder figürlicher Formen als Abschluss, zur Gliederung oder zum Schmuck einer Fläche.

Frontispiz. Giebeldreieck über dem Mittel→*risalit* eines Gebäudes, aber auch über Türen und Fenstern.

Genremalerei. Sittenmalerei, die charakteristische Ausschnitte aus dem bäuerlichen, bürgerlichen oder höfischen Alltag festhält.

Gnadenbild. Ein an Wallfahrtsorten verehrtes Christus- oder Marienbild, dem eine wundertätige Wirkung zugeschrieben wird.

Gnadenkruzifix. Ein Bildwerk der Kreuzigung, das an Wallfahrtsorten seiner wundertätigen Kraft wegen verehrt wird.

Gobelin. Name einer franz. Wollfärberfamilie des 15.–17. Jh. in Paris, deren Fabrik zu Beginn des 17. Jh. von Heinrich IV. den nach Paris berufenen flandrischen Teppichwirkern als Werkstätte überlassen wurde unter Beibehaltung des alten Namens, der sich auch erhielt, als der Betrieb 1662 zur «Königlichen Gobelin-Manufaktur» erhoben wurde. Die seit der 2. Hälfte des 17. Jh. hier gewirkten Wandteppiche erlangten als so genannte «Gobelins» einen so guten europäischen Ruf, dass Bildteppiche später allgemein als Gobelins bezeichnet wurden.

Grisaille (von franz. *gris* = grau). In grauen Tonstufen gehaltene monochrome Malerei oder Zeichnung.

Grundschwelle. Beim → *Ständerbau* jener waagrechte Balken, der unmittelbar über dem gemauerten Kellergeschoss oder einem niedrigen Mauerfundament liegt.

Gurtgesims. Horizontales Bauglied, das eine Aussenwand geschossweise unterteilt.

Hafner. Ofenbauer. Ursprünglich Bezeichnung für den Erzeuger von geschirrkeramischen Produkten («Häfen»).

Halberker. Vorkragende Fenstereinfassung, die im Unterschied zum Vollerker keinen von innen her betretbaren Hohlraum besitzt.

Hauszeichen. Zeichen einer Familie oder Institution zur Kennzeichnung des Eigentums. Davon zu unterscheiden ist das formal oftmals ähnliche Steinmetzzeichen.

Heimatstil. Aus der Heimatschutzbewegung hervorgegangene architektonische Stilrichtung um 1900, die sich als Gegenbewegung zu den massgebenden Stilrichtungen des → *Historismus* verstand. In der Schweiz diente das bäuerliche Bauhandwerk und Formengut verschiedenen zukunftsweisenden Architekten als Inspirationsquelle für eine Architektur, die ein Gefühl von Kontinuität des lokal Überlieferten vermitteln sollte. Der Heimatstil wurde namentlich im Wohnungsbau bis in die 1930er- und 1940er-Jahre gepflegt.

Helvetik. Epoche der Schweizer Geschichte zwischen 1798 und 1803. Die staatliche Ordnung der Helvetik machte die Schweiz zu einem zentralistisch regierten Einheitsstaat mit Repräsentativverfassung nach dem Vorbild der franz. Republik. Die einzelnen Kantone hatten dabei lediglich die Funktion von Verwaltungsbezirken.

Heraldik (von franz. *science héraldique* = Heroldskunst). Wappenkunde. Die Bezeichnung leitet sich von der dem Herold zustehenden Aufgabe ab, bei Ritterturnieren, die ausschliesslich dem Adel vorbehalten waren, die Wappen zu prüfen.

Herme. Plastisches Bildwerk, bei dem nur der Kopf ausgebildet ist, während der Körper durch einen kantigen, nach unten meist verjüngten Schaft vertreten wird.

Hirsauer Reform. Mittelalterliche Reformbewegung innerhalb des Benediktinerordens, die vom Kloster Hirsau bei Calw (Baden-Württemberg) ausging. Abt Wilhelm (1069–91) erreichte die Freiheit seines Klosters von jeder äusseren Abhängigkeit, führte Laienbrüder in seinem Kloster ein und trug die religiöse Reform durch die Predigt in weite Kreise des Volkes.

Historismus. Der Rückgriff auf Stile vorausgegangener Zeiten, besonders ausgeprägt im 19. und frühen 20. Jh. zwischen → *Klassizismus* und → *Jugendstil* (z. B. Neuromanik, Neugotik, Neurenaissance, Neubarock).

Horgener Kultur. → *Neolithische Kultur* im schweiz. Mittelland, um 3400–2700 v. Chr.

Ikonographie (griech. *eikonographía* = Abbildung). Die Beschreibung, Form- und Inhaltsdeutung von Bildwerken.

Immakulata (lat. *immaculatus* = unbefleckt, rein). Darstellung der «ohne Erbsünde geborenen» Maria, die verklärt auf Wolken, der Mondsichel oder der Erdkugel schwebt. Seine ikonographischen Wurzeln hat der Darstellungstypus in der in der Offenbarung des Johannes zwölf beschriebenen Vision der mit der Sonne bekleideten Frau.

Intarsie. Einlegearbeit in Holz aus andersfarbigem Holz, Elfenbein, Metall usw.

Jacquardweberei. Die Produktion vorwiegend gemusterter Gewebe und Teppiche auf der 1805 vom franz. Seidenweber Joseph-Marie Jacquard (1752–1834) erfundenen und nach ihm benannten Webmaschine. Sie ermöglichte es, komplizierte Muster bei hohem Mechanisierungsgrad verhältnismässig preiswert herzustellen.

Joch. Gewölbeeinheit, die in Richtung der Längsachse eines Bauwerks gezählt wird (im Gegensatz zu den Schiffen, deren Anzahl in Richtung der Querachse bestimmbar ist).

Jugendstil. Stilströmung der europäischen Kunst um 1895–1905, namentlich auf dem Gebiet des Kunstgewerbes. Als Reaktion auf die Nachahmung historischer Stile und insbesondere des historischen Ornamentes nahm der Jugendstil die Pflanze wieder zur Grundlage ornamentalen Schaffens und arbeitete daneben mit abstrakten Formen von vegetabilischem Schwung. Der Name steht in Zusammenhang mit der seit 1896 in München erschienenen Zeitschrift «Jugend».

Jungsteinzeit. → *Neolithikum.*

Kämpfer. In der Baukunst die oberste vorspringende Platte eines Pfeilers oder einer Säule, die als Auflager für Bogen oder Gewölbe dient.

Kannelüre (von lat. *canna* = Rohr). Breite, senkrechte Rille am Säulenschaft.

Kapitell (lat. *capitulum* = Köpfchen). Der ausladende obere Abschluss von Säulen, Pfeilern und → *Pilastern.*

Kapitelsaal. Der häufig am Ostflügel eines klösterlichen Kreuzganges angeordnete Versammlungsraum des Klosterkonvents. Er dient u. a. zur täglichen Lesung der Heiligen Schrift, zu gemeinsamen Beratungen und zur Abtwahl.

Karton. Die mit Kreide, Kohle oder Bleistift auf kräftigem Papier ausgeführte Zeichnung als Vorbereitung für Darstellungen in monumentalem Format (z. B. → *Fresko*, Glasgemälde); der Karton wird in der Regel 1:1 ausgeführt.

Kartusche. Zierglied der Spätrenaissance und des Barock, das sich aus einer schildartigen Fläche und einem aus Rollwerk gebildeten Rahmen zusammensetzt. Das Binnenfeld dient zur Aufnahme von Wappen, Inschriften usw.

Karyatiden (griech., Tänzerinnen aus Karyä). Langgewandete weibliche Gestalten, die anstelle von Säulen ein Gebälk tragen.

Käsbissen. Schweizerdeutscher Ausdruck für ein steiles Giebeldach als Turmabschluss; eigentlich keilförmiger Ab- oder Ausschnitt eines Käselaibes.

Kattun. Baumwollenes, heute auch aus Chemiefasern hergestelltes Gewebe in Leinwandbindung.

Kehrgiebelbau. Giebelhaus mit traufständig anschliessendem Nebengebäude; in der Ostschweiz häufige Erscheinung.

Kellerhals. Treppe, die von ausserhalb des Gebäudes in den Keller hineinführt, so dass im Gelände ein Einschnitt entsteht.

Kenotaph (griech. «leeres Grab»). Scheingrab, das die verlorenen oder anderwärts bestatteten Gebeine des Verstorbenen nicht birgt, sondern nur zu dessen Gedächtnis errichtet ist.

Kielbogen. Geschweifter Spitzbogen.

Kirchenpatron. Schutzheiliger einer kath. Kirche.

Klassizismus. Künstlerische Strömung, die sich meist entschieden an der klassischen griech. und römischen Kunst orientiert. Die Bezeichnung ist vor allem üblich für die Stilepoche zwischen 1760 und 1830 in Europa und Nordamerika. Merkmale klassizistischer Architektur sind das Streben nach Symmetrie und klar begrenzten Bauteilen sowie die massvolle Anbringung von Dekoren.

Kniestock. Halbgeschoss unter der Dachtraufe, das konstruktiv meist dem Dach zugehört.

Knorpelwerk. Abstraktes, plastisches Ornament in höckerigen Formen. Im Kanton Thurgau vor allem im 2. Drittel des 17. Jh. verbreitet.

Kolossalordnung. Säulen oder →*Pilaster*, die samt ihrem Sockel mehrere Geschosse einer Fassade zusammenfassen. Die Kolossalordnung kommt in der Spätrenaissance und besonders im Barock vor.

Komturei, Kommende (mlat. «Lehensherrschaft»). Bei den geistlichen Ritterorden die kleinste Einheit der Ordensverwaltung.

Konche (lat. *concha* = Muschel). Halbkreisförmige →*Apsis* frühchristlicher und mittelalterlicher Kirchen, im engeren Sinn auch nur deren muschelförmige Wölbung.

Konstanzer Konzil. 16. allgemeines Konzil, das 1414–18 in Konstanz tagte. Aufgaben waren die Beilegung des Abendländischen Schismas, die Überwindung der Häresie und Kirchenreform; Todesurteil gegen Jan Hus und Hieronymus v. Prag. Verkündung der Superiorität der Synode über den Papst.

Kontor. Niederlassung eines Handelsunternehmens.

Korbbogen. Gedrückter Rundbogen.

Krüppelwalmdach. Dach, bei dem nur der obere Teil abgewalmt ist.

Langhaus. Teil der Kirche zwischen Fassade und Querhaus bzw. Chor.

Lapidarium (von lat. *lapis* = Stein). Sammlung von Steindenkmälern aller Art.

Latènezeit. Nach der Fundstelle La Tène am Neuenburgersee benannte keltische Kulturepoche der jüngeren vorrömischen Eisenzeit, 5.–1. Jh. v. Chr.

Laterne (von lat. *lanterna* = Lampe). In der Baukunst eine befensterte Kuppel- oder Turmbekrönung.

Lettner (lat. *lectionarium* = Lesebühne). Durchbrochene Trennwand oder -mauer, die den Chor vom Kirchenschiff scheidet bzw. die Geistlichen von den Laien isolierte.

Lisene. Schwach vortretende, senkrechte Mauerverstärkung ohne Basis und →*Kapitell*.

Louis-Philippe. Eine nach dem «Bürgerkönig» Louis Philippe (1830–48) benannte franz. Stilepoche, in der neben den →*Klassizismus* historisierende Bestrebungen traten. Besonders in der Möbelkunst fanden gotische, Renaissance- und Barockformen wieder Gefallen. Der dt. Sprachraum nennt diese Erscheinung Zweites Rokoko oder Wiener Barock.

Louis XVI. Unter Ludwig XVI. (1774–92) in Frankreich ausgebildeter Stil, der mit sparsamen klaren Formen und verhaltenen Farben den Übergang vom →*Rokoko* zum →*Klassizismus* verkörpert und vor allem das Kunsthandwerk und die Innenraum-Dekoration seiner Zeit geprägt hat.

Luzide. Schmales Fenster, Lichtschlitz.

Mäander. Ornamentband, das aus einer rechtwinklig gebrochenen Linie oder einer fortlaufenden Spirale besteht; benannt nach dem durch seine vielen Windungen charakterisierten kleinasiatischen Fluss Maiandros.

Majestas Domini (lat. = Herrlichkeit des Herrn). Darstellung des frontal thronenden Christus, der die Rechte erhebt und mit der Linken das Buch des Lebens hält.

Majolika (ital. *Maiolica*, nach spätlat. *Majorica* = Mallorca). Irdenware mit weissglänzender, deckender Zinnglasur. Majolika ist gleichbedeutend mit Faience; beide Bezeichnungen entstanden im Zusammenhang mit der «Wanderung» des Erzeugnisses in Europa. Majolika ist benannt nach dem Hauptumschlagplatz der von islamischen Töpfern über Mallorca nach Italien eingeführten Keramik; Faience geht auf das italienische Töpferzentrum Faenza zurück, von dem aus das Irdengut u. a. nach Frankreich gelangte.

Manierismus. Stilstufe zwischen Renaissance und Barock, die u. a. durch eine Auflösung und Verzerrung der Formen der Renaissance, durch groteske Ornamentik und durch überlange Proportionen gekenzeichnet ist.

Mansarddach. Dach mit gebrochener Dachfläche, wodurch ein Dachgeschoss mit nur schwach abgeschrägten Zimmern gewonnen wird; so benannt nach dem franz. Architekten François Mansart (1598–1666).

Masswerk. Gotisches Bauornament, dessen Name andeutet, dass es sich nicht um gegenständlich-organische, sondern mit dem Zirkel «gemessene» Formen handelt (→ *Pass*, Blatt, → *Fischblase* usw.). Das Masswerk ist entstanden, weil die grossen Fensteröffnungen gotischer Sakralbauten unterteilt werden mussten.

Megalith. Grosser Steinquader oder -block von unregelmässiger Form, der nur sehr oberflächlich bearbeitet oder im ursprünglichen Zustand belassen wird.

Mesolithikum. Periode der Steinzeit zwischen Paläolithikum und → *Neolithikum*, etwa 8000–5000 v.Chr.

Mezzaningeschoss (ital. *mezzo* = halb). Halb- oder Zwischengeschoss von wesentlich geringerer Höhe als die Vollgeschosse; es birgt hauptsächlich Räume von untergeordneter Bedeutung (z. B. Zimmer für die Bediensteten).

Ministerialen. Seit dem 11. Jh. jener besondere Geburtsstand unfreier Dienstleute, die gegen Gewährung eines Dienstlehens ritterliche Dienste leisteten und schliesslich die Erblichkeit ihrer Lehen gewannen.

Missale (lat. *missa* = Messe). Buch, das alle feststehenden und wechselnden Gebete, Gesänge und Lesungen der Messe im kirchlichen Jahresablauf festhält.

Monstranz (von lat. *monstrare* = zeigen). Liturgischer Behälter aus Edelmetall, der hinter Glas die geweihte Hostie enthält.

Nazarener. Spottname für einen deutschen Künstlerbund von Frühromantikern, der seit 1810 im Kloster Sant' Isidoro in Rom lebte und arbeitete. Der Kreis bildete eine Protestbewegung gegen das erstarrte klassizistische Regelwerk der Kunstakademien. Der Name stammt von der durch einen der Hauptvertreter, J. F. Overbeck, in Mode gekommenen langen Haarfrisur, die nach Raffaelbildnissen bereits im 17. Jh. «alla nazarena» genannt wurde.

Neolithikum. Jüngste Hauptperiode der Steinzeit, in der Schweiz um 5000–2000 v. Chr. datiert. Nach heutiger Definition bildet der Übergang von der aneignenden Wirtschaftsweise der Jäger, Sammler und Fischer zur produzierenden Wirtschaftsform der Bauern und Viehzüchter ein Hauptmerkmal dieser Epoche.

Neue Sachlichkeit. Richtung der bildenden Kunst der 1920er-Jahre, die der Dingwelt zugewendet war und eine undynamische, nüchterne Formverfestigung anstrebte. Die teilweise isolierte Dinghaftigkeit hat oft etwas Stilllebenhaftes an sich.

Neues Bauen. Ein in der deutschen Architekturdiskussion der 1920er- und frühen 1930er-Jahre geprägter Begriff für eine streng kubische, ornamentfreie Architektur.

Obergaden. Die von Fenstern durchbrochene, über die Seitenschiffe einer → *Basilika* aufsteigende Hochwand des Mittelschiffes.

Okulus (lat. *oculus* = Auge). Gerundete Fenster- oder fensterähnliche Öffnung.

Ölberg. Thema der Passionsgeschichte. In den Garten Gethsemane am Ölberg nimmt Christus drei Jünger mit sich, die er auffordert zu beten, damit sie nicht in Versuchung fallen. In tiefer Verlassenheit und Schwäche fleht er Gottvater angesichts des bevorstehenden Todes um Verschonung an. Ein Engel erscheint Christus und stärkt ihn in seiner Todesangst. Nach dem Gebet findet er die Jünger schlafend vor und ermahnt sie erneut zum Gebet. Anschliessend kommt es zur Gefangennahme Jesu.

Oratorium (lat. = Betraum). In der sakralen Baukunst eine gegen den Hauptraum (Chor, Langhaus) meist durch Fenster abgeschlossene Loge, die für besondere Kirchenbesucher bestimmt war. Im weiteren Sinne ein Betraum.

Palas. Herrenhaus der mittelalterlichen Burg, mit Festsaal.

Parität. Die Gleichstellung beider Konfessionen in den gemeinen Herrschaften der Alten Eidgenossenschaft.

Pass. Eine aus Dreiviertelkreisen zusammengesetzte gotische Masswerkfigur. Nach der Anzahl der im Durchmesser gleichen, durch Nasen getrennten Kreisteile unterscheidet man Dreipass, Vierpass, Fünfpass, … Vielpass.

Passionszyklus. Die Folge von Darstellungen aus der Leidensgeschichte Christi, die mit der Verurteilung im Haus des Pilatus beginnt und mit der Kreuzigung auf der Anhöhe Golgatha ihren Abschluss findet. Die Zahl der Stationen ist schwankend.

Pestsarg. Schrein mit nach aussen aufklappbaren Bodenbrettern. Auf diese Weise konnten Pesttote in die Grube befördert werden, ohne berührt werden zu müssen.

Pfeilerbasilika. Eine → *Basilika*, deren Hochschiffwände nicht von Säulen, sondern von Pfeilern (Mauerstützen mit eckigem Querschnitt) getragen werden.

Pfetten. Parallel zum First verlaufende Dachbalken, die mit den → *Sparren* zusammen die Dachhaut tragen.

Pfründe. In der kath. Kirche Vermögensträger in der Pfarrei. Die Pfründe dient dem Unterhalt des Pfarrers.

Pfyner Kultur. Periode des → *Neolithikums*, die der Michelsberger Kultur zugewiesen wird, aber spezifische Merkmale aufweist. Sie gilt nur für den Raum Bodensee–Zürichsee um 4000–3500 v.Chr. Der Begriff wurde nach der 1942 entdeckten Moorsiedlung Breitenloo bei Pfyn geprägt. Gemäss archäologischen Untersuchungen waren die Pfyner Siedler Ackerbauern und Viehzüchter, die den → *Ständerbau* bereits kannten. Eine weitere aufschlussreiche Siedlung dieses Kulturtyps im Kanton Thurgau ist Gachnang-Niederwil/Egelsee.

Pietà. Plastische Darstellung der vom Schmerz ergriffenen Maria mit dem Leichnam Christi auf dem Schoss.

Pilaster (lat. *pila* = Pfeiler). Ein flach aus der Wand hervortretender, in Fuss, Schaft und → *Kapitell* gegliederter Wandpfeiler.

Pilotis (von franz. *pilot* = grosser Pfahl). Pfeiler oder Stütze. Pilotis tragen ein Bauwerk, das erst in Höhe des ersten Stockes beginnt, wodurch das Erdgeschoss offen bleibt. Hauptvertreter dieser Bauweise war Le Corbusier.

Piscina (lat. = Fischteich). Beckenförmige Mauernische mit Wasserablauf für die liturgische Handwaschung, meistens rechts des Altars.

Pisébau. Mauerwerk aus gestampftem Lehm oder gestampfter Erdmasse.

Pluviale (mlat. = Regenmantel). Fusslanger, vorne offener Schultermantel mit schildförmigem Rückenstück. Ursprünglich vom Geistlichen als Regenmantel mit Kapuze bei Prozessionen getragen, entwickelte sich das Pluviale im Hochmittelalter zu einem reich geschmückten Gewand für den Gottesdienst, wobei der rückseitige Zierbesatz als Relikt der überflüssig gewordenen Kapuze anzusehen ist.

Portativ (von lat. *portare* = tragen). Tragbare Orgel ohne Pedal. Die Klaviatur wird mit der rechten Hand gespielt, während die linke den Balg auf der Rückseite bedient.

Portikus (von lat. *portus* = Eingang). Eine von Säulen, seltener von Pfeilern getragene, an den Seiten offene oder teilweise geschlossene Vorhalle vor der Hauptfront eines Gebäudes.

Prälatur. Die Residenz des Klosterabtes.

Prior, Priorin. Vorsteher einer Ordensgemeinschaft.

Prospekt (von lat. *prospicere* = hinschauen). Der auf Sicht berechnete Teil des Orgelgehäuses, meistens die Vorderseite.

Pultdach. Dach, das nur aus einer schräg abfallenden Dachfläche besteht.

Purifizieren. Das Bestreben, ein Kunstwerk stilrein zu machen, das heisst es von Zutaten zu befreien, die einem (späteren) Stil angehören.

Pylon (griech. = Portal). Trapezförmige, stets paarweise auftretende Tortürme beim ägyptischen Tempel mit Mitteldurchgang.

Rasterfassade. Liniennetz als Ordnungs- und Gestaltungsprinzip im Hochbau.

Refektorium, Refenthal. Speisesaal eines Klosters.

Régence. Stilrichtung der franz. Kunst zur Zeit der Regentschaft Philipps von Orléans (1715–23); Phase des Übergangs, während der die schwere Pracht des franz. Barock (Louis XIV., 1643–1715) von den leichten, spielerischen Formen des → *Rokoko* abgelöst wurde.

Reichenauer Schule. Umfangreiche ottonische Handschriftengruppe (um 950–1150), deren Entstehung in den Skriptorien der Insel Reichenau vermutet wird. Man unterscheidet vier Gruppen: Eburnant-Gruppe, Ruodprecht-Gruppe, Gruppe um den Codex Egberti, Liuthar-Gruppe.

Reliquie (von lat. *relinquere* = zurücklassen). Der religiös verehrte leibliche Überrest eines Heiligen oder Seligen, auch eines Märtyrers; im weiteren Sinn auch materielle Gegenstände (Kleidung, Gebrauchsutensilien, Marterwerkzeuge), die an dessen Leben erinnern.

Restaurierung. Wiederherstellungsmassnahmen an beschädigtem oder verfallenem Kunst- und Kulturgut mit dem Ziel, die ästhetischen, künstlerischen und historischen Werte zu bewahren und lesbar zu machen.

Retabel (lat. *retro* = hinter, rück-, und *tabula* = Tafel). Tafelartiger Aufsatz auf oder hinter dem eigentlichen, aus → *Stipes* und Mensa gebildeten Altar.

Riegelbau, Fachwerkbau. → *Ständerbau* mit einer Wandfüllung aus Bruch- oder Backsteinen, lehmverputztem Flechtwerk oder mit Lehmstroh umwickelten Staken. Im 17.–19. Jh. weit verbreitete Konstruktionsart im Kanton Thurgau.

Risalit. Ein in ganzer Fassadenhöhe vorspringender Bauteil.

Rixheimer Tapeten. Bildtapeten des 19. Jh., die in der Manufaktur Zuber im elsässischen Rixheim hergestellt wurden.

Rocaille. Asymmetrische Muschelform als Leitmotiv des Rokoko.

Rokoko. Abendländischer Kunststil, um 1730–80. Im Wesentlichen ein Stil der Dekoration, die der Lebensverschönerung der feudalen Gesellschaft diente.

Rückpositiv. In sich selbstständige kleine Orgel, die vor dem Hauptwerk in der Emporenbrüstung, das heisst im Rücken des Organisten, eingebaut ist. Sie ist mit dem Hauptwerk verbunden und wird von diesem aus über eine zweite Klaviatur gespielt.

Rustika (lat. *rusticus* = ländlich). Struktur eines Mauerwerks, das aus grob behauenen, gebuckelten Quadern besteht.

Saalkirche. Einschiffiger, ungeteilter Kirchenraum.

Sakramentshäuschen. Wandnische oder schreinartig aus der Wand vortretender, oft durch reiche Bekrönung überhöhter Zierbau zur Aufbewahrung der Hostien.

Sakristei. Nebenraum des Chores, der zum Ankleiden der Priester und zur Aufbewahrung von Kultgeräten dient.

Sarkophag (griech. *sarkophágos*, eigentl. = Fleischfresser). Ein sichtbares, nicht wie ein Sarg mit Erde bedecktes Grabdenkmal aus Holz, Stein, Metall oder Ton. Das Formenspektrum reicht von der einfachen Kiste bis zum kunstvoll ausgestalteten Schrein. Der Name geht auf eine ursprünglich zur Herstellung verwendete Kalksteinart zurück, die die Verwesung förderte.

Scagliola. Meist als Ersatz von Marmor →*intarsien* verwendete Stucktechnik, bei der die Zeichnung durch den Auftrag farbiger Stuckpasten erzeugt wird.

Schalldeckel. Über der Kanzel angebrachter →*Baldachin*, dem neben akustischen Aufgaben meist auch eine künstlerische Funktion innewohnt.

Schalltöpfe. Rundliche, in die Wand oder ins Gewölbe eingelassene Tontöpfe, die angeblich die Akustik verbessern oder vielleicht auch nur Feuchtigkeitsregulatoren des Mauerwerks sind.

Schlussstein. Scheitelstein eines Rippengewölbes oder eines Bogens.

Schreinergotik. Oft abwertend verwendete Bezeichnung für die Grossproduktion neugotischer Kirchenausstattungen, die im sanktgallischen Wil in der 2. Hälfte des 19. Jh. angefertigt wurden (daher auch «Wiler Gotik» genannt). Zu den führenden Unternehmen zählten Franz und August Müller, Marmon & Blank, Alois Holenstein und Carl Glauner.

Schwabenkrieg. Die militärische Auseinandersetzung zwischen dem Schwäbischen Bund und den ihn stark beeinflussenden Habsburgern einerseits und der schweiz. Eidgenossenschaft anderseits. Auslöser war vor allem der Versuch, die Reformbeschlüsse des Wormser Reichstages von 1495 auf die Eidgenossenschaft auszudehnen, die weder die Reichssteuer des Gemeinen Pfennigs zahlte noch das Reichskammergericht anerkannte. Schweiz. Siege, u.a. bei Dornach (22. Juli 1499) bereiteten den Frieden von Basel (22. September 1499) vor, der die Ablösung der Schweiz vom Hl. Römischen Reich einleitete.

Schwabenspiegel. Die seit dem 17. Jh. übliche Bezeichnung des Kaiserlichen Land- und Lehnsrechtes. Vom Schwabenspiegel, der 1274–75 in Augsburg von einem unbekannten Geistlichen verfasst wurde, sind rund 350 Handschriften erhalten.

Schwibbogen. Waagrecht gespannter Bogen zur Übertragung des Horizontalschubes zwischen Gebäudeteilen.

Segmentgiebel. Ein Giebel mit einem Flachbogen.

Sgraffito (ital. *sgraffiare* = kratzen). Wetterbeständige Art der Wandmalerei, bei der verschiedenfarbige Putzschichten mittels Metallschlingen, Kratzeisen oder spachtelähnlichen Werkzeugen unterschiedlich tief ausgekratzt werden, so dass ein polychromes Bild entsteht.

Sheddach. Dachform aus parallelen, einhüftigen Satteldächern, deren steilere Flächen meist verglast sind.

Sparren. Dachbalken, die von der Traufe zum First reichen und – meist in Verbindung mit den →*Pfetten* – die Dachhaut tragen.

Spolie. Ein wiederverwendetes Bauglied, das aus einem anderen Bauwerk stammt.

Sprenggiebel. Ein Giebel mit offenem (gesprengtem) Mittelteil.

Staffelgiebel. Giebel mit abgetreppter Kontur. Die Abtreppung erfolgte zunächst aus technischen Gründen, um die einzelnen Steinschichten durchführen, gerade abschliessen und mit Dachziegeln eindecken zu können.

Stalle. Einzelsitz des Chorgestühls.

Ständerbau. Oberbegriff für alle Gebäudekonstruktionen, deren Gerüst aus Schwellen, Ständern und Rahmenhölzern gebildet ist. Je nach Art der Wandfüllung unterscheidet man zwischen → *Bohlenständer-* und → *Riegel-* bzw. Fachwerkbauweise.

Stichbogen. Synonym für Flachbogen.

Stifterscheibe. Glasscheibe einer Privatperson, eines Klosters, einer Stadt, eines Standes usw., die einem öffentlichen Gebäude zum Geschenk gemacht wurde. Diese ausgeprägt schweiz. Tradition erlebte im 15.–16. Jh. ihre Blütezeit.

Stipes. Der Unterbau des christlichen Altares.

Strickbau. Im Kanton Thurgau geläufige Bezeichnung für → *Blockbau*.

Stuckmarmor. Eine Art der Marmorimitation (Kunstmarmor), bei der eine gefärbte und marmorartig strukturierte Stuckpaste auf einen Grund aufgetragen und anschliessend geglättet und poliert wird. Davon zu unterscheiden ist die im Kanton Thurgau wesentlich häufigere Erscheinung der gemalten bzw. mit Pinsel und Farbe erzeugten Marmorimitation.

Supraporte (von ital. *sopraporta* = über der Tür). Das über dem Rahmen einer Tür befindliche Feld, in vornehmen Barock- und → *Rokoko*-Räumen häufig mit einem Gemälde ausgestattet.

Tabernakel (lat. *tabernaculum* = Zelt, Hütte). Seit etwa dem 14. Jh. die Bezeichnung für das früher in der Regel auf dem Hochaltar platzierte, kunstvoll gearbeitete Gehäuse, in dem das → *Ziborium* aufbewahrt wird.

Tambour (franz. = Trommel). Runder oder polygonaler Unterbau einer Kuppel.

Tonnengewölbe. Ein Gewölbe mit dem Querschnitt eines Halbkreis-, Flach-, Korb- oder Spitzbogens.

Triptychon (zu griech. *tríptychos* = dreifach). Aus einem mittleren Bild und zwei beweglichen, meist halb so breiten Flügeln bestehende bildliche Darstellung.

Triumphbogen. In der mittelalterlichen Kirche der Bogen, der das → *Langhaus* bzw. die → *Vierung* vom Chor scheidet.

Tudorstil. Baustil der späten engl. Gotik (1485–1550) mit Renaissanceelementen, benannt nach der Tudor-Dynastie (1485–1603). Charakteristisch ist vor allem der Tudorbogen, ein leicht angespitzter Flachbogen.

Türsturz. (Waagrechter) oberer Abschluss einer Türe.

Vedute. Sachlich treue Ansicht einer Stadt oder Landschaft als Gemälde, Zeichnung oder Grafik.

Verkröpfung. Das Vorziehen eines Gesimses über einem vorstehenden Bauteil.

Versatzstuck. In der Werkstatt vorfabrizierter und «trocken» an Ort und Stelle versetzter Stuck.

Vesperbild. → *Pietà.*

Vicus. Römische Zivilsiedlung.

Vierung. Der Raumteil einer Kirche, der aus der Durchdringung von Lang- und Querhaus entsteht. Die Vierung kann aussen durch einen Vierungsturm betont werden.

Vierzehn Nothelfer. Gruppe von Heiligen, die vor ihrem Märtyrertod Gott gebeten haben sollen, denen besondere Hilfe zu gewähren, die in ihrem Namen bitten. Die üblichste Zusammensetzung der Gruppe umfasst die folgenden Heiligen: Erasmus,

Eustachius, Georg, Katharina, Cyriacus, Christophorus, Dionysius, Achatius, Vitus, Blasius, Barbara, Aegidius, Margarete und Pantaleon.

Volute (von lat. *volvere* = rollen). Spiralförmig eingerolltes Ornament, das als bewegungshaltiges Element in der Barockbaukunst eine grosse Bedeutung erlangte.

Vorzeichen. Schweiz. Bezeichnung für eine kleine Vorhalle vor dem Kirchenportal.

Votivbild. Bitt- und Dankzeichen für einen helfenden himmlischen Patron, das in Form eines gemalten oder plastischen Bildes an kirchlichen Orten dargebracht wird.

Walmdach. Vierseitig abfallendes Satteldach, das anstelle der Giebel zwei Schrägflächen aufweist.

Webkeller. Raum mit Webstühlen unter der Stube von Bauernhäusern. In ihm herrschte die für das Weben, nicht aber für die Gesundheit der Beschäftigten günstigste Feuchtigkeit. Seit dem 18. Jh. waren Webkeller vor allem in der Ostschweiz weit verbreitet.

Weicher Stil. Begriff für eine Stilströmung der europäischen Kunst um 1400. Besonderes Merkmal ist eine neuartige Auffassung der plastischen bzw. malerischen Gestalt. Die zeitlich vorangehende schwere, körperbetonte Statuarik wird weitgehend aufgegeben zu Gunsten einer zunehmenden Feingliedrigkeit und Entmaterialisierung der menschlichen Figur.

Wimperg. Steiler, oft von Fialen flankierter Ziergiebel über gotischen Fenstern und Türen. Sein Binnenfeld ist häufig aus → *Masswerk* gebildet.

Wirbelrosette. Ein seit dem → *Neolithikum* verbreitetes Ornamentmotiv, das die kreisende Sonne symbolisiert. Es zeigt in kreisförmige Rahmen eingeschriebene, vom Mittelpunkt ausgehende Linien, die so geschwungen sind, dass der Eindruck einer rotierenden Bewegung entsteht.

Zehnt. Seit etwa dem 5. Jh. von der Kirche geforderte Vermögensabgabe der Laien an die Bischöfe zum Unterhalt des Klerus. Ursprünglich in Naturalien, seit etwa dem 13. Jh. auch in Geld, bestand der Zehnt bis zur Bauernbefreiung.

Zeltdach. Allseitig abgewalmtes Dach, dessen Grate in einem Firstpunkt zusammenlaufen.

Ziborium (griech. *kiborion* = Gehäuse). Etwa seit dem 16. Jh. die Bezeichnung für ein hohes, kelchförmiges Deckelgefäss zur Aufbewahrung der Hostien.

Zopfstil. Bezeichnung für einen Teil jener europäischen Kunstprozesse, die auf unterschiedliche Weise den Übergang vom → *Rokoko* zum → *Klassizismus* vermitteln (z. B. → *Louis XVI*).

Zuganker. Nach seiner statischen Beanspruchung so benannter Typ des Bauankers; er unterstützt oder bewirkt den Zusammenhalt verschiedener Bauteile.

Zwerchgiebel. Traufseitiger, fassadenbündiger Quergiebel ohne senkrechte seitliche Begrenzungen.

Zwickel. Die dreieckige Fläche, die zwischen zwei auseinander laufenden Bogen liegt (Bogenzwickel) oder zwischen einem Bogen und einer rechtwinkligen Einfassung (Spandrille).

Zwinger. Von Mauern eingefasster, lang gestreckter Hof zwischen einem äusseren und einem inneren Burgtor.

Künstler- und Handwerkerregister

Ortsregister

Benutzte und weiterführende Literatur

Archäologie der Schweiz 20 (1997). Aufsätze zur archäologischen Forschung im Kanton Thurgau anlässlich einer Tagung in Frauenfeld.

Archäologie im Thurgau. Veröffentlichungen des Amtes für Archäologie des Kantons Thurgau, hg. vom Departement für Erziehung und Kultur des Kantons Thurgau. Bisher erschienene Bände:
1: *Arbon – Arbor Felix. Das spätrömische Kastell* (1993).
2: *Arbon-Bleiche. Die neolithischen und bronzezeitlichen Seeufersiedlungen* (1994).
3: *Der Unterhof in Diessenhofen. Von der Adelsburg zum Ausbildungszentrum* (1995).
4: *Das Seebachtal: eine archäologische und paläoökologische Bestandesaufnahme* (1998).
5: *Eschenz – Tasgetium: römische Abwasserkanäle und Latrinen* (1997).

6: *Ürschhausen-Horn: Keramik und Kleinfunde der spätestbronzezeitlichen Siedlung* (1999).
7: *Ürschhausen-Horn: Haus- und Siedlungsstrukturen der spätestbronzezeitlichen Siedlung* (1999).
9: *Die jungsteinzeitliche Seeufersiedlung Arbon-Bleiche 3: Befunde* (2000).
10: *A7 – Ausfahrt Archäologie: Prospektion und Grabungen im Abschnitt Schwaderloh – Landesgrenze* (2001).
11: *Die jungsteinzeitliche Seeufersiedlung Arbon-Bleiche 3: Funde* (2002).

Auszeichnung gutes Bauen, hg. vom Architektur Forum Ostschweiz. Bisher erschienene Hefte: Jahre 1991 – 1995, Jahre 1996 – 2000.

Autorenkollektiv: *Von Farbe und Farben.* Festschrift für Albert Knoepfli zum 70. Geburtstag. Zürich 1980.

Autorenkollektiv: *Industriekultur am Bodensee. Ein Führer zu Bauten des 19. und 20. Jahrhunderts.* Konstanz 1992.

Autorenkollektiv: *Schätze des Glaubens. Kostbarkeiten aus dem Besitz der thurgauischen Kirchgemeinden.* Frauenfeld / Stuttgart / Wien 1999.

Budgetberichte der thurgauischen Denkmalpflege. Unveröffentlichte Typoskripte des Amtes für Denkmalpflege des Kantons Thurgau, 1970 – 1999 (nachfolgend: *Denkmalpflege im Thurgau*).

Das Bürgerhaus in der Schweiz, Bd. 19: *Kanton Thurgau*, hg. vom Schweizerischen Ingenieur- und Architektenverein. Zürich / Leipzig 1928.

Denkmalpflege im Thurgau, hg. vom Amt für Denkmalpflege des Kantons Thurgau. Bisher erschienene Hefte:
1: *Kloster Fischingen. Die Restaurierung der barocken Prälatur* (2000).
2: *Scheunen ungenutzt – umgenutzt* (2001).
3: *Kartause Ittingen von einst zu jetzt* (2002).

Finke, Heinz / Vogel, Wolfram: *Dem See nah sein. Schlösser, Burgen, Landsitze rund um den Bodensee.* Konstanz 1991.

Früh, Margrit: *Führer durch das Historische Museum des Kantons Thurgau.* Frauenfeld 1989.

Früh, Margrit: *Führer durch das Ittinger Museum in der Kartause Ittingen.* Frauenfeld 1992.

Hinweisinventar alter Bauten und Ortsbilder im Kanton Thurgau, hg. vom Amt für Denkmalpflege des Kantons Thurgau. Frauenfeld 1974 ff.

Inventar der neueren Schweizer Architektur 1850 – 1920 (INSA), Bd. 4: *Delémont, Frauenfeld, Fribourg, Genève, Glarus*, hg. von der Gesellschaft für Schweizerische Kunstgeschichte. Bern 1982.

Inventar der schützenswerten Ortsbilder der Schweiz (ISOS), hg. vom Bundesamt für Forstwesen, Abteilung Natur- und Heimatschutz. (Zum ISOS Kanton Thurgau existieren gegenwärtig nur unveröffentlichte Typoskripte, basierend auf Inventar und Auswertung der Jahre 1975 – 83.)

Isler, Egon: *Industrie-Geschichte des Thurgaus. Chronik thurgauischer Firmen.* Zürich 1945.

Die Kunstdenkmäler der Schweiz, hg. von der Gesellschaft für Schweizerische Kunstgeschichte. Bisher erschienene Bände, Kanton Thurgau:
1: *Der Bezirk Frauenfeld* (Albert Knoepfli, 1950).
2: *Der Bezirk Münchwilen* (Albert Knoepfli, 1955).
3: *Der Bezirk Bischofszell* (Albert Knoepfli, 1962).

4: *Das Kloster St. Katharinenthal* (Albert Knoepfli, 1989).
5: *Der Bezirk Diessenhofen* (Alfons Raimann, 1992).
6: *Der Bezirk Steckborn* (Alfons Raimann / Peter Erni, 2001).

Mathis, Hans Peter: *Pilgerwege der Schweiz: Schwabenweg Konstanz – Einsiedeln.* Frauenfeld 1993.

Nater, Hans: *Die alten Mühlen im Thurgau.* Weinfelden 1971.

Reicke, Daniel: *«von starken und grossen flüejen». Eine Untersuchung zu Megalith- und Buckelquader-Mauerwerk an Burgtürmen im Gebiet zwischen Alpen und Rhein.* Schweizer Beiträge zur Kulturgeschichte und Archäologie 22. Basel 1995.

Reinhart, Heinz: *Museen und Sammlungen im Thurgau.* Frauenfeld 2001.

Schoop, Albert: *Geschichte des Kantons Thurgau.* 4 Bände. Frauenfeld 1987 – 1994.

Schweizer Architekturführer 1920 – 1990, Bd. 1: *Nordost- und Zentralschweiz.* Zürich 1992.

Schweizerische Kunstführer, hg. von der Gesellschaft für Schweizerische Kunstgeschichte. Bisher erschienene Hefte, Kanton Thurgau:
Münsterlingen (Jürg Ganz, 1977).
Steckborn (Daniel Gutscher, 1977).
Berlingen (Susanne Lutz, 1979).
Die Kirchen von Frauenfeld (Jürg Ganz, 1979).
Kartause Ittingen (Hans Peter Mathis, 1983).
Weinfelden (Alfons Raimann / Hermann Lei sen. / Albert Knoepfli, 1984).
Diessenhofen (Alfons Raimann, 1985).
Kreuzlingen (Alfons Raimann / Albert Knoepfli / Alfred Hungerbühler, 1986).
Die Kirchen von Dussnang und Oberwangen (Benno Schildknecht, 1987).
Das Rathaus Frauenfeld (Margrit Früh / Jürg Ganz, 1987).
Propstei Wagenhausen (Albert Knoepfli, 1987).
Ermatingen und Triboltingen (Arnold Bosshard / Peter Funk / Alfons Raimann, 1988).
Die Kapelle St. Margaretha in St. Margarethen (Hans Peter Mathis, 1988).
Die Schlosskapelle von Mammern (Beatrice Sendner-Rieger, 1989).
St. Sebastianskapelle in Buch bei Frauenfeld (Urs Elsener / Hans Peter Mathis, 1993).
Bischofszell (Albert Knoepfli / Beatrice Sendner-Rieger, 1994).
Die Pfarr- und Wallfahrtskirche Klingenzell (Alfons Raimann / Beatrice Sendner-Rieger, 1995).
Wallfahrtskapelle St. Aloysius Mannenbach (Jürg Ganz, 1998).
Schloss Klingenberg, Kirche Homburg und Kapelle Oberkappel (Hans Peter Mathis / Alfons Raimann / Alexander Werder, 2000).
Schloss Wolfsberg bei Ermatingen (Cornelia Stäheli, 2001).

Sulzberger, Huldreich Gustav: *Sammlung aller thurgauischen Glockeninschriften.* In: *Thurgauische Beiträge zur vaterländischen Geschichte* 12 (1872), S. 1 – 112, und 24 (1882), S. 43 – 67.

Tanner, Erika: *Die Bauernhäuser des Kantons Thurgau. Die Bauernhäuser der Schweiz*, Bd. 24, hg. von der Schweizerischen Gesellschaft für Volkskunde. Basel 1998.

Thurgau / Bodensee. Das Kleinräumige als Chance. In: *werk, bauen + wohnen* 5 (2001), S. 44 – 61.

Der Thurgau in alten Ansichten. Druckgraphiken von 1500 bis um 1800, hg. von Ernst Müller. Frauenfeld 1992.

Die Gesellschaft für Schweizerische Kunstgeschichte

Die Schweiz verfügt über eine Fülle und Vielfalt architektonischer Zeugnisse, die von der Antike bis in die unmittelbare Gegenwart reichen. Diese bauliche Kultur zu erforschen und sie einer breiteren Öffentlichkeit zugänglich zu machen – das ist die Hauptaufgabe der Gesellschaft für Schweizerische Kunstgeschichte.

Publikationen und Veranstaltungen

Die Publikationen der GSK machen Architektur und Kunst auf vielfältige Weise zugänglich. Wer durch die Schweiz reist, hat mit den Kunstführern zuverlässige Reisebegleiter mit dabei, vom umfassenden «Kunstführer durch die Schweiz» (Neuausgabe in Vorbereitung) bis hin zu den handlichen «Schweizerischen Kunstführern» über einzelne Bauten, Dörfer oder Städte. Wer sich vertieft mit dem Kunsterbe der Schweiz auseinandersetzen möchte, greift zu den grundlegenden Bänden der «Kunstdenkmäler der Schweiz» oder des «Inventars der neueren Schweizer Architektur 1850–1920 INSA». Viermal jährlich beleuchten Fachleute in der Zeitschrift «Kunst + Architektur in der Schweiz» ein ausgewähltes Thema aus wissenschaftlicher Perspektive.

GSK-Reisen und Exkursionen im In- und Ausland und weitere Veranstaltungen wie Vorträge und Vorlesungen bilden eine bereichernde Ergänzung zu den Publikationen. Hier besteht die Gelegenheit, bekannte und unbekannte Kunstschätze an Ort und Stelle und unter kundiger Leitung zu entdecken.

Mitgliedschaft

Mehrere tausend Mitglieder fördern mit ihrem Jahresbeitrag die Tätigkeiten der Gesellschaft für Schweizerische Kunstgeschichte und tragen zum Erreichen ihrer Ziele bei. Als Mitglied erhalten Sie jährlich eine Neuerscheinung aus der Reihe «Die Kunstdenkmäler der Schweiz» und viermal jährlich die Zeitschrift «Kunst + Architektur in der Schweiz». Zudem geniessen Sie Vergünstigungen bei weiteren Publikationen und bei Veranstaltungen der GSK. Sind auch Sie an einer Mitgliedschaft interessiert? Dann senden wir Ihnen gerne unsere Dokumentationsunterlagen. Kontaktieren Sie uns:

Gesellschaft für Schweizerische Kunstgeschichte GSK
Pavillonweg 2, 3012 Bern
Telefon 031 308 38 38, Fax 031 301 69 91
gsk@gsk.ch, www.gsk.ch.

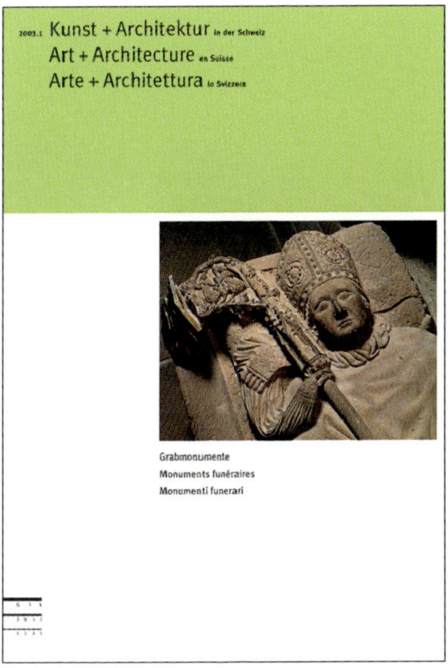

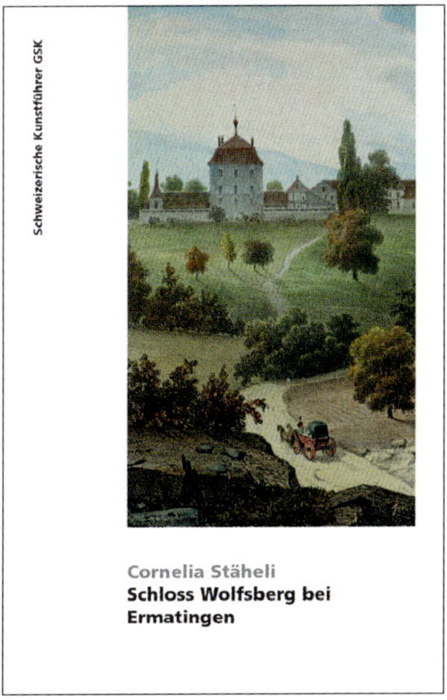

G S K

S H A S

S S A S

Bildnachweis

Amt für Archäologie des Kantons Thurgau, Daniel Steiner: S. 88.
Amt für Archäologie des Kantons Thurgau, P. Nagy: S. 89 unten, S. 191.
Amt für Denkmalpflege des Kantons Thurgau, Archiv: S. 30 unten.
Jürg Ganz, Frauenfeld: S. 21, S. 100.
Herbert Haltmeier, Arbon: S. 193.
Konrad Keller, Frauenfeld: S. 103.
Wäger & Partner GmbH, Frauenfeld: Umschlagklappen innen (Karten).
Rolf Wessendorf, Schaffhausen: Hintere Umschlagklappe aussen (Porträt Cornelia Stäheli).

Alle übrigen Bilder von Rolf A. Stähli, Winterthur.